制度与命运

王朝治乱兴衰的历史逻辑

燕京书评——编

中国出版集团　现代出版社

图书在版编目（CIP）数据

制度与命运：王朝治乱兴衰的历史逻辑 / 燕京书评编 .—— 北京：现代出版社，2024.5
ISBN 978-7-5231-0837-6

Ⅰ.①制⋯　Ⅱ.①燕⋯　Ⅲ.①中国历史—研究　Ⅳ.①K207

中国国家版本馆 CIP 数据核字（2024）第 080523 号

制度与命运：王朝治乱兴衰的历史逻辑

著　　者	燕京书评　编
责任编辑	谢　惠

出 版 人	乔先彪
出版发行	现代出版社
通信地址	北京市安定门外安华里504号
邮政编码	100011
电　　话	（010）64267325
传　　真	（010）64245264
网　　址	www.1980xd.com
印　　刷	北京飞帆印刷有限公司
开　　本	710mm×1000mm　1/16
印　　张	18.5
字　　数	262千
版　　次	2024年5月第1版　2024年5月第1次印刷
书　　号	ISBN 978-7-5231-0837-6
定　　价	88.00元

版权所有，翻印必究；未经许可，不得转载

序　从访谈到学术：历史思想表达、展示和传播的新路径

这本《制度与命运：王朝治乱兴衰的历史逻辑》访谈录文稿是燕京书评公众号做的，编辑谢惠希望我为此写序并作一些评价。这里，我就这本访谈录写一点感想和个人体会，借以希望学术和访谈结合的形式能更好地推动学术面向大众化以及大众学术出版的发展。

燕京书评是一个拥有重要影响力的学术平台。在过去几年，这个新崛起的学术平台，发表了相当多有深度的文章。其最具特色的，在我有限的阅读中，就是燕京书评做的访谈录。

燕京书评的访谈录与众不同。从我个人经验说，燕京书评访谈的访谈者不是简单的记录，更不是无关痛痒的提问。访谈者做了大量案头工作，深入阅读被访谈者的作品并做了充分的准备，了解研究访谈将要触及的领域，熟知学术界的已有研究。因此，阅读这本访谈录，就不是一般的恭维、礼貌，而是充满知识，尤其是那些未知。

我个人在参与燕京书评系列访谈时做中国儒家学说问题的讨论，采访者为燕京书评主编张弘（编者注：本书内容采写者之一）。张弘是资深媒体人，多年前我们就认识，当时他在《新京报》、"凤凰网·高端访谈"等媒体负责书评方面，我们有过很多次对谈。张弘读书领域极广，数量极多，是真正的读书人，这从他的朋友圈等平台上都可以看到。由于认真读书，准备充分，因而张弘的访谈比较注重深度发掘。严格意义上说，至少从我的感觉，不是

简单的访谈、他问我答，而是对谈，是讨论。张弘有自己的看法，对谈双方对相关问题有思考、有交集，因此谈得才能够有深度、有意义。这是这本书的一个很重要的特色。当然，这是我个人的一点体会，我也知道张弘对其他访谈做了同样充分的功课。

读这本书的第二个体会，我觉得访谈体口头表达对学术极有意义。我们知道学术不论中外，基本上都是写作者的个人工作，是标准的书面表达方式，如儒家"五经"，除《诗经》外基本上都属于书面语，即为雅言。在传统社会，读书人之所以金贵，受人尊重，就是因为他们不同于俗人，能识文断字，能写出典雅的文章。

书面语、雅言是文人的基本工具，但在书面语之外古人很早也尝试着用普罗大众都能明白的口语、大白话表达学问。中国古书中的《论语》《孟子》，以及后来佛教语录如《六祖坛经》，还有宋明时期的二程（程颢、程颐）语录、《朱子语类》和王阳明的《传习录》等，大都是语录体、谈话体，这些作品所要表达的并不只是直白的记录事实，而是通过最直白的方式表达学术，展示思想。

到了近代，胡适在讨论中国文学时有一个著名观点，即白话文学才是中国文学的正宗。言下之意，文言并不是。从这个观点看学术，我们不好说"白话学术"为学问正宗，但至少要注意语录、对话、谈话在学术表达上的意义。

其实，在人类知识史上，不论东方还是西方，语录、对话、谈话自古至今可能还是最受欢迎的一个学问表达体裁。例如，《柏拉图谈话录》《歌德谈话录》《黑格尔哲学讲演录》等，都是西方文明史上的经典。语言只是表达工具，知识传递学问，什么样的工具传递知识最有效，什么样的工具就值得选择。在古典中国，或许因为书写工具不易得，或许因为中国社会自来的阶级分层比较明显，贵族有接受知识的需求，而平民接受的只是示范，所谓"君子之德风，小人之德草，草上之风，必偃"。到了近代，工业革命发生后，需要大量有知识的劳动者，知识的普及、思想的启蒙才成为问题，原来只供贵族享用的知识方才成为一般民众共同使用的工具。于是，中国有了新文化运动发生，有了白话文崛起，并进而取代文言成为中国知识生产、知识传播的唯一工具。

在新文化运动时期，讨论到文言存废时，陈独秀主张极端主义的废止，胡适主张改良，更多的参与者主张两不相扰——文言继续充当雅言的功能，用于学问的书写、传播。至于民间普罗大众，从"有知识劳动者"立论，不妨文言、白话兼容并蓄、同时存在，如林纾、陈独秀创办的白话报、俗话报就是面对普罗大众；至于知识阶层，特别是新教育发生后的大学讲授，主张还是应该以雅言为主，不必使用那些引车卖浆者流的俗语、土话。这个争论在知识圈进行了很长时间，许多知识人的困惑是，白话当然可以传递知识，但可能更多的还是娱乐大众，中国历史上的白话文学只是文学，在比较高深的知识传递上似乎白话还不足以担当。

正是在这个时候，新文化运动、白话文运动发起者之一钱玄同、刘半农的老师章太炎尝试着（其实应该说一直这样做）用白话讲学，其一本《章太炎的白话文》大致证实了白话不仅可以供底层普罗大众使用，也可以供知识贵族讲学、传播知识。

章太炎的实验非常重要，彻底打消了白话、口语在学术传播上的障碍。从此，白话学术演讲、访谈、谈话渐渐成为中国学术传播的主流方式。这也是我们今天依然得益于此的一个重要原因。

今天，当然不再存在文言与白话的争议，但是口语化的谈话、访谈不能不表达学术，也不能说已获得普遍性认同。然而，正如前人所说，自古成功在尝试。随着数字化、语音转文字、AI等新技术的普遍使用，我相信口语化的作品会越来越多。这本书，是一个尝试，也只是开始。

这本书的访谈对象都是当今学界的知名学者，术业专攻，真知灼见。我读了很受启发，但碍于专业也就只有阅读学习的资格了，不敢就这本书的内容展开讨论了。

是为序。

马　勇

2024 年 3 月 20 日

目　录

序　从访谈到学术：历史思想表达、展示和传播的新路径（马勇）/ 1

第一章　皇权设计与专制主义的初衷
侯旭东：代理由被代理者决定，下级必然依赖上级（采写　刘硕）/ 3
侯旭东：上传下达在中枢，上级无法逃脱被封闭隔离命运（采写　刘硕）/ 15
缪哲：从帝国艺术的遗影，看汉代的意识形态（采写　陈杨）/ 25
罗新：从宫女到皇后，只是抽象的皇权体制所有物（采写　刘硕）/ 33

第二章　治乱循环与利益垄断的基础
马勇：王朝统治者剥夺儒者发言权，社会就慢慢走向黑暗（采写　张弘）/ 47
马勇：王朝统治者打天下、坐天下，儒家不可能限制皇权（采写　张弘）/ 62
马勇：帝国统治集团垄断利益，导致王朝覆灭和改朝换代（采写　张弘）/ 77
葛兆光：如果没有颠覆性冲击，只会"在传统之内变"（采写　张弘）/ 90
刘守刚：帝国征税无法约束，"黄宗羲定律"积累莫返（采写　张弘）/ 101

第三章　官场规则与君臣关系的现实
董铁柱：魏晋名士"演而优则士"，渴望通过"表演"获得赏识（采写　孟津）/ 121

侯杨方：所谓的"番薯盛世"，在清朝并不存在（采写　刘硕）/ 130
侯杨方：君臣之间是严格的主奴关系，明清没什么不同（采写　刘硕）/ 140
邱捷：体制性腐败，导致晚清官场官官相卫与民生艰难（采写　张弘）/ 150
邱捷：从督抚到县官，都自觉维护官场整体利益与脸面（采写　张弘）/ 163

第四章　制度文明与王朝兴衰的思考

张峰屹：秦汉到清末政治至高无上，控制社会并制约文学（采写　婆硕罗）/ 179
冯尔康：在中国古代社会，"君强"怎样造就了"民弱"（采写　张弘）/ 192
玉木俊明：古代中国的衰落，没有意识到物流体系的重要性（采写　宗祁　翻译　苏俊林）/ 210
仲伟民：19世纪的中国危机，不再是历代王朝的简单循环（采写　陈杨）/ 221

第五章　剩余历史与人群代言的探究

许宏：二里头最重要的意义，不在于确认夏代（采写　张弘）/ 235
许宏：中国早期文明具有自身特色，中央集权的"流"比较清楚（采写　张弘）/ 248
沈卫荣、安海燕：元代宫廷所修"演揲儿"，不是俗世的情色与淫戏（采写　刘硕）/ 258
卓辉立：晚清禁烟成功，传教士的助力不可替代（采写　陈杨）/ 267
赵世瑜：研究"剩余的历史"，是为"剩余的"人群代言（采写　婆硕罗）/ 277

第一章

皇权设计与专制主义的初衷

侯旭东：代理由被代理者决定，下级必然依赖上级

　　清华大学教授侯旭东的《汉家的日常》一书在政治史、制度史之外另辟蹊径，立足关系思维，聚焦两汉时期上自朝廷，下至诸侯国、西北边地的候官与各地传舍运作的日常刑天，致力于揭示反复进行的事务中形成的不同位置的人与律令、制度、机构的错综关系，展示了国家日常运转与维持的内在逻辑与生动细节，也对设计两汉乃至整个王朝时期的不少基本看法提出了新认识，并围绕倡导开展的日常统治研究提供了一系列精彩个案。

日常统治和统制关系的流动性：维持现有体制与"挖墙脚"并存

　　燕京书评：以前有社会生活史，关注民间的用度风物，你一直强调通过出土文献关注日常统治，这是一种底层视角吗？

　　侯旭东：既是也不是。我是既研究底层也研究上层，关于皇帝也做过不少研究，更重要的是还要将两者视角并置在一起，从多个角度来观察历史。

　　燕京书评：你的日常研究是不是更偏向于文书学？

　　侯旭东：表面看似乎如此，其实我只是利用文书来做研究，并不关心什么是文书学。这还是按照研究所使用的资料来观察，我更关心研究什么、该

侯旭东，山西汾阳人，清华大学人文学院历史系教授。曾任职中国社会科学院历史研究所研究员、哈佛大学哈佛燕京学社访问学者、台湾清华大学历史研究所客座教授、中山大学人文高等研究院客座教授等，主要研究秦汉魏晋南北朝与出土文书简牍，以及古代国家的形态与运行机制。出版著作有：《五六世纪北方民众佛教信仰——以造像记为中心的考察》《北朝村民的生活世界：朝廷、州县与村里》《宠：信—任型君臣关系与西汉历史的展开》《什么是日常统治史》《汉家的日常》等。

如何研究，目前使用的比较多的是文书，这和目前研究的时段主要为秦汉魏晋时期有关。这一时期出土的文书简牍更集中地体现了日常统治如何展开，实际上其他文献中也存在，甚至将不同类型的文献加以对照，若能提出恰当的问题，也会发现以往所忽略的现象。简单而言，现在的研究使用了不少出土文书简牍，主要是工具性的，关注的是当时的官吏如何制作文书，如何使用文书来开展统治，虽然有些研究看起来似乎只是在讨论文书的排列与复原。

燕京书评：但我觉得你对理论和正名都很重视，很多文章讨论单个字的定义，如"事"。

侯旭东：的确。关心理论，从读大学起就一直很关注，始于对马克思主义经典著作的学习，后来扩展到人类学、社会学甚至哲学。注意辨识概念的来龙去脉，大概始于对专制论的研究，一方面是对20世纪以来出现的概念、分类架构如何产生的分析，如制度史、政治史与事件史；另一方面是对甲骨文以来人们常用字词的分析，如"制度""事"等，将来还会在这方面继续做些探索。我写过一篇小文《字词观史：从陈寅恪"凡解释一字即是作一部文化史"说起》，认为在人物、事件、制度、思想观念、风俗习惯之外，字与词也可以成为史学的研究对象。

观察过去，经学在过去也承担了理论的功能。一流的史学家也都有深厚的经学造诣，司马迁与班固可谓这方面的代表。我们要深刻理解古人所撰写的史书，而不是仅仅作为史料，就不能脱离经学。此外，现在很多新的学科，带给我们观察问题的新眼光，材料可能有新的，但是不多，史书看了几千年还是要反复地看，而且还能看出新问题，这就在于读书人具有不同的角度。新角度从无到有的创新并不容易，移植别人的是最简便的。当然，学习移植并不是简单的"拿来主义"，毕竟"橘过淮水而为枳"的说法大家都不陌生。我们要在消化吸收中融会贯通，产生某种新的认识，形成新的创新；以我为主，吸收古今中外的学术成果，才能产生有生命力的成果。

西方世界在基督教的影响下，大致是到了近代才形成个人主义。首先承认人平等的一面，然后才会有差别。中国自古至今的认识则不太一样，更关注差别，并不看重平等的一面。中国对人的理解中强调的是圣人、贤人，以及君子、小人与非人之别,虽然今天这类表达基本消失,但仍以改头换面的方式顽强地存在,如我们还在强调"人才",依然在制造人之间的等级差别。这样一套人的等级秩序观念潜在地塑造了古人,也依然在塑造着今人。这种观念就浸透在经学中,认识中国传统史学最后还是不能离开经学。传统史学本身也是从经学中分化出来的,经历了20世纪的科学化与学科化,再加上"五四"反传统的冲击,就把它本身思想那一层面消解掉了,将其视为没有思想的"史料"。现在,除了少数专门研究经学史的学者,多数人很少接触经学,难以贴切地理解史学著作的思想内涵,难免隔膜。目前,经学日益受到关注,不论是在哲学系还是历史系,但多数还是在学科分化的背景下发展,或是放在哲学史,或是放在思想史,或是放在文献学,或是放在制度史脉络下来思考,关注的往往还在围绕经学家们关注的老问题,没有打通其间的区隔重建经史之间的关联,同时也缺乏批判精神与开拓新领域的追求。

燕京书评: 你在书中(《汉家的日常》)有五篇关于传舍(古时供行人休息住宿的处所)的研究。汉代的传舍在运行过程中也存在公款吃喝的情况,到后来开支越来越大,最终无论皇帝怎样警告都无济于事。为什么汉朝基层官吏中的腐败不可避免,这跟当时的统计技术不高是否存在关联?

侯旭东: 事实上,如果要想实现对广大疆域的管理,官员就必须要出差。当时,民营的旅馆不能说没有,但并不发达,只能靠国家来建立并维持这套保障系统。这套机构一直持续到清朝,名称有变化,最后叫驿站。但是,整个运作的机制基本上都是依靠官府的财政拨款,然后由官府派官吏来管理,运转过程中不断会产生"搭便车"一类现象。关于这一点,唐宋以后的材料很多,也有不少研究。不过,既有的研究多半是将制度与运作以及运作中产生的问题分别加以研究,其实三者若统一在制度运作、人与机构关系的视野下,就可以将三个面向贯通起来。此外,若再超越断代史去长程观察,就不难看到制度安排、运作方式与弊病之间的共存在数千年的王朝史上是反复出现的,进而可以透过这一看似不起眼的机构,对秦汉以降的广土众民王朝的结构性问题有进一步的认识。

从律令规定、诏书的作用、传舍运行以及运行中产生的问题和应对等不同角度去观察，各地县及以上的治所和交通线上普遍存在的机构如何发挥作用，既包括对维系王朝生存的作用，也要看这类机构如何实际运行，尤其是处于不同位置的人在使用中如何互动，包括按照律令行事以及违法举动，皇帝如何超越律令来使用传舍，面对弊端皇帝的命令如何难以发挥作用，以及这些互动与制度变动、王朝命运间的关系。这些并非大事件，而是反反复复发生的事务，将各色人等卷入其中的例行性工作。但是，这些可以让我们体会到恩格斯讲的"历史合力论"，所有人都在历史中发挥着作用，而形成的历史往往超出了历史行动者自己的意愿。其中，有一篇专门写皇帝的无奈，不是某一位具体的皇帝，而是王朝最高统治者的隐喻，抽象地讲他的作用很大，换个角度看也很小，自己的诏令三令五申，也难以得到贯彻；相反，小吏们"搭便车"的行为积少成多，也会影响到整个制度的运转与存废。不同位置的人各有其分，各有打算与想法，维持现有体制与"挖墙脚"并存，行动与结果则展现不同的方向，不同的力量相互牵扯，汇聚在一起构成了真实的历史。

说到技术，既是一个问题，也不是一个问题，看从什么角度观察。简单来说，对秦汉时期而言，计算只能靠算筹，效率低，当然影响统计与监督，空子很容易发现。不过，今天我们拥有超级计算机、大数据、云计算等技术，但腐败、造假等问题依然解决不了，问题并不是在于技术，而在于监督的机制与方式。简言之，整个官僚系统呈金字塔状，自上而下的监督总面临以少御多的困境。在实际运作中，上级总是少数，一个上级机构监督十个下级机构，文书日积月累，几年下来数量庞大，秦汉时代难以彻查，今天亦然，只能搞运动式治理，一时有效，长远看实际解决不了问题，只能让更多的人意识到监督的无奈，并带来问题的反复。其实，简单而高效的办法就是改变自上而下的任命制，通过自下而上来监督。但是，你我解决不了，而这也不是简单地拥抱西方，如我们的先贤贾谊两千多年前在《新书·大政下》里面就有过类似的洞见。贾谊说：

> 夫民之为言也，暝也；萌之为言也，盲也。故惟上之所扶而以之，民无不化也，故曰民萌民萌哉，直言其意而为之名也。夫民者贤不肖之

材也，贤不肖皆具焉，故贤人得焉，不肖者伏焉，技能输焉，忠信饰焉。故民者，积愚也。故夫民者，虽愚也，明上选吏焉，必使民与焉。故士民誉之，则明上察之，见归而举之。故士民苦之，则明上察之，见非而去之。故王者取吏不妄，必使民唱，然后和之。故夫民者，吏之程也。察吏于民，然后随之。夫民至卑也，使之取吏焉，必取其爱焉。故十人爱之有归，则十人之吏也；百人爱之有归，则百人之吏也；千人爱之有归，则千人之吏也；万人爱之有归，则万人之吏也。故万人之吏，选卿相焉。

尽管贾谊也认为百姓如盲人且愚蠢，但依然认为选拔官吏应让百姓参与。贾谊讲到，官员就应该是老百姓选的，然后由王者任命；十个人喜欢就做管十个人的官员，一百个人喜欢就做管一百个人的官员，一万个人喜欢那就做卿相。这应该就是民主吧。很可惜的是，贾谊的想法成了绝响，成了历史中的断流。贾谊的设想要比孟子讲的"民本"更近了一步，涉及如何选拔官员。这应该与春秋战国时期长期战争状态下出现的"人的觉醒"的潮流分不开。

燕京书评：无论对于高层官吏还是低级官吏来说，代理或者兼行都是一种政治暗号。为什么说这种现象的存在会影响整个行政系统？是由于秩序的颠倒吗？会造成一种宠幸或者是依赖关系吗？

侯旭东：对。他们之间有依赖关系，因为找谁代理是由被代理者决定的。这应该没有具体的制度规定，可能是个律令没有完全覆盖的半空白区，可由长吏自行安排。长吏不完全按照秩级的高低或驻地相同，可能找一个跟他自己关系不错的、职位比较低的人来代理，这在《汉代西北边塞他官兼行候事如何工作？》中发现了一些例子。这种情况的反复发生与普遍化就会变成对整个体制的侵蚀，个人之间的关系会逐渐取代功劳、功次以及对事不对人的原则，成为侵入按部就班、循序渐进的体制中的一个缺口，其他的官吏也会逐渐觉察到为什么选此人而不选择他，进而捕捉到官员中私人间关系的重要，甚至有些官吏因而会开始模仿，从而使谋求建立与维持这种关系的官吏逐渐增加。长此以往，原本基于人—事关系的官吏体制将改变为人—人关系而日益受重视,并使其运作方式产生变化。

与文书简牍相伴出土的私人信件,是这种建立与维持官吏间私人关系的重要工具,如秦代的遗址中就已出现,汉代以后无论西北边塞还是内地的县级机构中的古井保存的文书中都有发现。在传世文献中,自汉武帝(刘彻)以后就引起朝廷关注并要打击的请托现象,东汉以后流行的"门生故吏"现象,都是这方面的表现。另外,促成私人关系流行的还有察举制,这一点我在《宠:信—任型君臣关系与西汉历史的展开》一书中有分析。这些都应归为任命制官僚制下的寄生现象,即通过为上级所了解,得到上级的赏识而谋求与上级或有名望者建立、维持私人关系,以此来获得晋升机会。这种现象在两千多年来一直存在,背景则是任命制官僚制的持续存在。

出土文献能矫正历史文献的角度,提供自下而上的立体观察视角

燕京书评：由于近些年出土文献的发掘和考释,记载有底层生活的文献得以面见世人,让人们对当时的历史有了更立体的了解。我们知道,正史主要存在两个问题：第一个是不会体现普通人的生活,把更多的笔触放在王公贵族身上；第二个是并非完全真实,是经过带有某种目的的加工产物。这是第一点,而出土文献对于第一点是一种补充。第二点,只要是人撰写的东西,就有可能造假。你认为出土文献是否有不真实性,有多少,这种不真实性会怎样影响第一点？

侯旭东：经常有。但是,底层官吏往往没有什么长远的企图,很多时候就是小范围内应付上级的调查。举个例子,西汉时西北边防很重要,丞相府经常派丞相史(丞相属吏,掌视察监督诸州)去巡视,定期检查武器装备保管情况；烽燧、部与候官要定期统计并汇报,并与上级保存的簿籍比对。但是,对不上号的情况时常发生,经常出现数量上有差池,还有完好和损失的情况也有出入。为了避免受罚,烽燧、部与候官就会迫使下级官吏做假账让数据相符。他们大概也很清楚,丞相史不可能下到每个烽燧去拿着簿籍和武器一件一件地核对,这就很容易在文书上动手脚,上级也很难发现,即便明

知有假，也无法坐实。当然，若不是有围绕此事的下级之间的文书存留至今，这种情况是难以了解的。这种情况长久发展下去，便会让朝廷的很多措施流于形式。

这种围绕制度、措施的周旋和抵抗与上面提到的"挖墙脚"等一道，构成了推动历史变动的低沉且隐秘的力量，而文书犹如一面放大镜，让千年后的我们真切地观察到这些幽隐的博弈，体会到小人物们微弱却持久的力量，这会增加我们对历史演进复杂性的理解。

另外，郡国年底派遣官吏（当时称为"计吏"）到朝廷汇报一年政绩的上计（古代考核官吏政绩的制度）时要上交各种统计资料，其中常常会包含虚假信息，甚至皇帝也清楚统计中包含虚假成分，如汉宣帝的诏书中便明确指出过。《汉家的日常》一书里也提到尹湾汉简东海郡上级使用的"集簿"，抄件中记录的九十岁以上人口的规模应该不实：这类人口所占的比例，比今天全国人口普查统计上来的九十岁以上人口的占比要高五倍多，在当时的医疗、饮食条件下显然是不可能的。

那时候，人的平均寿命不过三十多岁。这种数字，皇帝估计也清楚并非实情，但他也不可能把人叫来逐一清点，最后可能就变成了具文。官员为何在高龄人口数字上造假？当时，有所谓"仁者寿"观念，如果统治好就会让子民幸福长寿，高龄老人多则意味着郡守统治清明。此外，这类人口多，也会减少为朝廷承担的赋税、徭役。

岁数大除不用缴税之外，朝廷每年还得发点口粮象征性地表示照顾与慰问，孩子也可以免除徭役留在家里照顾老人。这些对地方来讲都是好事，对当地统治者来讲，能够保留更多的资源在地方。数字造假，从朝廷角度讲叫欺谩，实际上体现了地方和朝廷利益的争夺。地方就采取各种方式将利益留在地方，朝廷则要更多地汲取地方的资源来维系朝廷运转，这种利益之争自秦汉以降一直存在。观察过去，我们不能仅仅站在朝廷的角度，出土文书因基本是郡县的文书则提供了自下而上立体观察的视角。如果不是仅仅停留在真假，而是进一步思考为何出现造假，为何反复发生屡禁不止，这些虚假信息也会成为认识历史真实的很好切口。

燕京书评： 这种造假能够影响到人们观察正史吗？

侯旭东： 记述与所述对象之间总会存在距离，可以说一旦形成叙述就会有叙述者的立场与观察角度，不可能存在无所不包、客观如实的上帝视角。史书（正史）中也不能说是造假，应该说是站在特定立场上的一种叙述，是从朝廷立场出发，正如在史书与皇帝诏书中所用的欺谩，从皇帝角度讲是郡国守相及计吏的职业道德操守问题，但换一个角度从地方看既有显示政绩的一面，也有维护地方利益的考虑，这并不简单。

又如，司马迁的《史记》创制了《循吏列传》，后面的很多部史书都有，比较一下不难发现其叙述存在很多模式化的现象，可以说是虚实相间，不能简单地认为是实录式的记述。《循吏列传》更多体现了皇帝与儒生对发展农耕的重视，是否确如史传所言循吏推广农耕就让某地耕织迅速发展，也未必。实际上，统治者的作用，未必有那么大；地方的实际情况，并不是那么简单。因此，我们要将不同立场的叙述放在一起，注意各自的产生方式，以及两者之间的异同，而不是简单地以传世文献为中心强调补史、证史（这里的"史"指的是传世文献）的"二重证据法"，就能让我们知道传世文献的局限性——传世文献的叙述实际上是带有特定立场的。

关于正史的史观，历史学者甘怀真称正史中的史观为"皇帝制度叙述"，包括大一统、移动的官僚统治、统治安土重迁的农民、耕织为本等，浸透在几乎所有的正史中。史书里体现的是儒生对王朝本身的认识，其中记载的要么是从朝廷角度看的各种类型的模范人物，要么就是反面人物，虽然记述了很多的真实，但选择与忽略本身则体现着儒生们对理想王朝的期待与梦想。

出土材料的好处就是能让人意识到传世文献和实际之间的距离，要把两者放在一起对视与互观。例如，《日书》占卜材料就很有意义，王充、班固等都持反对批评的态度。睡虎地秦简《日书》出土之前，我们不清楚批评对象的内容，现在则可以知道不少，也清楚了王充们为何会对这些大加批判。《日书》构成时人思考与生活的底色，即便是皇帝也深受影响，如果不是这类资料的反复发现，仅凭王充们的批判无从理解它在当时的作用。

再一个例子是察举。出土材料看到汉代官吏晋升的主渠道是功次，传世文献中实际也零星记述了不少,但《史记》《汉书》对察举更偏爱,制度的建立过程有专门记述,有此经历者传记中则会记述。宋代以后学者编的《两汉会要》(《西汉会要》《东汉会要》)也都把察举制度当作最重要的选举制度,体现了史家的向往与态度。东汉中期以后,每年察举孝廉不过两百多人,西汉末年全国在编的官吏有十二万多人,两者一对比就不难理解察举所占的比重。史家有"常事不书"的叙述习惯,常会把最普通、最常见的经历给舍弃,但出土材料则可以让我们把日常性,包括常事、常制与常祀等重新招回到历史舞台。通常,传统史家基本都持"英雄主义"史观,看重少数大人物、重大事件的作用。基于不同的史观,传统史家认为不重要,现实中不见得不重要。关于功次制度的意义,日本学者大庭脩(1927—2002)在20世纪50年代的论文中就敏锐地注意到了,不过长期没有受到学界的重视,到了1993年尹湾汉简公布才有了转机,让更多学者意识到察举与功次之间的轻重关系,以及为何察举受到时人的重视。简单来说,出土材料提供了矫正传世文献局限性的契机,它们提示了传世文献是有立场、有边界的。

燕京书评: 也就是说制度是有显隐性的。

侯旭东: 如何观察制度,是要认真反思的。我经常讲,一个制度表面看是很多具体的条文,好像是抽离于人的有形的实体,那不过是制度的表述,实际的制度存在于运作中,一旦制度出台开始运作,就无法脱离执行制度的人、受制度约束的人等,不再是抽象的规定,而是与形形色色的人产生了关联,也就会在运作中产生与纸面的规定有差距的变动,日积月累就会引发制度规定的变化。因此,观察制度要将制度放在人与制度的关系中去思考,就会将纸面的规定与实际的运作,规定制度的人、执行制度的人与受制度约束的人以及三者之间的关系放在一起思考,这样可以拓展制度研究的空间。

燕京书评: 但是,这个问题是不是恰恰说明有一些人是超脱制度的?

侯旭东: 中国古往今来一直存在这种情况。西晋时的三公尚书刘颂,也就是当时的司法部长,他说过一段话对于理解中国的法很有帮助。大意是,不同位置的人,与律令的关系不同,主者守文,按照规定办;大臣释滞,解决律令叙述中的矛盾和疑难;人主权断,皇帝可以根据情势超越律令条文的规定来裁决。刘颂最后概括说，这样三方面都做到了，就叫"法一也"。这段话收在《晋书·刑法志》中。在这种观念指导下的实践，总会有人超越制度的规定，还有人试图绕过制度来行事，因此很难想象可以单纯依靠制度建设来解决问题，这和亚里士多德以来的西方传统有相当大的不同。今天，绝大多数人早已忘记了这种行之数千年的传统，而接受了"制度决定论"，误以为出台个制度、颁布个法律就能解决某些问题。20世纪初，革命党与康有为、梁启超等人的革命与立宪之争，背后也有对制度理解的差别。其中，前者以为一旦推翻了清朝，建立了共和国，改变了制度，一切问题就都解决了。历史证明，这是一种很幼稚的看法。近代以来的激进派，往往都脱离不了"制度决定论"。

燕京书评：《什么是日常统治史》一书中最后一章提到"重返人/事关系的历史世界"，如何重返人/事关系，以往的研究又是如何脱离这种关系的？

侯旭东：以我这部手机做个例子，手机对于人们来说是一种重要的消费电子产品，换个角度看也是一个黑色的长方体，同时也是一台照相机、录像机、指南针、手机银行、计算器等，完全看你在什么分类下去理解它。但是，大家第一眼看上去基本上都被"手机"这种固定化的、不假思索的印象所束缚，其实多思考一下就会从这种僵化的刻板印象中解脱出来，发现更多的可能性，而历史研究也是如此。研究者同样是观察者，研究就是研究者与对象之间建构的一种关系，这种关系是复数的、不断可以开发的、充满了多种可能性的，而不是仅有一种关系。

就像我们研究1838—1842年的历史，大家往往不假思索地就和鸦片战争联系起来，这就是一种单一的对应关系。其实，这一时期清朝发生的事情很多，完全可以从各种不同角度来观察，则会发现更丰富的历史。例如，如果放在财政史的视野下，放在水利史的视野下，在战事之外道光皇帝同样关心的是黄河治理，另外还有很多看似琐碎的事务，等等。清代的资料浩如烟海，只要研究者不拘泥于某种固定化的认识，足以发现无数的历史。从固定化的问题意识与思路中解放自己，在史料中发现新问题与新天地，形成新的认识，就是"重返人/事关系的历史世界"。

整体而言,我们的历史叙述中经过1902年以来新史学的洗礼和西方史学与社会科学的熏陶,形成了很多固定化的思考方式与结论,这些都是需要反思的。我们要思考其来龙去脉,了解其产生的背景,进而不再将这些视为不证自明的真理或结论,将我们的思考从中解脱出来,借助于生活中的感受、其他学科研究给予的启发,可以发现更多的问题。这中间与其说史料是决定性的,不如说研究者是决定性的。研究者与研究对象的关系,也是靠研究者来建构的,并非是自然形成的。同样的材料,在不同研究者的眼中呈现不同样貌,产生不同的解释。就像过去研究社会分期,研究者使用同样的资料,结论却大相径庭,原因是研究者的学术背景以及对马克思主义的理解不同。其他问题上也是如此,同一时代也是如此,更不用说不同时代的史家了。正因为如此,史学才魅力无穷,也才会历久而弥新。

这体现了研究者与研究对象之间关系的流动性。此外,历史中的流动性还存在于很多方面,对研究而言是挑战。研究者总希望将对象固定下来,边界清晰、内涵一致,整整齐齐,这样便于处理,一旦流动起来就觉得很麻烦。国家管理也是这样,不愿意让老百姓流动,人口都固定下来才好管理,如历史上制造安土重迁、建立户籍制度,现在对流动人口的管理。当然,不只是史学,社会科学对于流动性的事实的处理也很棘手。

像我以前研究的"宠信",这种关系反复出现,是一种结构性的存在,但具体到不同人之间的呈现方式却常常在变化,甚至是刻意在创造新的方式。这种既相同又相异的现象,就像维特根斯坦(Ludwig Josef Johann Wittgenstein,1889—1951)说的——叫"家族相似",很难用非此即彼的简单逻辑来理解,而是一种亦此亦彼的关系。

维特根斯坦在传统范畴理论的基础上,完善并提出了家族相似性理论(Family Resemblance)。维特根斯坦认为,范畴的成员不必具有该范畴的所有属性,而是AB、BC、CD、DE式的家族相似关系,即一个成员与其他成员至少有一个或多个共同属性。范畴成员的特性不完全一样,他们是靠家族相似性来归属于同一范畴。而范畴没有固定的明确的边界,是随着社会的发展和人类认知能力的提高而不断形成和变化发展的。家族相似性在语言研究的词类、句法、修辞、语音等许多方面都有所体现。

历史研究要发挥每位研究者的能动性与创造性，发现属于自己的问题，在问题的引导下去搜集材料，相互碰撞、磨合，提炼新认识。研究的方法可能是应用前人的，如果不合适，就要针对问题开发适用的新方法，不可能一把钥匙开一万把锁。历史既是单数的，也是复数的，虽然总体上是单数的，但每位研究者所面对的、所研究的、所发现的则是带有各自特性的又不失史学规矩的，呈现的是家族相似性的。为实现这一点，研究者就需要解放自己，把自己从确定性的思路、结论中解放出来，在问题中创造生机。

在这一点上，我自觉和别人的一个差别就是很多的问题意识都来自生活，从生活中的感受引发历史之问，不仅把历史当作一个客体，钻在故纸堆中就历史论历史，而且认为历史既存在于过去也活在当下。尤其是我们的观念与行为方式和古人有很多共通之处，很多看似久远的传统依然活在现实中，如我们对日子吉凶的划分，如结婚、重要活动的日子安排，与战国秦汉时代的人们的认识就一脉相承。在潜意识里，我们没有接受西方近代的纯粹的物理时间，但具体的机制还需要研究。

此外，我们的日常行为方式很多就是以前官府行为方式的继承。例如，现在开会总摆座签、安排座次，最近读《大唐开元礼》就发现唐代各种仪式前都有个环节叫"陈设"，就是要提前安排好各种参加典礼的官员，包括"蛮夷"首领的站位，不同的人站在什么地方，要体现尊卑等级。

总体上看，史学研究过去，实际上是面向未来，为了更好地走向未来而反观过去，而不是单纯地为认识过去而认识过去。在历史长河中，史学研究能看到人类是如何从野蛮状态经过无数曲折走向文明，哪些构成了"进步"，为此付出了什么代价。在整个人类发展的历程中，史学研究为自己所处的国家、所处的时代定位，在比较中能够更好地了解人类的未来将走向何方，而多角度的历史追问也让我们将自己相对化且更谦逊，更加认清自己文明的贡献与局限，从而摆脱自我中心与盲目自大。

（采写　刘硕）

侯旭东：上传下达在中枢，上级无法逃脱被封闭隔离命运

日常统治研究不是写流水账，宋代以前的历史也无法实现，即便宋代以后资料丰富也无须如此，需要挖掘的是反复进行的日常统治背后的机制是什么。以往的研究，包括传统上的历史学研究，多强调的是变化、是特殊性，认为历史是独特的、不重复的，也就是常说的天下没有两片相同的叶子。仔细观察，肯定会发现任何两片叶子都不一样。观察角度不同，看到的东西就会不一样，独特与否，亦是相对的。

中国传统史学有"常事不书"的习惯，记录下来的除了制度，几乎都是各种不寻常的情况。这种记述风格亦影响到研究，尤其是20世纪以后受西方的进化论影响，更重视"变"，似乎不变的就没有什么可以研究的价值。钱穆先生在《中国历史研究法》里说，"年年月月，大家都是千篇一律过日子，没有什么变动，此等日常人生便写不进历史。历史之必具变异性，正如其必具特殊性"。学术分工上，社会学研究不变的东西，研究人类的行为模式，关注的是当下的社会；历史学重在研究变，研究独特性，关注的是从古到今的历时性演变。总结一下，因为重视"变"，产生了中国史里有各种各样的变革论，发生的时间从殷周之际到晚清末季等，几乎每个朝代都可以纳入变革过程当中。换个角度看，虽然变来变去，中国文化还是有它内在的前后相沿的部分。

中枢是上传下达的必经之路，皇帝很容易处在"黑箱"之中

燕京书评：你曾经对"专制"一词提出质疑，主要原因是否为"君相委

托制"的存在？对于其他学者如黄敏兰关于你质疑"专制"的反对意见，现在是否想要作出一些新的回应？

侯旭东：我在《汉家的日常》绪论中提到此问题，到今天我也不能正面对中国王朝时代的政体做出什么简洁明快的论断，感觉还是研究不足，尤其是宋代以后资料丰富，但研究的时间短。如果简单应用亚里士多德发明的"专制政体说"，实际就等于将他所创立的"政体分类说"通盘接受下来，对认识中国利弊参半，所揭示的现象与遮蔽的现象一样多。我们需要的是在揭示中国王朝时期统治运作机制的基础上的概括，这方面还有相当长的路要走。

西方的"政体分类说"带有强烈的"西方中心"的印记，且内涵也颇为简单。中国这几千年的历史比它要复杂得多，实际需要一些更复杂的描述，要基于对两千多年王朝时代的机制性的理解。换句话说，民主和专制这样非黑即白的二元对立，都不足取。

就我的立场来说，恐怕是两边都不讨好。一方面，我认为专制这个论断太简单，遮蔽了很多现象。这样一个简单化、本质化的论述不妥，需要从机制的角度重新去思考，甚至我们应该重新建立一套我们对世界政体的分类。实际上，分类学是西方政治学的一个基本的思路。例如，亚里士多德调查过当时各个国家的政治制度，后来仅留下一本《雅典政制》，其中大概有140多种政体。亚里士多德生活在一个小国林立的时代，且政制不一，因而会产生比较的观念，形成政体分类，寻求何为理想政体。与此同时，中国则一直在君主统治下，除了禅让没有其他选择，也不会考虑分类，直到20世纪以后才受西方学术的影响产生了政体与政体分类的观念。另一方面，我也不认为传统中国有多么值得推崇，在历史上的日常统治中已经发现了太多的问题，无法让我对这种统治方式有什么好感。

燕京书评：我感觉这个问题是不是有点像西周当时有"共和"，然后我们现在的"共和"肯定跟当时的"共和"不是一个"共和"。那么，你强调的是不是也是一种古代的这种语境，与现在的它（"共和"）不太一样了，就是一个狭义、广义的区别。

侯旭东：也不只是狭义、广义。古人本身用"共和"这个词，是针对大臣、皇后或宦官把持了本来属于皇帝的权力，而不是用来描述皇帝的——皇帝就应该专制，一统天下。古代儒生也接受君主制，强调君主统治是合理的，恐怕我们需要在古人的君主论的脉络下去认识古代的君—臣—民之间的关系，认识理想君主与现实君主之间的关系等，而不是一上来就戴上一副灰暗的有色眼镜或在研究之前就贴上一个负面的标签。

燕京书评：那么，有"君相委托制"的时期是不是就应该重新考量"专制"一词？

侯旭东：钱穆讲的"君相委托制"可能有此意图，还是就汉代论汉代，最多是提供一种统治类型，拓展一下对君相关系的认识。但它不是一个稳定的制度，只是在某种情况下会出现，所以，我在《汉家的日常》一书序里特别提到《汉书·董仲舒传》中董仲舒那段话，他就专门强调"人主心一正"，然后整个秩序就全都井然了：

> 故为人君者，正心以正朝廷，正朝廷以正百官，正百官以正万民，正万民以正四方。四方正，远近莫敢不壹于正，而亡有邪气奸其间者。是以阴阳调而风雨时，群生和而万民殖，五谷孰而草木茂，天地之间被润泽而大丰美，四海之内闻盛德而皆徕臣，诸福之物，可致之祥，莫不毕至，而王道终矣。

现实中，好多人主是中主，甚至是庸主，并不是圣人，所以需要贤人辅佐他。君相委托制，就是在此种意义上存在的。按照古人的君臣同体论的描述，皇帝相当于头，大臣是四肢，百姓是躯体，三方共同努力维持身体的生存。这个比喻很有意思，各方作用差别很大。

换句话说，头再不好，也不能随便砍掉换个新的，只能靠大臣辅佐来帮他矫正一下，最好是皇帝承担形式上的元首之职——垂拱而治，具体事务由大臣们来完成，这样就不会发生大问题。实际上，皇帝往往不愿意当傀儡，一旦他有了自己的想法、愿望，乃至好恶，或想发挥作用，他依靠的或是外戚，或是宦官，或是亲信，常常会和大臣产生矛盾乃至冲突。

燕京书评：关于御史大夫寺（御史大夫的官舍）的位置由内到外的变化，直接原因是桑弘羊和霍光等人的政治斗争，但我们是否仍然能把它看作一种趋势，即皇帝逐渐把"家"中的侍臣官职外化？如何看待这种外化？由于外化之后内部空缺出现，那么是否会出现新的家臣来填补，如魏晋时侍中权力的上升？

侯旭东：对。所以，它不是一种单向的、一次性发生的现象，在中国历史中是反复发生的。此说最早是章太炎指出的，1939年日本学者和田清（1890—1963）的《官制发展史》也讲到了，后来余英时也有提到。这其实就是个波纹，首先不断地往外推，然后还有一波一波往内收，两种反向的运动往往同时存在，共同发挥作用。御史大夫由内而外的同时，还有侍中、给事中、左右曹等皇帝身边的"加官"出现，后来其中一些成为正式的官职。汉代以后，类似的情况依然存在。我以前读过一篇论文，研究清代的军机处"行走"，就发现和西汉时期的"加官"有很多相近之处。所以，我们不仅要关心变，也要关心它的不变，以及掩藏在变中的反复。

燕京书评：你在书中提到"给事"体现的是现有官吏数量与日益增长的实际事务的矛盾，是对现有官吏制度的补充，那么这种增生是不是生长容易消除难，也就是冗官难减？

侯旭东：的确是。这种做法今天依然广泛存在，现在叫"借调"，它依然是不少政府机关用来解决人手少与工作多的矛盾的常用办法，而现在和秦汉时期一样增加编制并不容易。《汉家的日常》一书中有一篇研究东汉《乙瑛碑》的论文，碑文刊刻的就是围绕增加编制（当时称为"吏员"）的文书往来。

朝廷控制编制是为了控制财政开支，尽管控制严格，但由于事务增加，官吏人手有限，临时性的给事只能暂时解决问题，增加编制必然是长久性的解决之道，因而随着时间的推移，官吏的编制还是在缓慢增长。那时候，没有多少创业的机会，几乎只有当官这么一个发家致富的方式了，所以很多人识文断字、读书明理就是为了入仕。

西汉末年，全国在编的官吏不过12万多人，全国人口6500多万人，还是相当高效的，但到了东汉末年战乱纷起并持续多年，官爵名号成为各方吸引豪杰的手段，慢慢地名号与职位、与事务就拉开了距离，军职与将军号也系列化了，后来又滋生出散官、勋官等各种称号叠加在一起。从秦汉到唐，特别是到了宋代，官员的头衔变得相当冗长，如《资治通鉴》的作者司马光的头衔就有六十字之多，那些头衔来自战国到宋代各代官称的叠加，各有作用。到了蒙元王朝，这些官称被扫荡一空，重新开始。到了清代，官职又开始复杂化。这也体现了某种反复与循环，背后不只是一个名号的问题，是皇帝与官吏利益的争夺与博弈。官员利益膨胀的时期往往是持续战争时期，因而现实中存在着带有各种头衔官称的人，并涉及这些人的利益，一旦头衔增加就无法剥夺，只能再叠床架屋增加新的，从而导致官称复杂化。

还有一个更大的背景是，整个王朝时代几乎处理各种问题都要靠行政办法来解决，如此就离不开任用官吏来完成。因此，皇帝就不能不给官吏做些利益上的让步，官吏也会利用这种依赖来争取更多的利益。当然，扩张官吏队伍让更多的人跻身其中也是一个方面，同时也压制与排斥其他处理问题的方式，将王朝的精英卷入其中并陷入不断恶化的竞争是另一个方面。到最后，整个官僚体系积重难返，不断膨胀的官僚机构缺乏有效的监督与制约，效率低下，而且会不断谋求扩张自己既得利益。

燕京书评：你在书中提到京房（前77—前37，西汉中期易学家）的故事，并探讨了刺史的奏事问题。京房非常希望能够面见皇帝奏事，但最终也没有被允许。我们能否说，只要存在一个帮助皇帝代理处理文书的职务，不管其为尚书或者宰相，都可以将这一行政过程逐渐转变为一个权力"黑箱"？

侯旭东：从某种意义上说，确实如此。这种"黑箱"不只是妨碍官吏与皇帝的接触，甚至也会让皇帝本人封闭在一个与外界隔离的狭小空间里，从而受到官吏们的摆布甚至哄骗。例如，古代不只出现过晋惠帝的"肉糜"故事，还发生过王莽的"肉羹"故事。王莽一生精明过人，骗过无数人，但做了皇帝后一样被臣下所蒙蔽。

这些中枢机构相当于喉舌，且是上传下达的必经之路，谁控制了此就控制了信息，也就控制了号令全国的核心权力。一方面，王朝时期没有多元的信息渠道，一旦中枢受阻或出现问题，皇帝也就成了牺牲品——他得到的信息往往是经过筛选的，甚至是扭曲的，从秦二世开始就面临此类问题。另一方面，皇帝的命令看上去雷霆万钧地一层层传达下去，但到了下面具体如何就很难讲了。另外，皇帝获得的信息，又有多少是真实的，这也要多加思考。不然，皇帝为何不时要派遣大臣到地方巡视，甚至要建立专门的"特务机构"来监督臣下。在我看来，这个体制中没有赢家，几千年来的历史反复证明各方都走入了死胡同。

看《道光起居注》时，我深刻体会到道光帝真是很可怜。道光帝每天处理与"英夷"作战的上奏，但封疆大吏们经常欺上瞒下，谎报战况。例如，闽浙总督头天说消灭了多少英军军舰，击毙英军多少，第二天却报告厦门失守。道光帝的心情如过山车，恐怕真是不清楚战场上是什么情况；他从全国各地调兵遣将，大概也不清楚这些军队早就不堪大任。除了对英国知之甚少，道光帝对清军战力的了解恐怕大概也主要限于京师的八旗，这些经常被检阅的队伍的状况恐怕要远远优于各地的驻防八旗与绿营。清朝的皇帝已是史上最勤政的了，每天起早贪黑、日理万机尚且如此，可知在一个问题丛生的体制下，即便是九五之尊，力量也是多么的有限。这不是某个人的问题，而是整个将个人行为与想法连接在一起的机制的问题。到了近代，"海开"以来的历史尽管悲壮，却提供了更多的选择，让我们知道还有其他的方式能把人和人之间联系起来维持国家、社会的运转，不仅更高效、更透明，而且让每个人都活得有尊严。我研究古代王朝的统治，总体上认为是个反复不已的悲剧。

这样的体制是将无数人卷入其中的漩涡，历史上没有别的更好的选择只能如此，如果没有新的外力刺激，可能还会继续维持下去。

另外，宋代人在文化艺术上确实是登峰造极，但是我觉得却是最卷的时代。当时，读书人比前代多了很多，却又没有其他上升或发达的途径，入仕就吸引了无数人竞折腰。官制在历代积累的基础上变得极其复杂，众人在其中耗费了一生的精力，心思都放在其中争着"分蛋糕"，难怪与辽金蒙元对峙无法取胜了。

燕京书评：你的《汉家的日常》一书中有一章名为《胡广/蔡邕"帝之

下书有四"说的"显"与"隐"》记述了蔡邕《独断》中的"四类说",这是对何种体制不满的"春秋笔法"?主要针对了哪一权力机构或个人?

侯旭东：很大程度是对皇帝和宦官。因为胡广、蔡邕两人生活在东汉后期，当时有所谓的清流与皇帝和外戚宦官之间的冲突，出现所谓"党锢之祸"。胡广、蔡邕两人是在以笔作武器，用一种"春秋笔法"来表达皇帝应该如何做的看法，通过对文书类别的描述把皇帝的下发命令方式以及文书的形式与颁授对象变得制度化与规范化。

他们出于对现实中汉桓帝与汉灵帝的不满，描述了理想皇帝的形象，包括皇帝的文书以及礼制上该如何，等等。当时，人们认为宦官是"手握王爵，口含天宪"的，经常绕开尚书使用口头方式传达皇帝命令，不为儒生所容。胡广、蔡邕两人强调"制书"是制度之命，下发时需要用尚书令的印重封，等于要求这类文书要经过尚书的审核，这样尚书就可以发挥一定的约束作用。

这种主张体现了胡广、蔡邕两人的想法和期待。蔡邕的书名为《独断》，就是希望皇帝要独断，不要听信身边的宦官、外戚，体现了两人看似矛盾的认识。不过，《独断》对实际时局和行政没有多大影响。儒生总想"得君行道"，但大部分时候的现实与他们的理想都有差距，如宋代皇帝或许最为接近他们的想法，但国势却不济，而这也不难发现儒生理想与现实之间的矛盾。

按部就班的重复运作，底层行政对上级斗争的反应是迟钝的

燕京书评：汉朝有一个特别大的事件，就是"七国之乱"。在"七国之乱"之后，是否有出土文献中能看到其有体现在日常行动中的这种差异呢？

侯旭东：这个应该没有，将来可能会看到。现在，我们用的出土文献基本都是汉武帝以后，甚至是汉昭帝（刘弗陵）、汉宣帝（刘询）以后，距离"七国之乱"事件已经很远了，彼时很多人大概都不知道这件事，对他们来讲可能没有什么直接影响；同时有些刚刚出土的材料还在整理尚未发表，将来如果材料公布也许能看到一些。从另一个角度讲，我们从史书角度认为很重要的一件事，但对整个帝国包括基层的官员来讲，它的影响力有多大呢？这

也不好说，除非是变成了一种制度化的内容。在当时那种通信条件下，"七国之乱"主要还是集中于关东地区，对关西地区有多大影响就很难说。当然，站在长安的角度俯视，或从王朝史的角度回溯，会觉得"七国之乱"很重要，但若从地方的角度看，也许除经历了战争的那些人有感受之外，更多地方的人或许都不知道这件事。例如，湖北云梦出土的睡虎地秦简中有一份《编年记》，记录了秦国历史中的大事，以及墓主人及其父母兄弟的大事，但那些秦国攻城略地的大事记述得都十分简单，除非亲身经历，否则仅靠寥寥数字是无法体会战争的残酷的。当时，小吏的生活基本上都是按部就班、日复一日的重复劳作，对朝廷大事的了解大概主要靠平时接触的诏书；皇帝可能会下达诏书到全国，如"七国之乱"之后大赦之类。

有些事件像巫蛊之祸这类的影响可能会大一些，因为朝廷要追捕逃犯，会将文书下发到全国各地，基层的官吏会了解朝廷要抓哪些要犯，而对事件经过本身却难有机会了解，甚至很多时人还不如今天的史家了解得详细，除非是作为案例下发全国的奏谳书。实际上，汉代流传比较广的只是全国官员的功劳资料以及学习文字的课本，以及一些典籍。

当时，老百姓基本上不识字，宣读诏书未必都能听懂，还要再加上方言的描述。秦朝初步奠定了大一统的格局，但只是形式上的统一，其中还有很多障碍。因此，依靠文字来实施文书行政，也是克服障碍的一种重要手段。

燕京书评：邸是一个非常有趣的东西。你在书中谈到邸最早实际上是郡国官吏的住处，后来才逐渐演变成了商铺，因为在其中有官员利用这一资源做生意，最终结果似乎促进了商业的发展。北京师范大学历史系教授游彪有关于北宋邸报的研究，说会有一些读书人通过邸报针砭时弊起到一个信息交流的作用，对于上面来说则是采风的作用。

侯旭东：郡国邸的作用，与今天的驻京办作用相近。在发挥作用的过程中，有官员发现可以利用出差的机会携带本地的特产到京师，并在这一机构寄存、销售以谋取私利，于是开发了这一机构的商业价值。到了东晋南朝以后，更多的官员开始模仿学习，使得这一机构的用途变了味，才出现了唐代以后的所谓邸店。这是官员们"搭便车"创造历史而促进商业发展的一个例子。唐宋以后，围绕邸开发出了更多的功能，包括邸报，作用也就更丰富了。

燕京书评：由此我们看到，很多东西名字变了，如传舍，但实际上没变。有些东西名字没变，但实际已经面目全非了，而一个制度底下也可以有很大的流动性。

侯旭东：对。因此，研究者需要从变与不变的互动中去把握历史。20世纪以来，史学的问题之一就是过于看重变化，甚至是进化，而忽略了反复、循环乃至不变，需要将两者并观，才能发现历史的复杂性。这种观察可以从不同侧面展开，以反复、循环与不变来观变，或借助变来观察不变。前面提到的《胡广／蔡邕"帝之下书有四"说的"显"与"隐"》一文，就是从皇帝下发文书实践中包含的流动性来反观胡、蔡两人所试图建构的稳定性（不变），而实际使用过程却是两人及其著作所无法控制的。皇帝当然既可以按照律令行事，也可以超越律令之上，下发文书的对象也可以不遵照律令的规定来。实际上，皇帝破例的情况很多，也会增添为新的例，此后还会出现新的破例与新的例，如此反复，将皇帝下发文书的类型推向更为多样化。

燕京书评：汉制是秦制的延续，在偌大疆土的管理上，显然汉制更加灵活成熟。你在研究汉朝文书时，觉得汉朝制度上的进步与秦朝相比是怎样的，是否存在相似但尚未解决的问题？

侯旭东：汉初统治政策偏黄老学派（战国时期的哲学学派，尊崇黄帝和老子的思想），确实是慢慢宽松化的，这便是一个很大的调整。但是，它在实际运作过程中很大程度上还是汉承秦制，如现在出土了秦朝和汉朝的律令，两相对照就不难发现其间的连续性。实际上，萧何（西汉开国功臣）等人本身就是秦吏出身，熟悉秦朝律令与统治方式，但是他们作为楚人对秦朝的统治也有很多切肤之痛，得天下后也相应地做了很多调整。因此，汉朝的整个体制架构往后退了一点（相对于秦朝），郡县与分封并行，诸侯国有自己的年号；郡县自己任命官员，或许还有自己的律令，可以因俗而治，而汉朝廷只是直接控制郡县。北京大学历史系教授陈苏镇专门做过研究，这种状况持续了相当长的时间，保证了汉朝统治的稳固。

此前，秦始皇统一天下时有点操之过急，没有考虑到各国风俗、传统的差异。秦国十年之内迅速统一六国,就志得意满地将秦国那套在秦地实施上百年的严厉制度推行全国,但各地有很多人难以适应,当陈胜、吴广振臂一呼各地响应者如云,于是统治十五年就土崩瓦解了。秦朝的速亡与秦始皇急切的心态有关,也和秦制缺乏弹性有关,还和继任的秦二世(胡亥)统治不知时变、不加调整有关。

汉高祖刘邦及其统治的核心大都是楚人、秦吏,了解秦朝律令与统治方式,同时也对统治的严酷有切实感受,因而汉初既继承也加以调整,奠定了汉朝四百年的江山基础。这是汉朝最大的进步,换个角度看也是个退步,但是退步中维持了长久的统治,这是深刻体察现实的调整。这显示了刘邦及其统治核心的政治智慧,虽然刘邦看上去是个小无赖,且他跟秦始皇岁数差不多,但他做过小吏,基层的经验和感受很丰富。

(采写 刘硕)

缪哲：从帝国艺术的遗影，看汉代的意识形态

在今天这个分裂化、碎片化、原子化的社会，当人们谈及生活方式、流行、审美和艺术，常常忽视掉它们背后绵延的历史语境，单纯地将其归为个人的趣味和喜好。但是，如果带着这样的视角进入古代世界，往往会误判历史。那么，应该如何想象和理解一个不复存在的帝国景观及其所产生的文化和艺术？我们需要先戳破个人主义的幻觉。浙江大学教授缪哲的《从灵光殿到武梁祠：两汉之交帝国艺术的遗影》一书，或许可以帮助我们窥见一斑。

从"在场"的中下层平民艺术的"残片"中，缪哲试图找寻被时间吞噬的"不在场"的皇家及精英艺术的"遗影"，进而探究中国艺术由纹样传统向状物传统转折的观念与制度动力。缪哲认为，这一转折与汉代意识形态的构建有必然联系，"综合考古与文献记载，可知由纹样向状物的转折——或中国绘画传统的确立，乃是西汉后叶始告完成的。这一新的传统，是战国以来所积蓄的再现动量与此时期政治、社会需求相趋同的结果"。

艺术不仅是"人性的"，更是"历史的"

燕京书评：在《从灵光殿到武梁祠：两汉之交帝国艺术的遗影》一书序言里，你似乎对中国绘画起源于"史前岩画、陶纹等"早期媒材（媒介材料）的状物形式、风格与媒材的说法不太认同？

缪哲：如果不谈绘画的技术，只是从类型上来谈绘画，绘画实际上是一

缪哲，浙江大学教授，浙江大学高等人文研究院学术委员、《浙江大学艺术与考古研究》主编等。研究领域为中国早期艺术史，主攻战国秦汉艺术，发表论文数篇，出版著作有《从灵光殿到武梁祠：两汉之际帝国艺术的遗影》。

种对外在现实进行"再现"的能力,这种绘画的"再现"能力是天生的,每个人都有。除了人之外,没有别的物种有这样的能力。但当我们谈论绘画时,我们其实谈论的不是天生的绘画本能,而是绘画的历史。所以,我们要用历史的视角理解绘画传统的起源,而不是从与这传统关系不大的史前岩画、陶纹谈起源。事实是,中国在商周的时候没有发展出绘画,只存在一套抽象的纹样。为什么商周的纹样传统会向视觉化的"状物"形式转变?这不是天然发生的,而是由于历史发生了转变,进而导致了对绘画需求发生了转变,就像罗越(Max Loehr,1903—1988)说的:"这转折并非自动而有。它是文化苦搏的成就。"这种绘画上的转折和发展背后存在一套文化制度。所以,状物传统的产生不是自发的,而是依赖当时有知识文化的儒生阶层、礼仪制度、工匠等一系列集体性的活动。

商周的二维艺术基本上是纹样化的,到了春秋末年状物的绘画才开始兴起。从春秋末年到战国初期,嵌纹铜器上开始出现再现化的图案,人们开始对一棵树、一个动物、一个人、一个场景产生描绘的兴趣,这种新的兴趣在战国有两百多年的发展。到了秦汉之后,它被赋予了一种新的功能,即服务于建立汉代帝国的意识形态。从汉初开始,统治阶层就开始从观念上想象帝国的样貌,这是我们后来所定义的中国文化的形成时期,是我们不断摸索和塑造自己文化的时期。从文化上来说,我们和商周文化距离较远,和汉代帝国所建立的文化传统更近。我这本书(《从灵光殿到武梁祠:两汉之交帝国艺术的遗影》)就是在研究中国艺术由商周时期的纹样传统向汉唐状物传统转变的意识形态与文化制度的动力。

燕京书评:你用"帝国艺术"定义书中绘画的性质,那你理解的"帝国艺术"与"皇家艺术""宫廷艺术"有什么不同?

缪哲:帝国是什么?不是所有有皇帝、国王统治的地方都可以叫帝国。所谓"帝国",是由多个政治体构成的一个大的政治体,其中一个居于统治地位,其余的处于被统治地位。例如,近代的大英帝国,居统治地位的就是英格兰王国,苏格兰、爱尔兰和四方的殖民地是被统治的。按这个标准,汉代也是一个帝国,因为除了汉族统治的中心之外,它还有附庸于它的政体,如西域、匈奴、西南夷等。所谓帝国艺术（imperial art），就是呈现这种帝国形态的艺术，它具有国家性、公共性和意识性。

皇家艺术（royal art）的内涵宽一点，一般我们指皇家所赞助的艺术，它可以是国家性、公共性的，也可以是表达皇家成员的个人兴趣的。例如，晚清的"翡翠白菜"就属于皇家艺术，而清代的天坛、地坛则属于帝国艺术。天坛是祭天的地方，是为了体现一个王朝与天的关系。

燕京书评：汉代帝国的意识形态是什么样的？

缪哲：主要是三个方面：帝国与天的关系；帝国与历史的关系；帝国中心与四方之间的关系。帝国与天的关系，是确立天与帝国的关联，为帝国的合法性建立超验的基础，如汉代有明堂，就是用建筑的形式来声明帝国和天的关系。这个天，完全是根据人间的政治结构来想象的，并不是自然的。

帝国和历史的关系，是帝国与天的关系的延伸。按照汉代另一套阴阳五行的理论，你要得到自然中金、木、水、火、土——"五德"当中的"一德"才能获得天命，但这"一德"会因为统治不善而失去，会被天收回，然后天会再把天命授予享有下一个"一德"的人，这就把天的意志在时间中的展开转化成了"历史"。因此，汉代所谓的历史，也不是我们今天理解的历史——经验的历史，而是哲学意义上的历史。这样的历史观念很重要，它构成了一个时间序列，由于天命被定义为可因统治者的行为不断被授予—被剥夺—再被授予的，因而人类的历史也被定义为天命在时间中实现的过程。在这个序列里面，每一个序列组成的身份由这个序列所决定，如果失去了这个序列，那么统治者的"合法性"就没有了。所以对于汉代来说，它必须确立汉代以前的朝代，才能确立汉代是天命链中的一环。我把它概括为天命当中的"合法"转译为历史的"正当"。这样，超验历史的"天命必然"和经验历史的"因果必然"就都集中到了帝国本身。

帝国中心与四方的关系则是基于前两者的关系，如果你用天命和历史的合法性来统治"天下"，那么理所当然四方之外的地方就是可以征服的，或者说是可以归化的。

汉代从汉武帝以后开始摸索、争论这三个关系，到了西汉的中晚期开始成为汉代意识形态的三根支柱。这样，从战国时期开始出现的状物传统，在这时候就被赋予了新的功能，即呈现他们所构建的帝国意识形态。汉代所逐渐形成的意识形态对当时从战国时期开始形成的状物传统造成了很大的冲击和影响，而我认为这个影响加速了商周纹样传统的灭亡。

读汉代的历史，实际上会感觉他们的意识形态很粗糙，也很天真。但有一个好处，就是真诚，即当时的人不管是老百姓还是上层的君主、贵族、大臣都相信这套叙述。一个庞大的帝国当然有技术上的支持，但最重要的是建立什么样的制度，有什么样的观念和意识形态。所以，汉代的意识形态虽然天真而幼稚，但是真诚、有效。

对汉代画像的研究，不能停留在社会中下层语境

燕京书评：你这本书的名字叫《从灵光殿到武梁祠：两汉之交帝国艺术的遗影》，为什么是"遗影"？

缪哲：我们写战国秦汉的艺术史，可依赖的材料太少。例如，汉代的历史，你所能依赖的东西有两类材料：当时的文献如《史记》《汉书》等，再就是考古的材料。但问题是，这两类材料都是当时生活记录的一些碎片，即使史书是比较系统的记录，但也是有选择的记录的，大部分事情是不记录的，同时当时产生的其他文献也都没了。考古的东西更是如此，留下的是当时很小一部分的物质制作，连当时的万分之一都不到。所以，我们是不是只考虑残存的部分，而不去想象已经消失的部分呢？如果考虑的话，就需要根据历史的记载，以及情理上的推理去进行历史想象。

举个简单的例子，汉代帝陵和权贵的陵墓上都是有建筑的——庞大的建筑，但是今天都不存在了。然而，地面上所能留下的都是一些中下层老百姓所建造的祠堂，历史想象就意味着你在考虑这些留存下来的中下层物件时，要考虑到它们和不存在的部分一起存在于当时社会的景观中。一个社会总是分层的，而层与层之间总是有交叠的地方、互动的地方，观念上的、想法上的互动，也会造成一些艺术上的互动。在古代社会，发动艺术的一定是皇家

和上层，然后他们所发动的这些艺术会通过各种不同的渠道一层一层地下渗，如古罗马、古波斯、古埃及，整个古代世界都是以这样共同的模式进行，但下层缺少制作艺术的需要和实力，这和我们现代社会是不一样的。所以，我的推论是，这些残存的功能性的艺术制作或多或少接受了上层艺术的渗透，或者说可以从中看出一些上层艺术的影子，把这些"遗影"拼接起来，可以反向推论那些已经不存在的社会上层的皇家艺术、精英艺术。我这本书中"从灵光殿到武梁祠"的章节，就是通过对诸侯王的灵光殿与中下层武梁祠中的画像石的对比，论证"下渗"的存在。

燕京书评：该怎么去简单理解"下渗"的过程？

缪哲：首先，这涉及工匠的问题，古代的精英（皇家）与平民虽有阶层的分隔，但就物质—视觉制作而言，这一分隔又被工匠适度打破。工匠虽然是平民阶层，但由于工匠掌握技艺，进而会为统治者服务，相较其他职业的平民就有更多机会接触精英艺术；又由于工匠职业的跨阶层性，精英艺术也会经由工匠在平民阶层有所传播，这可以被看作是西方古代艺术研究中所说的"下渗"（trickle-down）。

其次，就是祠堂的主人会不会完全舍弃工匠的方案和程式，自己创造一套祠堂的设计呢？我认为可能性很小。例如，现在我们也会处理一些跟死亡相关的事情，那么丧葬公司会有一套特定的程序，家属当然可以基于现有的流程做适当的修改，但是不可以完全违背这些程序。这套程序终究有一个集体性的约束在里面，因为这个丧礼不是给自己办的，是给社会办的，所以要符合社会的公共认知和接受度，不能把它当作一个个人的事情。具体到武梁祠上，它的功能最主要还是纪念性的，是对家人、亲族的一种怀念。所以，武梁祠的建造不会是体现武梁的个人意志，而是体现"当时当地"的集体认知。

燕京书评：在本书序言中，你对武梁祠画像的解读有别于包华石（Martin Powers，密歇根大学教授）和巫鸿（芝加哥大学教授），更是认为巫鸿"把祠堂之为'集体性认知系统'的本质，降解于个人心理层面了"。他们对武梁祠画像的解读大概是什么样的？

缪哲：包华石是从阶级分析的角度来理解鲁地画像的。他把当时的画像分成两种风格类型：一种以河南的打虎亭、山东的朱鲔祠为代表，风格上比较精致、发达，技巧上比较完备，会表现人的立体感、三维性的空间；另一种以武梁祠为代表，在技法上比较朴素、稚拙，都是平面的，跟剪影一样。包华石分辨出的这两种风格类型是对的。然后，包华石采用阶级分析的方法来探讨这两种风格类型的意义，认为：前一种风格代表了权贵和上层官员的趣味，因为权贵喜欢奢侈、炫耀的风格，所以就采用了复杂的技法；后一种代表儒生的趣味，比较朴素、简略。例如，朱鲔祠和打虎亭汉墓没有什么意识形态的内容，只是表现奢侈的生活方式，如当时的宴饮等；而武梁祠则加入了很多意识形态的内容，有大量关于儒家的意识形态，如古代帝王的画像等。然后，包华石以此作为基础，认为山东的儒生是在用这样的技法来反衬、批判和对抗朝廷的权贵艺术。

巫鸿的观点跟包华石类似，但不是从集体性的阶级角度理解的，也没有把权贵的风格考虑进去，只是说武梁祠通过制造这一套画像，通过儒家意识形态的内容来表达对东汉当时政治黑暗——宦官、外戚把持朝政的不满。所以，他们二者的差别在于一个是从中产士人阶层的集体角度来解读（包华石），另一个是从武梁个人来解读（巫鸿）。

燕京书评：为什么你认为不能简单地把以武梁祠为代表的鲁中南画像看作是个人或"鲁地中下层自我表达的产物"？

缪哲：这涉及我和包华石、巫鸿二人对祠堂理解的不同。人死之后，一方面要埋，是纯粹自然的处理，但另一方面人是社会性的，是镶嵌于社会之中的，有一套社会关系和情感，所以人死后所建造的墓和祠堂也是为了体现人的社会性。因此，我们要在这样一个前提下来理解整个服务于墓葬仪式的这些物质制作。墓葬的作用之一是团结宗族的，作为朋友、亲人团结的象征，尤其是一整个家族都会追溯自己的祖先。祠堂就是这样的功能，它不是埋在地底下的，它建在地面上，是供人祭拜的，是有纪念性的。现在，由于我们已经脱离比较集体化的生活了，大家都比较个人化，对这个可能体会得不深。但是，古代不是个人社会，是集体性的、家族式的社会，这样家族、宗族的内部秩序很重要，涉及个人和整个宗族的生存和发展。包华石把祠墓的画像理解为一种批判，说墓葬、祠堂是用来针对本家族之外的人和事发起的批判，这显然不符合墓葬的社会功能性；除非有确凿的证据，如文献上的证据，否则就不能这么理解。实际上，不要说汉代，到了明清，祠堂也不承担这样的功能，它的功能主要是合聚亲族和沟通人情，而把它看作一个表达不满和批判的地方是不合理的。

理解武梁艺术，不能用个人主义视角观察和研究

燕京书评：在本书序言中你认为，瓦萨里（Giorgio Vasari，1511—1574，文艺复兴时期意大利艺术理论家）以来文艺复兴研究所确立的"方法论的个人主义"不适于对以"集体性"为特点的古代艺术的研究？为什么会这样说？

缪哲：现在，高校里所实践的这套比较智力化、知识化的艺术史是西方的发明，中国原本没有这样的思路。在西方艺术史建立之初，他们研究的对象主要是文艺复兴及后面的艺术，如雅各·布克哈特（Jacob Burckhardt，1818—1897）、海因里希·沃尔夫林（Heinrich Wolfflin，1864—1945）、欧文·潘诺夫斯基（Erwin Panofsky，1892—1968）这些大师都是研究这个时代的。这样所产生的一个结果就是，研究文艺复兴时期所确立的研究方法，后来被普遍用于研究其他时期的艺术，如中世纪以及希腊、罗马乃至中国的艺术。但是，文艺复兴时期的艺术都是大师杰作，如达·芬奇、米开朗琪罗、拉斐尔、伦勃朗，我们非常了解这些艺术大师的生平，诸如他们是谁、具体做了什么、在什么情况下创作了哪件作品等，甚至我们还有他们的手稿和笔记。这样建立起来的研究方法就偏于"个人主义"，往往只是围绕艺术家个人进行大量的理解和阐释。

但是，如果把艺术史扩大到非大师杰作的时代，如希腊、罗马以及中国，以中国的秦汉为例，你发现根本没有大师，也根本没有杰作；而且这些艺术制作也不是个人创造力的表现，而是一件受人委托完成的制作，是为了实现

一个社会性的功能。那这套个人主义的方法论就不太适用了。我们不能把研究艺术大师的方法，扩大到研究所有艺术作品和工匠身上。具体到我对武梁祠的研究，我们不像了解这些艺术大师们一样了解武梁这个人，所以用个人主义的方式去研究他是没有意义的。

燕京书评：理解古代绘画的时候，我们要更加注重"集体性"的意识形态、文化制度的作用，而不是个人表达？

缪哲：在古代，个人意志是有的，但是个人的因素没有集体的因素大。理解古代绘画的时候，我们往往也不知道具体的个人，因此我们只能看集体的部分。例如，武梁祠和武氏祠其他祠堂的画像石是有差别的，这种差别是不是个人因素造成的？肯定是有的，但我们不像对待文艺复兴的大师那样，能了解武梁是谁，能了解武氏家族，所以个人的部分就很难谈，而非要谈就免不了"穿凿"。做历史，我们只能谈能谈的部分。

（采写　陈杨）

罗新：从宫女到皇后，只是抽象的皇权体制所有物

在《漫长的余生：一个北魏宫女和她的时代》中，北京大学历史系教授罗新利用墓志等史料讲述了北魏宫女王钟儿漫长而又跌宕起伏的一生，并以她的眼睛去看她身处其中的时代，把皇帝、后妃、外戚、朝臣、宦官和宫女都还原为具体的人，看到他们面对权力时的喜悦、疑惧、张狂、绝望……随着王钟儿人生故事展开的，还有从北魏献文帝、孝文帝到宣武帝、孝明帝近八十年的北魏历史，当然也有被时代的惊涛骇浪席卷的许许多多人。

北魏女性改变阶级的道路，依然是围绕皇帝制度

燕京书评：你这本书（《漫长的余生：一个北魏宫女和她的时代》）的副标题为"一个北魏宫女和她的时代"，但书中涉及了很多女性的故事，关于慈庆（王钟儿）本人的描写其实并不算多，更像是北魏妇女的群像。目前，非虚构写作在国内应该说并不算多，你在写作构思上有什么考虑吗？

罗新：对，很多人都跟我这样讲，你看你标题里讲的是王钟儿，但其实整本书下来加起来有一章就不错了。

的确是这样，因为没有更细致的材料来说明这个人，如果有当然好，但是没有，不能编，所以就尽可能地描摹她所在的时代，也就是说我们没法知

罗新，1963年生于湖北，北京大学中国古代史研究中心暨历史学系教授。主要研究方向为魏晋南北朝史和中国古代民族史，出版作品有：专著《中古北族名号研究》《黑毡上的北魏皇帝》，以及历史作品《漫长的余生：一个北魏宫女和她的时代》，旅行文学《从大都到上都：在古道上重新发现中国》《月亮照在阿姆河上》，学术随笔《有所不为的反叛者》。

道她具体的人生样子、生活形态、具体的故事。如果我们有足够的可能去了解她的话，这些一定是丰富的；但是，如果没有，我们也可以从一个外部世界看她的周边，看她的外部，从更大的方面来看影响她的可能是哪些因素。影响我们每一个人人生的因素是很多的，当然最重要的因素是我们个人，如个人性格、个人能力、个人特点、个人情感等，这是毫无疑问的。但是，如果这些因素在没有任何材料来说明的情况下，别人要想了解我们，只能从我们所处的时代和社会来了解我们。

例如，你要想了解我这样一个在北大工作的教师，那么你就要了解北大其他的教师们，如果了解得足够多，对我的人生就大致可以猜测到；当然也不完全准确，因为每个人都不一样，但是毕竟差不太多，是有限度的差异的。

所以，我就想用这种方式来把王钟儿的人生大致描摹出来，当然这仍然只是一个构思上的理由；但是我希望借助描述她的时代，把我理解的时代表达出来。其实，不同的历史研究者对其研究时代的认识是不一样的，那么我表达的就是我对这个时代的理解。

燕京书评： 其实，我并不觉得王钟儿写得少是一个问题，因为出土文献对于小人物基本上有一件事情写得很详细就不容易了，它毕竟不是史书。你觉得通过研究她的墓志这种出土文献对于正史有没有什么补充？

罗新： 首先正史里完全没有这个人，但正史中当然提到了一些事是如何发生的，我们本来没法知道，有了这个人就可以把某些细节串到一块儿。例如，她参与了北魏宣武帝和孝明帝的养育，特别是孝明帝的成长——这是在历史上传得神乎其神的一件事。

那么，正因为她的存在，我们能知道这个事还有哪些细节，还有哪些人物可能被拉进来。所以，我觉得补充还是很多的，这是毫无疑问的。但是，最重要的补充不是资料意义上的，而是观念意义上的补充。正史根本不在乎这种人，即便在编史的时候有大量的资料，它的制度和观念决定了是不会记录这些人的。

我们现在因为有了墓志，有了我们可以称之为第一手或者第二手的较为原始的史料，就能真正地校定证实由于这种制度性的编撰所形成的史学的种种局限,并且加以突破。

燕京书评: 看完这本书(《漫长的余生:一个北魏宫女和她的时代》),我最大的感受就是从北魏的宫女到权倾朝野的皇后距离并不算远,有很多奚官或南朝难民由此改变了阶级,但同时似乎离危险也近了许多。那么,我们能不能说,对于北魏女性来说,风险和收益是相辅相成的?

罗新: 我倒不觉得北魏跟别的时代有多大的不同,只是我们对资料的理解、对于古代历史的解释可能有一定的偏差,但并没有很大的不同。

因为无论是贵为后妃还是卑贱如奚官奴,他们都在一定意义上只是抽象的体制所有物,而这个体制是围绕皇帝制度展开的,所以他们的个人命运的升降、个人的悲喜都是跟这个制度有直接关联的。当然,你可以说这个人本来那么悲惨,怎么一下子得到了重视,怎么一下子得到了什么好处。

例如,一个宫女突然被皇帝看上了,皇帝就让她为自己怀上了孩子,如果没死,并且还生的是个儿子——将来会封王,她就能成为一个王太妃这样的角色,当然会显得有很大的命运的改变。但是,其实这些都是围绕皇权的,所以谈不上有多大的收益,有多大的风险。

所以,我想任何普通人的人生都是如此,都有各种各样个人化的悲喜得失,什么样的都会有的。但是,这些地位爬得很高的女性——这种人很少,比例非常低,更多的是普通人,那些人终生不会有改变的机会。

燕京书评: 也就是说这种改变命运的契机还是由皇帝制度决定的,但毕竟皇帝只有一个,所以这个概率也不大。

罗新: 对,皇帝只有一个,甚至可以说在数据意义上等于不存在。所以,不要梦想我们有可能成为概率之一,可以靠近皇帝,怀有这种梦想的人最后也不会有好结果。

燕京书评: 书(《漫长的余生:一个北魏宫女和她的时代》)中有一章名为《帝舅之尊》,这一章让我想到有学者认为母系社会强调的其实是舅权,那么这种舅权的存在是否可以看作是对兄终弟及中的叔权所做的一种制衡呢?

罗新: 早期的中国皇帝制度里,皇帝的舅舅,也就是皇帝母亲代表的一家人有时候会得到很特别的地位,也就是所谓的外戚,这可以说是早期制度里边的一个特点。当然，北魏的皇家统治方式肯定有来自草原的背景，所以这两者合在一起怎么认识还是一个复杂的问题，我倒不觉得我们现在能够清楚地做出分析。

你刚刚说的人类学的那种认识，我对这个思路不是很熟悉，我不觉得我能把握住。但我想强调，由于皇权的独一性、特殊性，只要围绕皇帝跟皇帝个人有特别连接的人，都有可能被纳入这个体系的中坚阶层去，如皇帝的子女和父母等都包含在内。他（皇帝）的母亲通常是没有受过教育的，也没有能力来处理很多复杂的事情，但是母亲家里边的男性，如她的父亲或者兄长就变得突然很有权势，这本身也是由皇帝制度决定的。

倒不是说跟母系有什么特别的关系，因为任何个人对父母的爱都基本上是均等的。就个体而言，你爱父亲自然也会爱母亲，特别是对男性而言，可能对母亲的爱是更深沉的、更紧密的，但是表现在权力系统里面，因为是男权社会，所以就会去依靠母亲家里的男性人员，如外公、舅舅等。但是，在中国的政治理想里把这种力量给排除了，即认为外戚掌权不是一个正常现象，是一个异常现象，如在东汉的政治实践当中就表现得最为鲜明，以后偶尔有其他的时代也有这种情况。不过，我们要记住这是意识形态的结果，而不是人性的结果，人性对于母亲家的人是一样的爱戴，甚至更爱戴，特别是如果母亲不在，就会把对母亲的爱投射到母亲家的其他人身上。

燕京书评：北魏的皇帝候选人在被培养的过程中总是会被剥夺与母亲相处的天伦之乐，但这反倒催生出另一种权力的秩序，即皇帝会亲近、信任与母亲相关的人物？

罗新：这个是比较特殊的现象，北魏宣武帝是在十八九岁掌权的，当然就有能力不被别人摆布，因为这个时候他也进入了青壮年，所以他有能力自己掌握权力，但是掌握了权力之后依靠谁这是一个问题。

所以，对于他（宣武帝）来说，因为小时候经历了这一切，从青春期看到发生在自己的母亲还有哥哥身上的一些事，所以他对宫廷里的很多人，可能也对整个国家体制都不是那么信任。因此，我们看到他一生最信任的都是他身边的人，诸如什么一起打架、一起玩的那些什么宫女和侍卫人员。对于舅舅这些人，他过去也没见过，但是毕竟是他母亲家里的人，所以他就比较信任这些人，这是宣武帝个人的一个特点。

其他皇帝倒不明显出于这种道德的考虑，所有的皇帝都会给自己死去的母亲的家人给予某种特殊的待遇，这也谈不上是制度，但至少是一种传统，是一种习惯做法，只是不会特别的信任。至于信任到宣武帝对高照（宣武帝的舅舅）那种信任，那也是一个特例，是比较少见的情况。

燕京书评：那么，这种不安全感体现在北魏孝文帝身上就是总要带兵在身边，无论打仗与否？

罗新：他（北魏孝文帝）对南方用兵当然也有政治上的考虑。他既然迁都了，首都在洛阳，就必须要把这个国家的边防线向南边推，不能容忍对方如齐国的政权的军队离自己的首都这么近，所以他要尽量地将边防线向南边推，要把国境线从南阳盆地推到汉水。那么，在其他地方，如要控制到淮河以南，这种做法就是很自然的军事战略上的考虑。

但是，事实上我们看到，他晚年一大特点是始终在作战，并且是亲征，而不是遥控，就是他自己带着部队到处跑，这个感觉就不像是对市场（形势）的考虑了，应该是有政治上的考虑，因为这就意味着他始终要和国家最重要的军队在一起。

北朝的女性未必有多高地位，但确实很活跃

燕京书评：你在书（《漫长的余生：一个北魏宫女和她的时代》）中提到，宗教社会学研究认为女性在传播宗教中所扮演的角色更为重要，这是否可以看作是女性对于拓宽自己的社交圈和权益保障的一种方式？

罗新：我是这样看这个问题的，即便对于一个在很高社会阶层的人来说，在某种意义上她也可能是边缘人群，如她对主流意识形态不太认同，虽然她表面上地位很高，甚至在某个意义上她是核心权力阶层的人，但是因为她对这一套其实不满意，那么我们也可以说在另外一个层面上她是边缘人群。对于一个社会等级来说，处在更低等级的人就是边缘人群；从性别来说，女性

就是边缘人群。

所以，在那个男权社会里，所有的女性不管是高贵到皇后、皇妃还是低贱到奴隶，这些人都有可能是边缘人群里的一部分。因此，在边缘人群的人，对于改变自己的边缘地位都是敏感的。这是人本能的本能，如我一看这个东西挺好，我一直想做的什么事突然机会出现了，就要紧紧抓住。

所以，我认为佛教、早期基督教这种宗教的出现，对于许多边缘人群来说，就是一个特别好的机会。我在书里面把这种机会称作获得某种自由和解放，指的就是她们改变自己的边缘性地位的那一面的那个机会。

例如，对于女性来说，本来你没有机会参与到这个家庭和家族之外的社交活动，现在你因为信仰宗教了，要聚会、要搞各种活动等，你就可以去参与了。过去，男性可能有更多的社会活动空间；现在，女性也通过这样的方式获得一定的社会空间，其他的很多场合也是如此。就像我在书（《漫长的余生：一个北魏宫女和她的时代》）中举的那个例子，元纯陀（北魏宗室成员，景穆帝拓跋晃孙女，任城康王拓跋云第五女）的第二次婚姻，她的婚姻从墓志来说不是自愿的，但是不管怎么样还算是嫁到了一个好人家，可是没想到丈夫后来去世了；由于她在这一次婚姻里并没有生育，但她在第一次婚姻里面有个女儿，所以她很想回到自己的女儿身边去。但是，那个女儿不属于她自己现在这个家庭，怎么办呢？

要是没有佛教，她没有出家，那她就没有这个机会；但是现在她出家了，就相当于结束了自己的世俗生活，因而就获得了回到自己原来的家庭里去跟自己的女儿在一起度过晚年的那个机会。她的地位也很高，但佛教同样给了她一个机会去摆脱困境。

我读了一些宗教社会学的研究，5 世纪之前的基督教的发展过程当中女性传播的作用的讨论就对我很有启发性。我相信，在大概 6 世纪甚至更晚到 7 世纪中国的佛教发展历程当中，女性大概也有同样的或者近似这样的发展历程。

燕京书评：即便是高地位的女性也都会有这种边缘性，这点确实很有启发性。这两年，在年轻人群体中男女对立还是很严重的，所以你这本书出了之后，身边的女性也都很关注。我们看到冯家出的两个女儿都在权力中心，所以北朝算不算是中国古代历史中女性地位较高的一个时期？你认为在何种社会环境下，女性权利可以得到保证？

罗新：我觉得在中国中古时代说女性的权利比其他朝代更有保障，下这种结论还是要小心。若说南朝比北朝女性地位低，那也不一定。

但是，那些从南朝到北朝的人，特别是那些见多识广的士大夫们，他们到了北朝发现北朝的女性在社会生活中更活跃，这是他们的的确确获得的印象。这一点最明显的是表现在颜之推的《颜氏家训》这本书里。颜之推就是从南朝到北朝去的人，他本来是南朝的一个官员，因为各种奇怪的原因，机缘巧合下后来就在北朝过完余生。颜之推写这本书作为对自己孩子的教育的书，同时这本书也反映了他对北朝的很多观察，其中观察之一就说到北朝的女性与南朝不同，他说也许是代北（代郡北部，今山西北部及河北北部一带）的风气。代北就是北魏迁都平城之前的地方，那边带有更多的草原或者说内亚的习气。

这些女性好像特别活跃，喜欢参与男人的事，包括这个男人在任职机构里遇到什么麻烦，这些女性就跑到任职的机构去闹事替自己的丈夫鸣不平，去找任职机构的上司吵架。这在南朝是不可能的，女性怎么能进入社会的层面呢？这种印象，至少说明北朝女性相比较而言是更为活跃的。

北朝社会的政治和上层社会的主体是来自代北人群的，也许草原上女性参与社会本来就很多。从这个意义上说，可能北朝女性是不一样的。同时，我们也知道在北朝哪怕是属于世家大族的，如赵郡李氏还有《李波小妹歌》这样的诗歌来表现它跟南朝很不一样——女性还骑马打仗云云。

但是，这是不是说明北朝的女性享有更大的平等权呢？当然不能轻易地下这种史学意义上的定论。不过，至少她们更活跃，如在佛教层面上我们能看到大量的造像碑为女性形象。

"子贵母死"算不上制度，只是对历史做法的利用

燕京书评：为什么大冯（冯熙［北魏外戚大臣］第二女，北魏孝文幽皇

后）在作为北魏孝文帝的伙伴废掉自己的妹妹小冯（冯熙第三女，北魏孝文废皇后）之后，又失去了孝文帝的信任，最终落得舍椒而终的下场，是什么促成了孝文帝态度的转变和大冯人生的起落？

罗新：有人说我这一部分写的有"阴谋论"的一面，说大冯有那么大的本事吗？至于后来，为什么她有那么大的本事，却在一年之内就倒台了？

我也不愿意搞些"阴谋论"的东西，只是觉得材料导向显得这背后不是那么简单，一切都有各种原因。那么，为什么她（大冯）能够有力量翻盘，怎么后来又出了这么大的事？我想说的是，无论是不是一个很大的阴谋，这都不是这两个人之间的事情——不是大冯和孝文帝这两个人能够促成的，而是他们身边都围着好多人，出于自己的利益、立场和背景共同促成的局面。

所以，我想说的是，无论大冯的成功还是失败，都不是她个人的事情，不管孝文帝是被蒙在鼓里，然后清醒过来，还是最后又被蒙在鼓里，这也都不是他个人的事情，都是他们的人在发挥作用。我不喜欢把某个人的作用夸大，皇帝也好，任何著名的历史人物也好，这是需要注意的。他们都受制于他们各自的历史条件，这个条件之一就是他们身边围绕着的各种关系。

燕京书评：很多读者对于北魏的印象都是"子贵母死"，但你在《黑毡上的北魏皇帝》一书中有一章提到"子贵母死"并不是北魏最初的规定，也就是说"子贵母死"是后来才形成的传统。那是哪种政治契机导致这种传统的出现呢？

罗新：过去有很多很重要的关于"子贵母死"的研究。一个是我的师兄李凭（华南师范大学历史文化学院教授）先生，他在《北魏平城时代》中研究过"子贵母死"；另一个是我的老师田余庆（1924—2014，北京大学历史系教授）先生，他在《拓跋史探》里面的前几章都是研究"子贵母死"。我自己比较倾向于接受田余庆先生的看法，但觉得每个人的看法都很有道理，不认为这里面就一定有对和错，而是说谁的更有道理，谁的说法更容易让你看到历史的更深的或者更大的景象。

我倒不认为李凭先生说的就一定是错误的，他也展示了历史的某一个面相。但是，我更喜欢田余庆先生的意见，是因为他通过他的揭示认为——

"子贵母死"最早出现在道武帝时代，道武帝本人担心自己死后新的皇帝根基不稳，由母亲所代表的舅舅外公一系参与到今后的皇权运作当中，所以他主动把皇子生母杀掉，就免除了这一系在权力当中的参与。

田余庆先生认为这是一个偶然的现象，而后来的皇帝也有个别这么做的，但是之后很久都没有这种事了。然后，一直到北魏文成帝时候，才再次出现了这个现象。文成帝身边的一拨人想要掌握住暂时真空的权力，所以就又提出了"子贵母死"。

后来，因为皇帝信任谁谁就会掌权，哪怕这个权力最初是在后宫里面，不在朝廷上面，掌权的就成了常太后（北魏渤海太守常澄之女，文成帝拓跋濬的乳母），就成了他的"保母"。

那么，常太后掌权以后为了稳固自己在后宫的权力，她就要控制新的皇后，所以就立了一个跟自己关系亲近的皇后，就是冯太后（大冯）。所以，冯太后以后就变本加厉地利用了这一套，但她的能力更大，就把这个权威从后宫延伸到了朝廷。

这是非常特别的现象，就是太后直接掌握朝权能听政了，当然权力就已经大大地延伸了。田余庆先生就说，其实这不是一个制度，甚至也谈不上是一个传统，这个只不过是人们对某个东西的利用，对历史上发生的某一个事件、对某一种做法的利用。被反复利用之后，就成了一个传统。

燕京书评：我们看到这种"子贵母死"在北朝的后期似乎有所放松。

罗新：按照《魏书》和《北史》的说法，北魏孝文帝就是反对这么做的。但是，我们知道孝文帝没有这个能力，孝文帝立自己的长子做太子的时候，权力也不在孝文帝手上，都在冯太后手上。所以，后宫的一切事都是由冯太后决定的，当然杀掉太子的生母也是孝文帝不能干预的。

等到后来孝文帝立新的皇太子的时候，就是后来的宣武帝——当时宣武帝的母亲已经被人杀掉了——所以他也没有机会改变这一切。到宣武帝的时候，现实中已经没有人再做这个事了。直到宣武帝死后，高太后（宣武帝第二任皇后高英）又想利用这个制度去杀掉胡太后（孝明帝生母），但是被大臣们阻拦了，因为大臣们担心杀掉了胡太后后高太后大权独揽的可怕，那是他们控制不了的，所以他们就想利用皇帝的生母胡太后来制衡高太后。

所以，我们看到对制度的遵守或者不遵守都是出于现实的考虑，并不是出于对制度本身的或者是对传统本身的尊重。

燕京书评：祖孙政治是不是可以看作"子贵母死"背景下产生的一种特殊的政治形式？除了北朝之外，中国历史上还有哪个朝代有过祖孙政治，或者说哪种条件还能催生出这种祖孙政治？

罗新：只要女性掌握了太后或者是皇太后或者是太皇太后的权力，掌握了对皇帝权力的运用，那就无所谓是祖孙还是侄甥关系了。

我们看武则天时代，在她称帝之前，她是以太后的身份控制权力；还有慈禧。这样的人，历史上虽然不多，但还是颇有一些。皇权有抽象的一面，也有非常具体现实的一面，重要的是她怎么掌握这种权力。

凡是这种政治架构都有一个特点，就是名义上的皇帝一定是一个掌握不了权力的人，要么就是因为他是小孩，要么就是他被完全控制了，就像武则天的两个儿子就完全被她控制了，即使当时不是小孩了，也没有办法抵抗，这是没有办法的。

我们看光绪皇帝也是这样，即使他是个成年人且已经二十多岁了，还是被一个老太太（慈禧太后）所控制。这种控制往往是有很多道理的，不完全是一个名义上的东西，它不是一个抽象的东西，而是一个现实的东西。换言之，她一定要先控制朝廷，也就是说朝廷上那些最重要的人物是支持她的，所以皇帝就拿这些人没有办法，而不是说这些人都是支持皇帝一个人的，不然一个女人怎么能控制朝堂呢！

燕京书评：最近《黑毡上的北魏皇帝》一书也再版了，黑毡和白毡对于鲜卑人来说的文化和政治象征意义是什么呢？为什么由早期的黑毡变为后来的白毡？与黑毡相关的仪式中是否包含一些萨满意识？

罗新：利用黑毡，就是在立可汗的仪式上；当然不只是立可汗，可能还有立可汗的妻子这种仪式上要使用黑毡。黑毡作为一个重要的载体传统看来是很早的，早到什么时候也不知道，但它的影响面很宽，如在欧亚草原上很开阔的地带都盛行这一传统，这应该只能用萨满意识形态解释。

但是，具体怎么解释呢？我们对古典时代的萨满理解的东西很少，所以没法清楚地解释了。不过，它一定是萨满的，这个没有问题。它代表着某种意识形态，代表着某种古代的信仰，但是等到这个仪式作为一种文化符号，由某些特别重要的人群，大概是由蒙古人群传到中亚地区之后。我们知道，中亚宣称自己仍然继承蒙古，但其实主要是说突厥语的，也就是各种突厥人群——这些人群在中亚地区很早，有的是 10 世纪，有的是 12 世纪、13 世纪，有的到了 15 世纪。这些人群后来信仰了伊斯兰教，而伊斯兰教是崇尚白色的，所以从后来的这些中亚的记录来看，他们都改成了用白毡，就不再用黑毡，但还是用毛毡，传统并没有丢掉，只不过色彩发生了变化。按照国外学者、研究者的看法，这种改变可能是由伊斯兰教决定的，改宗伊斯兰教的这些人跟着改变了某些细节，包括把过去的七个人改变成后来的四个人等，这些大概都跟伊斯兰教有关系。

（采写　刘硕）

第二章

治乱循环与利益垄断的基础

马勇：王朝统治者剥夺儒者发言权，社会就慢慢走向黑暗

在秦朝到清末两千多年的帝制时代，儒学一直是帝国的主流意识形态。中国帝制时代的君主专制，正是因为有了儒家设计的政治制度、宗法制度和思想制度，才陷入了王朝更替的往复循环。直到辛亥革命爆发，中国才走出了帝制。

但是，中国人身上一直背负着传统，其中有很多儒家的因子。20世纪的中国革命摧毁了旧秩序，但以儒家为代表的传统文化却随着改革年代的到来而逐渐复苏。到今天为止，21世纪已经过去了二十多年，如何创造性地继承和转化传统文化，仍然是一个富有争议的问题。

正因为如此，辨析儒学的历史和历史上的儒学就有了非比寻常的意义。马勇作为思想史学者，他的《中国儒学三千年》对于很多中国读者而言，或许都是应该补上的一堂课。本书从大历史的视角为三千年中国儒学的发展做了鸟瞰式的描述，按照时间顺序逐一介绍各个时代的儒学大师的主要成就与观点、儒学流派的基本情况、儒学与其他思想流派的交流与互补，剖析儒学是如何影响政治格局与制度的，又是如何影响社会文化与民族性格的。在微观层面，本书也勾勒出了三千年中国儒学的枝叶，如一百五十四位儒学人物

马勇，著名历史学者，中国社会科学院研究员，中国社会科学院大学研究生院教授、博士生导师，兰州大学、河南大学、首都师范大学兼职教授。主要从事中国学术史、儒家经学、近代中国文化、中国近代史、中国文明史等方面的研究，出版著作有：《汉代春秋学研究》《中国文明通论》《重新认识近代中国》《梦想与困惑：1894—1915》《中国儒学三千年》等，"晚清四书"系列（《觉醒》《维新》《国变》《革命》），以及严复、章太炎、梁漱溟、蒋梦麟等历史人物传记系列。

的小传、四幅儒学流派师承关系图、三千年的儒学大事记等。

对于儒学，马勇的书写饱含着温情与敬意，同时也不失批判和反思。本文就儒学起源的功能，作为皇权统治工具的作用，在帝制构建中国的缺陷等问题一一解答。

最早的儒家维护周天子，是为了维护封建制

燕京书评：王国维在《殷商制度论》提出，"中国政治与文化之变革，莫剧于殷、周之际"，"周人制度之大异于商者，一曰'立子立嫡'之制，由是而生宗法及丧服之制，并由是而有封建子弟之制，君天子臣诸侯之制；二曰庙数之制；三曰同姓不婚之制"。嫡长子继承制不仅包括政治权力和经济财富，而且由此衍生出宗法社会的规则，诸如丧服之大纲——"尊尊""亲亲""长长""男女有别"。儒家的前身就是负责殷商王朝礼仪典章的文化管理者。以此来看，中华帝国的家国同构——"家天下"的渊源似乎全部来自这一根系，这一看法是否准确？

马勇：王国维这个判断，实际上是20世纪中国史的一个重大的突破。我们今天如果去研究，把中国古史和近代学术史发展合在一起去看的话，就能看出它的意义。王国维这篇文章不长，他的判断涉及殷周之际中国社会的一大变化。当代学者像我和秦晖等，大概都会强调中国历史上几次大变局。大概殷周之际、周秦之际和最近几百年，就是中国制度史上三次大的转型。

殷周转型的意义在哪里？按照王国维所说，就是一个全新的社会制度形态。它主要是什么？商朝和周朝是两个完全不一样的族群。商业是中国人的传统，但它主要发生在殷商王朝。殷商就是个商业王朝，就是一个消费形态的族群。周朝是在商朝的西北部，完全是一个农业文明形态。周朝和商朝共时存在有几百年时间，武王伐纣推翻商朝建构周人的天下之后，整个制度被重构，周公（周公旦）制定了一系列的礼乐制度。王国维提出了殷周之际这几个大的变化，嫡长子制到今天为止在中国文明中仍然很重要。嫡长子继承，诸子均分，因此就像梁漱溟后来讲的——中国社会一直没有办法形成资

本的集中。资本不宜集中，就像梁漱溟讲的"中国社会就没有剥削"，一代人奋斗，之后财产均分，大家再积累，积累之后又均分。同时，与制度相配合的还有中国社会很长时间形成的"五世而斩，富不过三代"。这和西方完全不一样。

中国古代的多妻制，加上血缘和地缘构成的家族制度，就和农业文明完全吻合了，构成了人际关系的复杂性。儒家的思想就是从血缘、地缘中产生的。

还有一个同姓不婚。家庭关系的确立，这是中国社会史上的大变化，也让中国文明定型了。我们看商王谱系，全部以天干地支为序，没有构成后来的姓氏制度、家庭制度，还处在一种比较混沌的状态。但周人取代商人之后就不一样了，一个全新的以血缘、地缘关系为纽带的农业文明逐渐形成了，并深刻影响了后来三千年。李鸿章在1872年为兴建北洋水师时所写的奏章中讲中国面临"三千年未有之变局"，就是朦胧意识到面对工业化冲击，中国必将发生巨大变化。也就是说，李鸿章那代人已经大概意识到，中国社会的工业化形态肯定和原来的农业文明很不一样。对此，过去我们讲工商业文明应该取代农业文明，但我认为不会取代，但是肯定会和原来周公所建构的周朝的制度很不一样。

燕京书评：周公利用迁徙到宋国的殷商移民（儒家的前身）制礼作乐（《中国儒学三千》，孔学堂书局，2021年，第12、25页），而"礼乐征伐自天子出"后来演变成了"礼乐征伐自诸侯出"，可以想见礼乐制度必然会以维护周天子和诸侯的权力为核心。殷周之际产生了儒家，那么是否可以说从一开始儒家最重要的使命就是服务于统治者？

马勇：儒家主要服务于统治者，这是从西汉刘歆一直到晚近的章太炎、胡适在讲儒的发生的时候都讲的一个道理，就是说在周朝之后才形成儒，周公以后才有儒。过去讲儒家是讲周孔之教，周孔之教发生就是周初至孔子时期。

实际上，在周朝之前，漫长的先周时代和商朝，都有一个"学在官府"的政治架构，就是官府有学问。官府那边有专门讲婚丧嫁娶的儒家这些东西，有专门讲养生的道家这些东西，有专门讲刑法的、治理社会的，那就是法家了……周朝建立之后，官学下移至各个诸侯国，中央层面就不再设立那么复杂而系统的官员了。这涉及中国古代制度的一个大变化，就是分封制，即周朝不再统一直接管理到底层，而是把这个国家分成七十多份，分封给七十多个诸侯王。宋国封的是殷朝的贵族，这一拨人从今天的殷墟（安阳）一带迁到了豫东、皖北和鲁西南那一带叫宋国的这个位置。迁到宋国的没落贵族掌握了殷商王朝的礼仪制度，他们是有文化的一拨人。周公治理充分利用了这些贵族们的智慧，就让他们帮助制礼作乐。

就这样，周公用商朝的智慧重新建构了制度。这个制度的现代文本就是我们现在看到的《周礼》，加上《仪礼》《礼记》就是"三礼"了。我在写毕业论文时就读了《周礼》，后来和导师讨论《周礼》时说它太整齐了，因此我们今天都感觉好像是假的，其原因在于后来的儒生不断把它完善。我们读先秦的作品，没有一部作品是来自一个作者一次写成的，它是不断地添加，不断地完善所形成的。《周礼》今天呈现的文本显得太整齐了，但是它大体上反映了周朝初年周公所建构的制度。

这个制度安排，确实在维护周天子的至上权威。这个意思可能原来不太好讲明白，用我们今天的话讲，就是一个联合国的原则，因为周制就是类似于联合国的架构，由七十多个国家（邦国）组成，周天子没有兵、没有枪、没有军队、没有国防军，他靠道义力量统治。

怎么能让周天子的道义力量有用呢？周朝前面几百年，周王室是有协调力的，因为它的道义很高，而且是大宗（宗法社会以嫡系长房为"大宗"）。大宗的合法性是来自传承血缘的纯洁性，很高贵。另外，它的财富不是来自各个诸侯国上供，而是自己经营。如果现在的联合国也有自己的经营，所有的维和经费都自己出，那它的权威肯定不一样。周天子最初的时候就很有权威，可以在诸侯们发生冲突的时候进行协调，因为周天子不需要诸侯国供养。儒家诞生于殷周之际，它当然维护这个制度，只有维护这个秩序，才能让周王朝各个诸侯国之间最大限度地维持平稳。总体来讲，除了军功式的诸侯国之外，诸侯国国君大多数都是同宗，和周天子都是姻亲关系，这个制度就是宗法制度。从这个意义上讲，宗法制度让整个国家结成一个网，周天子是中心；在这张网里面，向心力都在周天子那个位置。

春秋之后，变化的就是"礼乐征伐自诸侯出"，就像今天的美国（联邦制），诸侯国坐大了，它有力量了，而周天子式微，这就形成了"春秋五霸""战国七雄"。这个时候，在正统的儒家孔子看来，秩序就乱了。

儒家想规训统治者，但被统治者遏制

燕京书评：《中国儒学三千年》表明，早期的儒也可成为术士，在殷商专门料理丧葬事务（神职人员）。孔子"女为君子儒，无为小人儒"，实际是期望弟子勤奋努力，不要成为在丧葬活动中吹打揖让的贱民阶层。按照北大历史学系教授辛德勇《生死秦始皇》（中华书局，2019年）一书的说法，秦始皇坑掉的四百六十余人以儒生为主（第146页），似应包括一部分术士在内。那么，这时的术士和儒生是什么关系？

马勇： 儒这个概念，我也做过辨析。实际上，这个辨析，从章太炎就开始做了。那么，儒究竟是什么意思？其实，儒是一个历史性的概念，如周公时期的儒、孔子时期的儒、董仲舒之后的儒，在概念上是有很大差异的。从后往前讲，董仲舒之后的儒，即我们后来讲的儒——自称为儒生、儒者，其实已经很泛泛，指一般的读书人。在"罢黜百家、独尊儒术"之后，除了儒之外，没有其他学派的读书人可以独立存在，因此这个时候所谓儒就是读书人。董仲舒之后的两千年，中国的知识分子其实都是如此。

董仲舒之前，儒有差异性。例如，秦汉之际，公孙弘的政治地位比较高，后来做了丞相。但是，在董仲舒这种儒看来，"你（公孙弘）太低贱了，尽管你从布衣成为宰相，但是你完全是投合汉武帝的喜欢、言说趋炎附势"，自然就看不惯了。

秦汉之际，叔孙通先后投奔楚怀王、项羽、秦二世胡亥，然后投奔刘邦，到鲁国招揽了一百多个儒生给刘邦制定天子礼乐，这在当时看来就叫贱儒——"你连人格都没有，你给他（刘邦）演绎了一套礼乐制度，让他的臣下山呼万岁、肃穆庄严"。于是，正统的儒家认为，叔孙通也是很贱的儒。再往前推的话，孔子时期的君子儒和小人儒，它更多的是一种品格上的差异。但是，从职业的角度来讲，确实有一种儒善于吹拉弹唱，料理婚丧嫁娶一类的红白喜事。当时，这在乡村里面也是一个很重要的职业了，孔子年轻时候也干过这种事。乡村也需要有人有效地指挥这样一个大型活动，你要是不行的话，会做得很糟糕。今天，农村社会能够张罗红白喜事的人，也是很有地位的，而这拨人就是孔子讲的小人儒。

这一拨人后来慢慢地演化了，也有人开始坑蒙拐骗。据《史记》里记载，秦始皇坑的460余人是求仙丹的。这些人当然不是正统的儒家，他们欺骗秦始皇——因为很多信息是单一的，秦始皇其实很傻，别人就利用他的傻——说东海有三神山，拿了一批钱币（秦朝使用半两钱）去求仙丹，求不到就逃了。后来，秦始皇很生气，把留在长安的儒生处死。因此，可以看到，儒从发生到后来成长的过程中，其实有很大差别。这和我们今天区分知识分子一样——知识分子作为一个大的名号，作为一个类名，并没有界定恶和善；它是一个大类，这个群体当中有各种情形。儒这个概念其实就是这样演化的，要把它看成历史的、动态的来理解。

燕京书评：后来，儒者自我评估"不足于进取，但能守成"（《中国儒学三千年》，第14页）。儒者的这一特点，对后世的历史，对整个的中华文明产生了怎样的影响？

马勇：儒在政治上和文化上都是保守主义。儒者信奉微小的变动，不是革命性的变动。两千多年以来，中国的儒者参加暴力革命的，只有孔子的一个后人孔鲋，他加入陈胜、吴广的队伍推翻了秦始皇。但推翻秦始皇是正义的，孔子就有这样的话，如果统治者是个暴君，儒者就应该去推翻他。不过，两千多年来真正去实践这个倡议的，也只有孔子的这个重孙孔鲋。

在中国历史上，儒家一直强调的是，在国家稳定下来，守成的时候，发展的时候，就如陆贾所说的"马上得天下，马上不能治天下"。陆贾最早去拜见刘邦，刘邦很不屑，故意在那时候洗脚，羞辱陆贾。陆贾对汉高祖刘邦讲"治天下要靠儒生"，于是刘邦说你给写出来好了。

中国的儒家有一个很重要的传统，叫规训统治者，即"你是流氓，但是我要规训你"。因此，中国的儒者从叔孙通到陆贾到董仲舒，一直到冯友兰……这一点，冯友兰在跟蒋介石的交往当中表现得很明显，"他的一些作为和言行我不认同，但毕竟他是统治者，我可以规训他，我可以教育他"。在董仲舒、冯友兰这些儒者看来，这才是儒的责任，"规训统治者，建构良治"。

这个时候，你就很难讲他（儒者）是屈节。儒者大概不会去打天下，但是会治天下，维护一个政权的稳定性和良性发展——守成是从这个意义上来讲的。

因此，好的王朝转型只要接受了儒者的这样一种忠告，让知识分子能够在建设过程当中发挥正常作用，一个王朝还是很稳定的，可以维系几百年。在中国没有向现代转型之前，这个节奏就是这样。历史上短命王朝也有，太平天国也是王朝，但很短暂，它没有进取，没有守成这样一种概念。

燕京书评：《中国儒学三千年》显示，孔子创立了儒家学派，并且通过《春秋》开创了借学术谈政治的先河，"它既是中国知识分子在政治上柔弱的突出表现，也是中国知识分子表达、宣泄自己政治情绪的一种主要方式"。但是，后世的"焚书坑儒"，以及统治者对儒者的诛杀、文字狱等，都显示柔弱的儒者并没有因为成为皇权的维护者而获得特别的庇护。换言之，儒学为统治者提供了意识形态，提供了统治方式等，但是它一直没有驯服君权，并且儒家一直没有获得保全自己生命安全的基本权利。如你所说，儒者想规训统治者，但一直没有取得真正的成功，反而自身屡次被统治者所害，为什么？

马勇：应该还是要分析地去看。有些阶段，儒者得罪了统治者之后，结果确实很惨，如朱元璋时期、曹操时期，儒者就很惨。但是，在中国历史上大部分时间，政治统治者不敢对读书人、对儒者，特别是对大儒亮剑。

以汉代为例，汉代某种意义上就是军功贵族和文人集团联合执政的状态，从西汉到东汉都是如此。等到度过了魏晋南北朝这么一个混乱动荡的分治状态后，到了隋唐仍然可以看到儒者在治天下这方面还是发挥了很大的功用，如唐初的文人集团都是读书人，而这个读书人就没有什么法家、道家的区别，全部来自儒家集团，这个集团对李世民的影响很大。宋代也是如此。

但是，儒者是想规训统治者，让这个统治者"听我的，你就能够长治久安；你不听我的，你肯定会吃亏在眼前"。在中国历史上，有的比较蛮横的、比较霸气的独裁者是不信的。其中，最明显的就是朱元璋，绝对不信；清朝的皇帝，康熙帝、雍正帝、乾隆帝三个皇帝肯定不信，大兴"文字狱"，因为这个时候他不自信。但是，这一段有一个特殊情况，清代的经济增长使它获得了统治的合法性，他们就根本不屑于去理解儒家治天下的理念。康雍乾三朝正是中国经济发展很好的时期，但政治很黑暗，对儒者的打击很严厉。于是，这一批儒者只好躲到书房里去做自己的"雕虫小技"，当时中国第一流的脑袋只能做学术考据（如乾嘉学派）。这造成了一个后果，就是18世纪的中国是一个畸形繁荣而没有思想的时代，到19世纪中国人不知道外部世界了。这个时候，统治者把儒者言说的权利全部剥夺了。

我们看看明朝，看看宋元，中国人对外部世界很清楚，因为贸易来往的同时还有文化的交流在推动，对外部世界的发展都知道了。但是，到了18世纪，广州一口的贸易额急剧增长，来来往往的外国人也很多，但我们对外部世界的变化就不知道了。英国人是什么样的？1839年，林则徐在《谕各国商人呈缴烟土稿》的通令中指出："况茶叶、大黄（一种中药材），外夷若不得此，即无以为命，乃听尔年年贩运出洋，绝不靳惜【吝惜】，恩莫大焉！"同年，林则徐与两广总督邓廷桢联名给道光帝上了一道奏折《会奏细察夷情务绝鸦片来源片》，奏折中提到："夷兵除枪炮之外，击刺步伐俱非所娴，而其腿足裹缠，结束紧密，屈伸皆所不便，若至岸上更无能为，是其强非不可制也。"（《林则徐集·奏稿》中册，中华书局，1965年，第676页）这些说法，显然很愚昧。这种状况，意味着儒者不能规训统治者，而统治者的力量反过来遏制了儒者。

儒者迫使皇帝下罪己诏，但未给皇权划定边界

燕京书评：打虎不成反被虎伤，这也是适得其反。

马勇：儒者的目标是规训统治者，让社会良性发展，但是没有做到。

统治者的权力高度膨胀，反过来把儒者给遏制住了，最后就是龚自珍那句话——"万马齐喑究可哀"。谁可哀？统治者可哀，因为天下毕竟是你的天下——这个时候还是"家天下"，不是人民的天下。从周朝开始，儒者从来没想成为"公天下"的主人，一直有一种依附性，替天子、替皇帝去考虑。董仲舒的《春秋繁露》所建构的社会结构，就是以天子为中心的人间世界，而儒者在里面充当着"四民"社会的引领者。

统治者如果让儒者保持话语强势，这个社会就能良性发展；如果把儒者的发言权给剥夺了，社会肯定就慢慢走向黑暗。如果社会走向黑暗，与我儒者有什么关系呢？天下是你家的（"家天下"）。这就回到了顾炎武讲的"亡天下"和"亡国"。因此，儒者对这"亡国"不在乎，如果是一家一姓之天下，统治者不能善待知识人，那你"亡国"也不足惜。

因此，中国历史上的王朝兴衰，我们仅仅看到过南宋灭亡这一次大家是痛心疾首的。南宋有六万军民跳崖，这在中国历史上很少见。更多的时候，儒者对王朝兴替没有痛心疾首，像元明、明清之际有痛心疾首吗？没有。因此，王朝的统治者和知识人之间，其实是一个互动的关系。

统治者的心态需要很明白，知道"天下名义上是你的"。但是，在董仲舒建构的结构当中，"你仅仅是代表天来行使人间的权力"。在"四民"社会结构中，儒者阶层有很大的权重。如果统治者完全遏制它的权重，那大家就熬，成为大学者（乾嘉考据学者），这样天下就毁掉了，如18世纪的中国原本是一个很好的牌，但最后被清朝统治者给毁掉了。因此，我们要从这方面去理解儒者的权利。

燕京书评：从理想出发，柏拉图在《理想国》中推崇"哲学王"的统治，"没有任何法律或条例比知识更有威力"。但柏拉图的政治实践历经挫折，然后更弦易辙，从现实出发，他强调人类必须有法律并且遵守法律，否则他们的生活将如同最野蛮的兽类。在他晚年的《法律篇》中，设计了"第二等好"的城邦，包括地理环境、疆域大小、人口规模与来源、国家经济生活、阶级结构、政治制度、法律等细则。由于指导思想的变化，"第二等好"的城邦与《理想国》中的"正义之邦"相比，在具体措施上有很大区别。主要有：政治制度由"哲学王"执政的贤人政体转为混合政体,以防止个人专权。《理想国》主张统治者实行公产、公妻、公餐、公育制,《法律篇》则恢复了私有财产和家庭。《理想国》中划分公民等级是依照其先天禀赋的优劣,而《法律篇》则是按照后天财产的多寡。

但是,同为哲人的孔子却没有这一变化,其时周天子权威下降,诸侯崛起,孔子的理想保持不变。另外,儒学也没有成功地防止皇帝个人专权,进入汉代之后儒家反而堕落为皇权的帮凶——"尊君、卑臣、卑民",加固了帝制。为什么会有这种分别?

马勇:中国的社会结构就是周朝建立之后"四民"社会形成,儒家思想发生,社会秩序慢慢建构。但周朝的建构,在孔子时代和孔子之后一直到孟子、荀子时代,仍然是一个双重政治架构。中央层面是周天子周王室,另外是诸侯国层面的各个诸侯,这两个层面才是当时的建构。一方面,孔子很抱怨社会混乱,什么礼乐征伐不在天子而是从诸侯来。另一方面,孔子其实也很得意:鲁国不用他,他就跑到齐国去了;齐国不用他,其他国家还用他。当时,孔子在诸侯国之间游走,也是有滋有味的,并给了他一个空间,"此处不留爷,自有留爷处"。孔子之后的孟子、荀子、韩非子,他们都在各个诸侯国之间游走,因为有这样的空间。

秦汉帝国建立,中国走向大一统的帝国之后,建立了中央直辖、一统到底的行政官僚机制——郡县制,而它和周制最大的差别就是把中间层去掉了,因此你就逃不出皇帝的统治。在大一统的条件下,皇帝的权力和周天子的权力就不一样了。周天子只能就重大问题发号施令,他没有权力指导诸侯国内部的教育、文化、生产等问题,只能协调各个诸侯国之间的关系。这个时候,周天子的权重对各个诸国来讲并不是很大,孔子要维护周天子的这样一个权威也是对的,因为制定重大礼乐制度、维系周天子世界的平安并不涉及内部的管理。到秦汉以后,天子的权力就成为一个绝对的皇权。

当然,孔子是无论如何也没想到皇权会越变越绝对的。在孔子之后几百年,汉武帝完成了秦始皇想做都没做到的事,即把郡县制变得更加庞大了。但是,我们也看到,在汉武帝和这个时候的文化制度配合上,其实也没有让皇帝处在一个绝对专权的状态。在董仲舒的建构当中，天子在整个自然秩序当中的位置是很有限的。在董仲舒看来，"天子是天之子，只是人间社会的中心"，但不是最大的——最大的是天；而他推导的天是不言不语的芸芸众生，也就是人民。人民怎么说话？孔子说，士大夫说话就代表人民发言。因此，在孔子的概念当中，知识分子一定要保持充分自由的话语权。

中国历史上比较好的时候，唐代、宋代基本上让知识分子保持充分的言说权利。例如，北宋皇帝感到很烦时，只能将其（儒者）充军，放到海南去（如苏轼），但不能将其砍头，也不能说完全禁止你（儒者）说话。不许知识分子说话，肯定不是好社会，允许说话才能使问题解决，这是一方面。

另一方面，儒家也一直保持着很强盛的言说系统，这就是董仲舒建构的"灾异遣告说"。当然，这不完全是儒家的东西，董仲舒是把阴阳五行融进了儒家，后世儒家都信奉阴阳五行。因此，在中国历史漫长的两千多年帝制时代，君主不断罪己，一直到清末。

这样，儒者借助于某一个特殊的自然现象借题发挥，强大如汉武帝者也得信。例如，汉武帝的高庙着火了，董仲舒上个折子讲，"皇上，你知道高庙为什么着火？"汉武帝说"不知道"。"你做了什么缺德事，你自己想想，去反省。"这样，"灾异遣告说"和儒家的伦理等各种因素结合，儒者借此对皇权保持着这样一种约束。但是，这种约束说到底，它不是一个制度安排，没有规定皇权的权限在哪里。因此，中国的王朝更迭就循环往复，最后都是我们这几年来讲的四个字——"兴盛衰亡"。

一个王朝，如明朝和清朝，最后衰亡的时候都很快。其实，两千多年帝制一直没有真正从制度上安排皇帝的权限在哪里，君主的权力有没有边际。晚清之后，宪政架构从本质上来讲就是给皇帝的权力划定边界，在这个界限内皇帝的权力可以自由施展，但不能越过这个边界。在中国历史上，两千年的帝制时代一直没有解决这个问题，到晚清找到了方向，但刚开始帝制就结束了，也算是幸和不幸。

大一统后，儒者降格以求迎合统治者

燕京书评：《孟子·滕文公下》中痛骂杨朱和墨翟，"杨氏为我，是无君也；墨氏兼爱，是无父也。无父无君，是禽兽也"。从现在的眼光来看，杨朱讲个人主义，这是现代社会的基础；墨翟讲兼爱，富有侠义精神。正如你所说，孔子的"克己"与"尊君"不论怎样解释，其思想本质都倾向于抹杀个性，遏制人性，以及政治独裁。孔子意识到了这种倾向，反复强调君主的自律与修养，以克服这些弊端（《中国儒学三千年》，第73页）。但是，从三千年历史来看，儒家的意识形态和政治设计，实际如黄宗羲所说，皇帝"以一人之大私为天下之大公"。如此，孔子显然忽视了人性的弱点，寄希望于君主自律根本就是痴人说梦。你怎么看儒家的这种弊端？

马勇：孟子和墨子、杨朱的冲突，主要是涉及儒家的制度理念。儒家强调爱有差等，而我读书时候（学生时代）读墨子的博爱主义、兼爱学说，我很认同。后来，我慢慢悟出来，这也不对。我们今天讲大公无私，但我在做思想史研究时候就想，人能不能做到大公无私，毫不利己专门利人。从儒家的观点来讲，这是绝对不可能的。儒家强调爱有差等，这是一个事实描述，也是一个最低限度的伦理要求。墨子说"你要像爱自己的孩子一样爱别人的孩子，要像爱自己的母亲一样爱别人母亲"，而孟子说这禽兽都不如，因为禽兽也知道护犊子。孟子之所以说墨子的说法禽兽不如，主要是说爱是有差等。儒家的伦理强调，"我是一个同心圆，是每一个人都是圆的原点"，如儒家的"五服"制度（中国礼治中为死去的亲属服丧的制度，以血缘关系为基础，按照血缘的远近划分出五个不同的居丧服孝的等级）就是每个人都是"五服"的中心，由此往外扩展。这样，一个圆一个圆地套，它就形成了人际关系的亲疏远近，其实这就是有农村社会经验的人知道的"五世而斩，富不过三代"。例如，每年清明节前我都回老家去上坟，但我只能上到我爷爷那一代。当我问村里的老人，我爷爷的父母的坟在哪儿？村里的人好像就不知道了。当然，由于是土葬，坟墓慢慢地就平了。其实，它表明了爱的差等会随着时间的调整有所变化。

第二章　治乱循环与利益垄断的基础

在政治制度安排上，这里面就涉及怎么约束统治者的权力。利玛窦（Matteo Ricci，1552—1610）刚来中国的时候，看到中国的制度安排，就说中国实现了希腊哲人的理想，是哲学家治国。利玛窦是晚明时期（明万历十年，1582）来的中国，他又见不到皇上，即使皇上是傻子他也不知道。但是，利玛窦觉得，中国两千多个县的知县都是通过科举考试获得的，科举考试是皇上出卷子、皇上判卷子，之后选出这么多优秀人才的。所以，利玛窦就说，中国（明代）是秩序井然的哲学家治理体系。因此，在《利玛窦中国札记》里，他有大段的文字夸中国。

但是，中国确实有个很大的问题，就是皇权拥有的世俗权力至上，确实没有制度安排来约束它，但怎么来制衡它可能是个大问题。从中国的秩序安排上，我们检讨儒家缺陷的时候，我觉得要看这一批晚近新儒家的讨论。新儒家梁漱溟、熊十力这一代人并不是一直盲目地赞美儒家，他们认为儒家在制度设计上有一些根本性的内在缺陷，这需要随着时代的演变来弥补。

燕京书评：孔子、孟子的学说被认为迂阔难行没有被君主吸收，秦始皇以法家学说治国而统一六国，但法家学说过于残暴冷酷，秦代二世而亡。进入汉代以后，如你所说，陆贾吸收了诸子思想，使儒家思想更合乎社会实际需要，赋予儒学一种极强的事功、外王色彩。(《中国儒学三千年》，第127页）在我看来，陆贾实际是使儒家思想更合乎皇帝的需要，更为君主所用。

如果用政治经济学的眼光来观察，汉初的儒家贾谊等人与皇帝做了一个交易：儒家迎合统治所需"自甘堕落"（《中国儒学三千年》，第131页），换取了意识形态的独尊，获得了官学的地位，儒生也成了特权阶层，而皇权则借此实现了软（儒）硬（法）结合，帝国长治久安（汉代享祚公元前202—公元220年）。从实质来说，儒家为了迎合君主"家天下"的延续而卑躬屈膝、自降身价，皇帝则出入于儒法之间任意取舍。正如汉宣帝所说："汉家自有制度，本以霸王道杂之，奈何纯用德教，用周政乎？"在这场交易中，皇权和儒家都从中获益，受损的却是老百姓。你怎么看？

马勇：这是后人从利益的角度去看的。但是，儒者从来没想过自己对天下有股份，不会想到皇权有自己的股份，而古代的儒者和我们今天的现代人概念应该不一样。

中国的儒者从孔子一直下来其实都很清楚，天下是人家（皇帝的"家天下"）的，自己做的仅仅是皇权下面的一个职业，从职业当中换取自己的俸禄。因此，孔子和孟子悬的是最高格。为什么他们当时都很委屈、很别扭？因为孔子/孟子讲的是最高的道理，他不愿意曲格以降。我们读《论语》，孔子就说仁义，孟子说王道。商鞅对秦王最初也是讲仁义，秦王听了昏昏欲睡，那就换话题讲强国，然后讲强国就可以了。这是迎合了统治者——可能是从这里开始的，因为商鞅原来并不是法家，韩非子、李斯原来也并不是法家，特别是李斯原来也是读孔孟书的人，但是他们都不能够严守住孔孟的高品格，说王道、说仁义。王道、仁义是儒家的理想，但真正到了现实当中你就只能降格以求去迎合统治者。

当然我们一定要明白，中国从秦朝以后是大一统，知识分子已经无处可逃。在孔子和孟子的时代，"此处不养爷，自有养爷处"：秦国不行到赵国去，到个小国家里边待下来还是可以的；像魏文侯喜欢读书人，来了给个饭碗，吃饭没问题；再不行到齐国的稷下学宫去，总能混一点事情做。

但是秦汉之后，知识分子无处可逃，他们的生存环境就是这种状况。一方面，他们不可能完全脱离自己的专业，因为"四民"社会就是个智慧分工，真的在专业里边吃饭就逃不出天地了。另一方面，在这种状况下，他们为统治者建构的制度，完全背离统治者的根本利益，那肯定不可能；他们只能在维持这一个大框架的前提下，尽量做一些修补。

多年来，我们都在讲胡适这句话，说宋代"宁鸣而死，不默而生"。但是，"宁鸣而死，不默而生"是因为皇帝不杀你，你可以鸣，而宋代有这么一个空间。胡适是生活在民国时期，民国时期还是个宪政架构，你可以鸣。如果在18世纪，你能"宁鸣而死，不默而生"吗？你哪里能逃出康雍乾三朝皇帝的手掌？在这种情况下，你毫无办法。

西方从中世纪开始，慢慢产生了一个商人阶层，它可以游离出体制维持身家。中国历史上，从秦汉以后，一点空间都没有。在"重农主义"这样一个农业结构下，商人被严重地抑制住了。商人被抑制以后，就不可能产生一个自发的阶级——"我能维持我自己的生存,又能葆有尊严",没有一点空间了。

大航海之后,中国(明代)社会也可以产生出一个西方中世纪以来产生的新阶级,后来统治者把那帮人打成了"倭寇",都打成了海盗。这样一来,中国社会就不能在资本主义萌芽发展过程当中产生一个新阶级。因此,中国的"四民"社会一直没有发生大的分解。在权力的博弈上,儒者根本无法与皇权和官僚集团抗衡。官僚集团本身并不是士大夫阶层,完全是皇帝的打手,如张居正就不是儒者。这个时候,读书人这个集团,就没有自己的经济力量作为支撑而成为一个独立阶级。所以,中国社会两千多年的帝制时代,一直处于"四民"社会的框架之下,不能发生裂变。

(采写　张弘)

马勇：王朝统治者打天下、坐天下，儒家不可能限制皇权

在中国历史上，儒家从诞生开始，就一直服务于统治者。到秦汉之后，儒家更是"急皇权专制所急，忧皇权专制所忧"，不仅为统治者提供了全套的意识形态，而且设计和建构了一套严密的统治制度，让统治者可以从上到下奴役民众。此外，它还提供了一套宗法、伦理方面的规则和价值观，让底层民众在遭受压迫和剥削的同时还认同这一套制度，从而自愿被控制，自愿领受穷苦艰辛的命运。

在《仁学·第二十九》中，谭嗣同如是写道："二千年来之政，秦政也，皆大盗也；二千年来之学，荀学也，皆乡愿也。惟大盗利用乡愿，惟乡愿工媚大盗。二者交相资，而罔不托之于孔。"这段话解开了皇权和儒家互相利用的真相。马勇的《中国儒学三千年》中也清晰呈现了这一脉络，而本文将就儒家制约皇权而不能，独尊之后面对外来文明挑战，儒学和帝制的关系等问题一一作答。

大一统之下，儒家无法制约统治者

燕京书评：董仲舒的建议"罢黜百家、独尊儒术"得到了汉武帝的支持，儒学成为皇权的意识形态。凭借皇权的支持，儒学成为"只能信奉，不能怀疑"的教条（《中国儒学三千年》，第135页）。董仲舒甚至"引经决狱"——引用《春秋》等儒家经典作为审理案件的依据，导致一些官吏纷纷效仿，而"东效西颦"的结果是法制败坏。但极具讽刺意义的是，董仲舒企图用"灾异论"来恐吓汉武帝，结果被主父偃向汉武帝告密差点丢了性命，以后再也不

第二章　治乱循环与利益垄断的基础

敢提灾异了。

从逻辑上说，儒家尊君卑臣获得主流意识形态的地位之后，再想制约君权这个被唤起的利维坦（一种威力无比的海兽，比喻君主专制政体的国家）已经非常困难——因为儒者在事实上抬高了皇权，贬低了自己。当你（儒者）处在低位和弱势，还想制约处在高位和强势的皇帝，这根本不能做到，后来的历史也证明了这一点。你怎么看？

马勇：其实，儒家是一个悖论，当把其他各家都灭掉时，自己也同时陷入了困境，因为你的自由存在是要建立在别人都自由存在的条件下。秦始皇"焚书坑儒"失败以后，到了汉高祖刘邦时期黄老、道家、法家各个流派都开始慢慢恢复，到董仲舒、汉武帝时期如果维持皇权之下百家自由言说的架构，各家的方案拿出来，皇权可以有一个多元思考，然后再做出判断。

据《史记·秦始皇本纪》显示，御前会议就是各个流派都发表意见，但等到"独尊儒术"之后，没有其他流派独立存在了。汉宣帝说，"汉家自有制度，本以霸王道杂之，奈何纯任德教，用周政乎！且俗儒不达时宜，好是古非今，使人眩于名实，不知所守，何足委任！"（《汉书·元帝纪》）汉宣帝说的是这样一种包容。这时候，儒家被董仲舒改造得包罗万象，他的《天人三策》和《春秋繁露》建立的是天人社会——一个复杂的体系，所有能想到的东西他都想到了，因此其他流派都没有独立存在的可能性。但是，这就是一个悖论——没有其他流派可以呼应。

这个时候，董仲舒的新儒家就成为和皇权直接勾兑或者直接冲突的对象，基本上就是儒家和皇权处在对立状态。儒家的理想是"皇权听我的"，可天下是统治者打下来的，坐天下之后儒家想要限制统治者，那统治者当然不干了。在帝国的股份中，皇权占有的份额最大，如清帝国就是八大"铁帽子王"拥有绝对权力。据康有为回忆，戊戌时，他们希望通过变革像日本明治维新那样构建现代国家。但是，刚毅等满人就骂他不自量力，竟然幻想如此轻易地剥夺大清两百多年的江山。"江山意识"是暴力革命夺取政权后一种最本能的反应，他们为了江山牺牲了那么多，让他们放弃坐江山自然是极其困难，甚至根本不可能。所以，知识人如果在治天下的时候想要制约皇权，那就必须要有其他社会结构的配合。儒家在"独尊儒术"的时候把其他的思想流派都干掉了,这其实也是自残,既然别的思想流派都没有独立存在,你也就没有独立存在的可能性。

这导致了中国历史上很可悲的一种状况,从秦朝到清朝,皇权、政治权力成为绝对的、最后的裁决者,所有的言说、所有的主张最后都必须得到皇权的认可,如科举考试的权利被皇权控制,人才的选拔权被皇权控制,除此之外没有其他空间。在帝制时代,由于不再有其他各家独立存在,因而所谓儒家其实就是士大夫、读书人的泛指了,他们很多时候是皇权的拥戴者,一旦有矛盾就几乎完全和皇权正面冲突了。这样的例子,在宋明都可以举出很多。在制度上,中国历史上一直没有走出帝制,社会经济结构没有变化,没有产生独立的、有力量的阶级。

如果中国成长出了一个独立的商人阶级,可以负担帝国的大部分税收,那么它就要分享权力。但是,中国历史上一直没有产生这么一个阶级,从来也没有完全让商人的税收负担帝国的开支,因为帝国本身垄断了很多对外贸易包括盐铁,统治者不靠商人的税收。因此,皇权就在这个意义上至上。

燕京书评:魏晋风度,一直被文化人称赞。在《中国儒学三千年》中,阮籍、嵇康"越名教而任自然",实际是对统治者利用名教不满——因为汉魏的禅让、魏晋的禅让都打着儒家名教的旗号,于是他们要扯掉统治者的遮羞布。"越名教而任自然"是由儒入道,"竹林七贤"因此放浪形骸、惊世骇俗,这引发了一些人的模仿,到西晋元康年间变成了"纵欲"。我所关注的是,魏晋清谈玄学,以及"竹林七贤"的作为,是否是因为士人在政治压迫之下精神的转向?

马勇:从东汉中晚期开始,在政治高压之下,太学生和皇权、宦官集团、军功集团有多重矛盾,不断发生太学生运动。郑玄、何休、马融这一批大儒被禁锢了很多年,只好老老实实读书。在东汉中晚期这种错综复杂的政治冲突中,文风开始转向,谣言、传说、品评人物……像《世说新语》和《人物志》,一个段子,一个判词,就可以品评一个人。

从汉代到清代,中国的王朝差不多都说"本朝以孝治天下",而"孝"是中国政治的一个很重要的概念。当然，皇权宣传的和实际肯定有差异，而且很可能是缺什么说什么，如果不觉得缺肯定就不说了。因此，从东汉开始，知识界的言说就开始慢慢蜕变，禅让这种不流血的权力转移一而再再而三地上演。

在此过程中，嵇康、阮籍这些人恰恰就陷入了权力集团的内部冲突中。遇到风险挫折之后，怎么摆脱？例如，刘伶，那就借酒发疯，实际就是佯狂。我们在生活中看到，有的人喝醉了要大闹一场，就是宣泄一下，否则人就崩溃了。魏晋玄学的风气变化，我觉得能够从社会的这一层面找到原因。

另外，我觉得可能还有一个很重要的东西，就是佛教在东汉初年进入中国之后，对中国的贵族知识阶层的影响越来越大。佛教传导给中国人一个观念，可能人类还有一个未来世界。在中国历史上，孔子讲"未知生焉知死"，没有过去，就没有未来。但是，在孔子时代和孔子前后，中国的统治者其实是考虑到了死后的事情的。例如，秦始皇就考虑了，还直接做——生前就开始修陵墓。据现在的新石器考古发掘，发现了富人墓葬当中的大量陪葬品，可见富人都想着有个未来世界。"三世说"在佛教的理念当中明明白白，当佛教进入中国之后就明确告诉人们，人类有个现在时、过去时、未来时，并在贵族阶层当中形成了很大的信仰群。

中国历史上几次外来宗教传入都是从高层开始信仰，慢慢地普及到社会底层。因此，我一直讲，贵族在引领社会的消费和社会时尚。在两百年的东汉时期里，佛教慢慢从很边缘的地位逐步扩大影响力。到了魏晋时期，魏晋玄学里面倡导的很多东西，就有佛教的因素。总而言之，政治压力以及外在环境和外来思想综合到一起，导致了魏晋时期的思想转向。

燕京书评： 东汉时期佛教传入中国，与道家思想合流，与儒家思想发生了冲突。佛、道两家均有超越性和形而上的一面，而儒家是有限理性主义（刘东《天边有一块乌云：儒学与存在主义》，江苏人民出版社，2018年）。孔子"敬鬼神而远之""不语怪力乱神"，而佛家讲生死轮回、因果报应等，容易被底层弱势民众所接受，这必然影响到儒学在底层社会的地位和影响力。观念的差异，以及争夺民众的现实考量，这两者都是儒、佛冲突和儒学佛教化、道教化的原因吧？

马勇： 事实上，有钱人还是在造墓。儒家也有人提倡厚葬，而厚葬就是肯定人还有一个死后世界。可是，儒家告诉人们，没有死后世界，但它自己又这么做，这就导致一种偏差。佛教进入中国，就明确告诉人们轮回的观念，即"你这辈子受难，下一辈子重新脱生（投胎）可能就好了"。因此，"三世轮回"实际上在中国的底层社会影响很大。马克思说这就是"精神鸦片"，如"你这辈子做牛做马，一定要积德行善，下一辈子就是人上人了"的说辞。这一套说辞，对于底层社会的民众很有吸引力。

实际上，东汉社会高层对佛教的这种迎合力度很大。在整个东汉王朝，从东汉到魏晋南北朝的转型过程中，佛教能坐大的根本原因是来自贵族阶层——庄园这种体制是佛教坐大的经济基础。"南朝四百八十寺"，它表明南朝的经济就是宗教经济。当时，南朝的范围是以今天的镇江为中心，面积很小。南朝有四百八十个寺庙，所有的劳动力大概都到寺庙里去了，这说明它就是一个佛教国家。应该说，它并不完全是底层社会劳动者的信仰，还是一个大的庄园经济结构。按照历史学家何兹全（1911—2011）先生的说法，这和世俗权力有争夺税源的冲突。在信仰层面，佛教和儒家慢慢地就有了勾兑，两者结合起来了。

佛教进入中国之后形成了一个庞大的信仰群，它又激活了中国本土宗教。现在，中国本土宗教最有影响力的还是道教，道教在中国底层社会很普及；它是要抗击佛教的，最终目标就是用本土的信仰去抗衡外来信仰。但实际上，宗教之间慢慢地都勾兑起来，之后就会形成自然分工。佛教讲的是生死，未来问题；道教讲养生，讲长寿，贵生，从自己做起，之后就炼丹。在东汉之后，后世的几百个皇帝当中，相当一批都是死于汞中毒，包括明朝的很多皇帝，清朝的雍正皇帝。道家讲究自己成仙，从炼丹开始。例如，惠州有东晋葛洪的遗址，传说他炼丹成仙就飞走了，从此得到永恒。

与佛家和道家相比，儒家更政治化，与政治权力更多地结合起来了。在秦汉之前，各地的宗教信仰慢慢构成了一个"中国化"的过程。到东汉时期佛教来了之后，又把民间宗教激活了，之后的几百年这几个流派再融合。到了唐朝，李唐王朝找自己的祖上找到了道家的李耳，这样就形成了法统的传承。

东汉往后几百年，儒释道三教慢慢趋同合一。

争"体用"分你我，实际是不自信

燕京书评：佛教融入中国和儒学互相借鉴，到宋代两者水乳交融，前后延续了一千多年。由此可见，对外来文化的吸收既需要足够的耐心互相磨合，还需要足够的时间。那么，这一历史可以给当下的中西文化交流提供怎样的借鉴？

马勇：宋儒有一句话很重要，"东海有圣人出焉，此心同也，此理同也；西海有圣人出焉，此心同也，此理同也"（《陆九渊集》）。到了晚清，王韬化用为"东方有圣人，西方有圣人，同此心，同此理"。其实，在宋代那个时候，陆九渊就意识到文明的发生各地都一样，取决于你的心胸有多大，你的学问就有多大，你的文明就可以建构得多庞大。当然，耐心和时间对文明的交流很重要，文明涅槃达到一个新的境界就在一个不经意间。从魏晋到唐朝，儒释道三教之间的冲突激烈，"三武毁法"（北魏太武帝、北周武帝、唐武宗废佛事件的合称，在佛教史上称为"法难"）是直接摧毁佛教。但是，等到中唐以后，基本上就没有"毁法"的事。等到"北宋五子"张载、二程（程颢、程颐）、周敦颐、邵雍一出，这几个人的思想中已经没有儒释道的区别了。

北宋时期，道家的陈抟老祖讲先天八卦，就像和原来纯洁的儒家讲孔孟一样，根本感觉不到道家和儒家的隔阂；读张载的《西铭》，会觉得心胸一下子宽大了，是完全不一样的面貌。可以明显感觉到，佛教经过南北朝的冲淡磨合，最后它"内化"为中国文明的一部分，再也不能在中国文明架构中独立存在。宋代之后，从中国传到东南亚和日本去的叫中国佛教，它已经不是原汁原味的印度佛教了。

文明的冲突在刚刚接触的时候是一个必然过程，但是冲突就是在寻找相通性，并不意味着一定会排斥。中国接触西方文明到现在五百年了，而中国人最早见到今天意义上的西方文明是带着羡慕的眼光看的。徐光启等明代晚期的一代人，他们看利玛窦是仰视的。在徐光启等一代人看来，利玛窦很有学问，是西方大儒。因此，他们认为要好好地向西方学习，就想把《几何原本》（欧几里得）翻译过来；他们学了很多西方的学问，如何修水利工程等。这些西方传来的东西，徐光启这一批人完全没有拒绝，但是在接触的同时也慢慢地产生了一点不一样的想法。

进入18世纪之后，中国的经济发展好了，也有些傲慢了，就开始和罗马教廷冲突。于是，双方互相挑茬，西方挑中国文明的茬，中国文明挑西方的茬。清初，杨光先就说，"宁可使中原无好历法，不可使中原有西洋人"。这说得很极端，实际上就是赌气。到康熙年间，中国接触西方文明也有一两百年了，对西方传进来的测天技术、大地测量技术逐渐掌握，这时候就开始发生分歧。但是，这种分歧其实也没多久，到了19世纪之后，又重新互相认同。

"中学为体，西学为用"，其实很大程度上就是认同西洋文明当中有好的，同时也认同中国的文明也不都是垃圾。放到大时段来看，就不存在陈序经（1903—1967）、胡适所讲的一个全盘西化问题。最近这些年来，一直在外面的一个中国学者讲，真正的儒家是不可能排外的，一定能够把一些好的东西吸收过来。儒者以一事不知为耻，换言之，"凡是我不知道的，凡是你比我好的我都要学进来，内化为我的东西"。这才是真儒家。

放在一个大时段来讲，我对我们未来的文化建构从来没有很悲观。中国文明作为一个大的、特别的儒家体系，不管从西方、从东方看，在很长时间都有巨大的影响，它可能会转变形态，但不可能因为工业化完全消失。

燕京书评：说到这儿，我其实觉得，有时候没有必要一定要争论"中学为体，西学为用"，或者说"西学为体，中学为用"。对于好的东西，先学习，分析它的原理，利用了再说。正如我们知道的那样，"实践是检验真理的唯一标准"。其实，我们完全没有必要担心中国会变成外国，越是开放的文明越有活力，越是抱残守缺、故步自封越没有出路。

马勇：分本末的原因，就是不自信导致的。中国自信的时期不会抗拒外来文明，中国不自信的时期是18世纪、19世纪。19世纪中国一连串的挫折被解读为"受伤"，就有了一种受伤的心态，便开始强调体和用。最典型的就是中医和西医，这个故事在中古时期不止一次发生，从中亚地区传进中国的医学和药，从印度传过来的医学和药，从来没有区分过这是藏医、这是印医，中国直接就接纳了。那时，来自中亚地区的东西不都接纳了吗？胡萝卜、胡琴，所有带"胡"的东西不都来自中亚吗？19世纪的中国自己解读为"我受到了伤害"，然后就分彼此了，觉得自己还是有厉害的地方。这其实就是一种不正常的弱者心态。

其实，儒者以一事不知为耻，"我没有的东西我就是要学"。所以，明人徐光启很坦然地说，几何概念是中国文明当中没有的。那么，没有就学，你学了不就有了吗？你学来了就是你的，这是人类的共有遗产，而我是人类我就是当然的继承人，不管你是柏拉图的还是亚里士多德的，我都可以继承。然而，一旦分出彼此来，分出西方和东方来，就很狭隘了。

如果人类遇到外星文明已经直接影响地球文明的时候，地球文明肯定就一体化了，就可以完成自我建构，就不分中国文明和外国文明了，我们要应对的就是外星文明的挑战。我们回溯这两三千年就是这样，遇到外部挑战的时候，就觉得内部的团结很重要。如果这样来理解，中国文明的可塑性、可造性都很强。

燕京书评：心理学者朱建军写过一篇文章《大儒常无父》，里面提到过一个现象：孔子三岁丧父，孟子两岁丧父；此外，欧阳修四岁丧父，范仲淹三岁丧父，岳飞、张载十三岁丧父。从心理学角度来看，一个幼年丧父的人，往往对父亲有着完美的想象，而现实中的父亲往往有缺点。所以，孔孟对于国君有一种幻想，期望"君父"对臣民就像慈祥的父亲对待自己的儿子一样——因为孔丘、孟轲都没有看到他们亲生父亲的缺点，所以在制度设计中也忽视了对"恶父"的有效制衡。你怎么看？

马勇：多年前，我读书的时候也有人讨论过这个问题。中国历史上的这些伟人差不多都是这种状态，父亲很早就没了，由母亲带大。除了你举的这些人物之外，近代的鲁迅是这样，胡适也是这样。当年我们主要是讨论胡适，胡适对他的父亲就是一种完美的想象，因为他三岁的时候父亲去世，之后他对父亲的印象都是母亲后来告诉他的。胡适在《四十自述》里记述，母亲每天早上天没亮就把他喊醒，告诉他应该像父亲一样好好读书光宗耀祖，这就在他的心目当中种下了父亲的完美形象。

但是，这究竟能不能转型为儒家对国君、对统治者的塑造？我并不认同这个作者（朱建军）做的分析。我们看到，中国历史上这种事很多，从孔孟、鲁迅、胡适，他们对政治统治者的判断并不一致，他们并不认为这些男性政治统治者都是好或者都是坏——其实还是很具体的。但是，幼年丧父对孩子本身的性格养成至关重要。

我读书的时候会讲到这几个例子，孔子的性格养成和他母亲有很大的关系，孟子的性格养成也和他母亲有很大的关系，如"孟母三迁"——孟子的母亲不断地给孟子换邻居，不让孟子受到坏的影响。胡适也是这样，他母亲对他的教育使他的性格很平易。今天讲胡适的性格，当然是优点居多了，但是缺点也有，他好像对很多问题不愿意明白表示自己不认同——认同的他说，不认同的他不说。我分析，这可能和胡适幼年丧父有关——他有点胆小。

这样一种个人经历，多大程度上能够推而广之进入政治层面去讨论，我心存疑虑。我觉得，它可以作为一个谈资，但是作为一个规律去概括就比较难，因为这种例子要举很多才能够做这种分析。

以我个人的经历为例，我父亲给我留下的是非常完美的形象，而这个完美其实就是一个建构过程。我父亲是五十多岁去世的，那时候我二十来岁。后来，随着时间的流逝，我越来越觉得他处理家庭事务和人际关系很完美，然后事实就慢慢流失了，完美的形象得到不断的建构。我觉得这是个建构过程，因为我父亲从来没有动手打过我们，而且我们兄妹几个只要你在家看书，我父亲从来不会去批评，但你如果不看书，他会告诉你去干活。再后来，我们都考大学出来了，这时候你慢慢想，就会去建构，去寻找他的一些优点。实际上，随着时间的流逝，肯定有很多东西（如不好的或缺点的东西）不断被过滤出去了，因此父亲的形象就显得很完美。

在帝制时代，儒家是区域文明的最高点

燕京书评：《中国儒学三千年》提到，北魏统治者意识到儒学可以强化皇权，笼络汉族士人，所以儒学在北魏早期受到相当尊重（第235页）。隋文帝杨坚和隋炀帝杨广都喜好佛教，但他们都感到儒学更有利于维护自己的专制统治，于是扶持儒学（第247页）。唐高祖李渊、唐太宗李世民"三教"并举，都赞许儒学。宋赵匡胤竭力褒扬孔子和儒学，辽西夏金元统治者都推崇儒学，包括后来的明清两代同样如此。

我总体感觉，以儒家学说为主体建构的中国古代政治体系特别有利于统治者：第一，它为统治者提供了全套的意识形态；第二，它有一套现成的统治制度，让统治者可以奴役民众；第三，它还提供了一套宗法、伦理方面的规则和价值观，让底层民众在遭受压迫和剥削的同时还认同这一套制度，从而自愿被控制，自愿领受穷苦艰辛的命运。你怎么看？

马勇：在帝制时代的东方世界，儒家是最高点。现在，北方的考古越来越多地表明，在这种非汉人地区，曾大量地传播儒家的思想。例如，1969年，在新疆吐鲁番出土了唐景龙四年（710）抄本《论语郑氏注》的残本；在敦煌藏经洞里面，也发现了大量的儒家典籍。古代北部中国的少数族群，对于儒家文明很是信仰，特别是到了蒙元时期，元朝的政治架构其实非常儒家化。现在，新清史的研究又讲了一个内亚，讲到满洲人的文明本身的主体性，但实际上它是双向的；满洲人的文明深刻影响了整个大中国的文明，它的宗教影响了底层社会，它的文化生活影响了中国顶层社会，因为它是统治阶级思想。但是，儒家文明在满洲人没入关时就开始影响它，这是一个互动的过程。

正如你刚才讲的，儒家不仅提供了理念，而且它的制度建构、社会秩序的安排，一切都规范好了。明清之际，大学者朱舜水就把儒家的这套制度架构搬到了日本。因此，日本实际上就是按照儒家的这套东西教育训练王子，安排社会秩序。在那个时代，儒家确实比周边的文明程度要高，这也是宗藩体制之所以造成以中国为中心的重要原因——儒家文明高于周边。与西方文明相比，其实很长时间是中国文明领先。中国文明开始出现衰落的态势，就

是乾隆朝之后。我们读 18 世纪早期启蒙时代西方思想家的著作，发现当时也是仰视中国的。但是，马戛尔尼（George Lord Macartney，1737—1806）来到中国以后，观察中国好像不是那个样子，所以西方人就开始慢慢地调整了。这个时候，儒家就从高高在上的地位降下来了。

至于中国社会底层的老百姓多大程度上能够想到自己被奴役、被欺负，我觉得这是后来研究者的事情，因为人生太短暂……我在底层社会待过，如果邻居是个地主给我一点点指导，我都感激不尽；如果逢年过节再给我一点东西，我就更加感觉这个人很好。

因此，在中国社会结构当中，儒家和其他的思想精英们，其实还是劝导社会往良性的方向去发展。所以，在政府不能管到底层的时候，底层的乡绅阶级受儒家思想影响，对中国社会的稳定做出了很大贡献，如修桥铺路等底层社会的基础工作都是农村中的"先富阶级"在做。不过，他们的思想资源其实也分不清楚，不能说他们是纯洁的儒家或者纯洁的佛家思想，但他们确实是精英和大众之间的关系纽带。

老百姓自我意识的自觉，应该是启蒙运动之后。中国的知识精英为什么要启蒙民众？这就是因为你需要知道"你的权利是天赋的"——但是，底层民众能想到"我的权利是天赋的"，这太难了。帝制时代的中国人认为，"我的一切都是皇上给的"，如过去我们一直讲"吃皇粮"。

胡适张扬的就是启蒙运动的观念，让每一个人都堂堂正正地做一个人——当然，这是工业化之后现代社会被普遍认可的观念。中国历史走出这一步，可能还要经过一番挫折、一番奋斗。最理想的状态就应该是每一个人都堂堂正正地做人，堂堂正正地行使自己的权利，并且制约公权力，这才是一个现代社会的公民应该做的，但中国历史就是这样走过来的。

燕京书评：中国的帝制从秦代到清代维系了两千多年，按照金观涛教授的观点，中国社会是一个超稳定结构。显然，儒学是一个重要的因素：一方面，"亡国"大约二三百年来一次，但一直没有"亡天下"；另一方面，在这种文明的延续中，君主专制不断自我强化，在明清两代达到顶峰。你怎么看儒学与帝制的关系，以及其中的功过得失？

马勇：儒家当然是最有利于皇权的稳固。金观涛先生当年讲中国社会超稳定结构的时候我在读本科，后来几十年我也很信奉这个解释，并一直按照他这个解释往下讲。我认为，中国历史上改朝换代就二十来次，这个频率太低——它不像西方的中世纪那样动荡。儒家的说教为宗法社会提供的伦理原则、家国同构，中央政府的保姆政策把所有的东西替你想好，因此使你感觉到"皇恩浩荡"，而且到了一个县衙门里面县官都被比作"父母官"，那你有什么好反抗呢？如此，天下乌鸦一般黑，换了一个就能更好了吗？也不一定。

但是，中国的改朝换代不以人的意志为转移，一个政策不能调整过来的时候就发生了改朝换代，一个旧王朝灭亡的时候没有人觉得很惋惜。例如，清朝亡国，没有人痛哭流涕，历史就这么变革过去了。

当然，儒家对帝制巩固的稳定作用，包括宗法的伦理原则、秩序安排和不断的说教，再加上科举制度，让你为了你的前程把大量的时间和精力都消耗到里边去了——它给了人们一个社会晋升的空间。在一个社会，每个人的就业很好，每个人都很安逸地生活，大家也就觉得很幸福了。在西方社会，民众不造反，就是因为很安逸、很舒适。至于中国社会稳定的机制，与儒家建构的一整套中国社会结构有很大关系。

中国传统社会结构很重要的就是"四民"社会的制度安排，士大夫和商人两个阶层很小，而工人和农民这两个阶层很大。在古代社会，工人和农民这两个阶层虽收入不高，但是不消费。那时，到农村去不需要多少消费，农民一年也没有多少可开支的，粮食、蔬菜是自家地里面种的，政府管住盐铁就行了——因为农民不可能自己去晒盐，至于吃肉的话——如我在离开老家之前，每年春节吃一顿肉，到农历八月十五炖个小鸡。

在士、农、工、商里面，工人、农民两个阶层在经济上是低消费，可能也是社会稳定的一个很重要的原因。但是，儒家在这里边确实很配合，因为儒家的目标就是社会稳定——尽管你不幸福，但是没有灾难。现在，很多人说"天下乱了之后，战争发生了，吃亏的还是底层社会的人"，但是底层社会其实没吃大亏，当然也没赚到什么东西，因为底层民众的消费状况和经济支撑就是这个样子。

在 17 世纪、18 世纪的欧洲，资本主义革命为什么会发生？那是因为农民离开土地成为城市新居民，他们感觉这个体制不合理，资产阶级革命就发生了。中国是稳定的农业社会，一直没有工业化，近代的城市化大概只有在 19 世纪 60 年代到 90 年代速度比较快，其他时候的城市化就很难说。实际上，中国社会真正的高速发展，是最近几十年的事。

中国两千多年来的帝制，儒家肯定有很大的责任，但全部责任还是在社会结构上。

汉代以后，儒法思想已经合流

燕京书评：长期以来，学界一直说中国帝制时代的统治是"儒表法里"。但是，刘泽华（南开大学历史系教授）、袁伟时（中山大学历史系教授）先生都不赞成这一说法。《中国儒学三千年》显示，儒学在荀子那里就已经有了很大变化，而他的弟子韩非子、李斯都是法家。进入汉代以后，儒学多次自我转化，迎合皇权的统治需求。从这一点来说，儒家和法家都是一样的。

台湾著名法学家黄源盛教授的《汉唐法制与儒家传统》认为，汉代引礼入律及"引经决狱"，导引了传统法制"儒法合流""礼刑合一"的先河。这一观点也证明，帝制时代实际是儒法一体。你怎么看？

马勇：我个人也倾向于这样看。我过去写毕业论文的时候，就处理过董仲舒的"春秋（《春秋繁露》）决狱"，导致董的弟子甚至整个汉代都是引经典判案，一直到清朝的律制改革。晚清时期，沈家本主要是研究中国传统律学，伍廷芳是研究西方法律制度，直到 1903 年的改革才做到了中西合璧。

清代法律是以儒家思想作为根本性指导，因为它不可能游离出儒家价值建立一个非儒的体制。（我一个朋友在南开大学开清代律例课，每年的博士生论文答辩都请我过去。）因此，上一代学者强调儒家和法家是一体两面，其实就很隔了，它实际上已经内化了。在董仲舒的时代，就已经把法家内化为儒家的一部分，这时候的儒家本身包括了法家。所以，汉宣帝讲"霸王道杂之"。

第二章 治乱循环与利益垄断的基础

在中国传统的儒家背景下，儒家被董仲舒建构之后，成为社会唯一的思想体系，其他的学说就很难继续出现一体两面。这个时候，原来"轴心时代"（三代）的诸子百家，在董仲舒的架构当中都没有独立存在的价值，只能融入这个大框架当中。但是，学术需要求异，肯定要讲不一样的话，而这种不一样其实是很有限度的，不可能脱离这个时代。在一个大环境下，根本没办法脱离这一套话语体系。所以，对于把儒法看成一体两面这种机械性的组合，我并不是很认同。在统治阶级意识形态的内部构造当中，它实际上是合在一起的有机体。例如，中国传统的政治理论当中的"博爱"，它当然来自墨家，但你说它就是墨家也不对，毕竟它是一个重新营造的过程。

燕京书评：有学者提出，自汉代以后，儒家一直想努力改变以法家为基础建立的皇权专制统治体系。但是，"儒法合流""礼刑合一"充分说明，儒家只是在谄媚皇权以维护儒学主流意识形态的地位，并且保持自己特权阶层的地位。那么，所谓的"儒法斗争"是否存在？

马勇：其实，我就是从这里起步的——我1973年就是当的文化兵，正好赶上"评法批儒"。按照那个时候的逻辑，从有儒家开始就有了儒法之间的冲突和斗争，便挖空心思去找历史上的例子。例如，在我的同学中，有人去注释法家的作品，有人去注释柳宗元的作品，有人去注释章太炎的作品。

后来，我做专业研究后发现：在中国历史上，儒法斗争和冲突只在很短暂的时间发生过，就是秦始皇在建构新的帝国意识形态的时候。那么，秦朝统一之后，架构应该是什么样子？当时，博士们就对秦始皇讲，新王朝并不意味着新制度，还应该按照原来的架构封邦建国，尊重地方的文化传统，尊重地方的发展；但李斯就讲，不是这样的，应该建立万世一系、中央直接管理地方的制度。对于《史记·秦始皇本纪》当中的这一记录，实际就是儒法之间的冲突。

等到董仲舒、汉武帝的年代，已经没有独立存在的法家，也就不可能有真正意义上的儒法冲突。在秦始皇之前，更不存在正面的儒法冲突。那时，诸子百家错综复杂，儒家和法家当然有冲突，如孔子杀少正卯肯定是儒法之间的冲突，但是这并不构成"轴心时代"中国文明的主轴，它只不过是所有思想流派冲突磨合之间的一次交手。

当然，1973年的"评法批儒"对我影响很大，但这个运动夸大了中国历史上的事实，我不认同这个再解读。至于当年的那些作品，我都读过，包括杨荣国的《儒法两家的斗争和孔子反动思想的影响》，冯友兰先生当时的著作，上海的《学习与批判》，以及北京"梁效"发的文章等，而且当时我觉得这些解读很有道理。但是，我后来从专业立场反思，就觉得中国历史上不是这么一回事，因此我就不认同这一分析了。

（采写　张弘）

马勇：帝国统治集团垄断利益，导致王朝覆灭和改朝换代

秦汉确立的郡县制使得皇权直接管辖地方，在权力运行上为皇权专制提供了巨大的便利。汉代儒家的"尊君、卑臣、卑民"，以及"独尊儒术"，使得儒家观念通过宗法制度渗入底层社会。从秦代到清末的两千多年，中国的王朝更替循环往复，直到辛亥革命爆发，帝制才被终结。

但是，专制主义幽灵并未因此退场，许多违背现代价值的观念和流毒依然顽固盘踞在许多中国人的脑海中。例如，作家柏杨批评"官本位"的"酱缸文化"，至今仍然盛行不衰。同时，当时代的一粒灰尘变成一座山压在个人身上时，个人难以用权利去抵抗。以儒家为主体的传统文化怎样与时俱进，与自由、民主、法治接轨，也仍然是尚未解决的问题。

《中国儒学三千年》不仅为读者揭示了儒学的历史，而且对今天的读者而言提出的问题或许更多：在工商文明的时代，应用于农业社会的儒家思想如何革新？如果孔子活在当下的陌生人社会，他会以怎样的方式处理人与陌生人之间的关系？当个人权利被普遍认可之后，儒家"为皇权考虑过多，为民众考虑过少"的痼疾该怎样调整？

古代的东方专制主义，确实和治水相关

燕京书评：中国古代的君主制一直在强调君主地位独尊，汉代以后皇权被抬得更高了。如果我们从事实层面观察，儒家从来没有真正地制约皇权，皇权统摄一切的局面基本上从来没有改变过。历史学家魏特夫（Karl August Wittfogel，1896—1988）强调，中国古代的这种东方专制主义，跟西方所谓

的君主制完全不一样，因为中国的皇帝权力更大，更加独裁。魏特夫在他的《东方专制主义：对于极权力量的比较研究》（中国社会科学出版社，1989年）一书中强调了治水与专制之间的关系，但很多人都说他这个观点是错的，并于1997年专门出过一本批判魏特夫的书。但是，我觉得魏特夫对东方专制主义的批判很有力量。此前，我采访过赵鼎新（浙江大学社会学系教授）和许宏（中国社会科学院考古研究所研究员）两位教授，他们的观点与魏特夫很接近。你怎么看？

马勇：其实，魏特夫这本书（《东方专制主义》）对我影响很大。我几年前在《北京日报》一次会上讲过，我认同魏特夫的治水理论，因为我沿着黄河考察过。中国过去的治水文明，就是要治理黄河持续性的泛滥。如果你去读明清时期的实录，一直到晚近、到近代，几次大规模的骚乱都和黄河泛滥有某种因果关联，如黄河泛滥导致灾民遍野。但是，为什么一直没解决？

魏特夫这本书讨论这个问题，黄河泛滥使东方专制主义发生，因为治水是个全流域的过程，不是一个单独的小共同体能做的。假如你在上游，你可以照顾我，但你在黄河流域当中占的份额太小了，如果大家没有发生很大的争议的时候，这可以做到。然而，如果旱灾已经遍布整个黄河流域，你拦住坝子让水只到你们家来，那肯定发生冲突。

治水文明主要是从这个方面讲的。这个问题怎么解决？魏特夫的书里面讲，在这个时候，东方专制主义就需要发生，需要全流域治理。明清时期设立黄河总督，但是黄河泛滥连黄河总督也治不了。到了晚清的时候，刘鹗的《老残游记》中也有写到治水，治不了报山东巡抚，就治黄河下游；报河南巡抚，就治黄河中下游那一段，但不能治全流域。黄河流域是十几个省，这种状况怎么办？这时，东方专制主义就能发挥很重要的功能。

到了当代，黄河就被驯服了。至于以前黄河泛滥最严重的地方，你根本想象不到历史上它怎么能够泛滥，它怎么能够决堤。为什么？因为我们当代的管控方式是历史上从来没出现过的。其实，现在的机构比原来的机构还小——原来的黄河总督比今天的黄河水利委员会（黄河水利委员会我去过好几次，就在开封西郊的一个小院里）架构还要大，但是它统治黄河全流域是靠中央——中央一个命令下去，全流域的省委书记挂帅，就能统一协调黄河供水，如你分配多少水，你浇地能用多少水，他浇地用多少水，这样整个黄河流域完全被管制住了。它来自什么？来自当代政治架构，把权力全部给控制住，然后真正治服了黄河。至于黄河决口最厉害的地方（我去过好几趟），现在看水都平了，人类已经把它驯服了，让它往哪儿走就往哪儿走，这样你根本想象不到历史上的黄河泛滥是怎样的。例如，我的老家（安徽濉溪）就是原来的黄泛区，在我小时候一到春天就黄沙弥漫，但现在一点都感觉不到了。现在，老家成长起来的年轻人，根本不知道这个地方还曾经有过那么严重的黄河泛滥。

治理黄河泛滥，需要有足够的权力才能够做到。在政治学上，它应该怎么来理解？统治者的权力大，人民的权利是不是更渺小了呢？人民为了这样一个整体利益，是不是要拆迁、要挪走？个人和集体之间，个人和体制之间，权利和权力这样一种交集和边界应该怎么去做？我觉得这可能是一个有待于讨论的理论问题。但是，《东方专制主义》这本书并不是很负面。如果从历史事实来说，魏特夫讲的确实就是这么回事，虽然后来专门出了一本批判他的书，但我还是很认同魏特夫的分析。

东方文明、儒家文明其实就是个治水文明，这也是一个事实。中国文明的起源——大禹治水是个想象，但是它又反映了先民在面对自然灾害时的共救策略。大水过来之后，你怎么办？作为个人太渺小了，这个时候就有一个共同防御的问题。如果以此为起点去解读人类的起源，解读中国文明的起源，其实还有很大的空间的，因为它不可能留下很多的文献。当然，我们阅读这些已有的资料，同时还要思考怎么去重新建构它。例如，古都开封（我过去每年都去几趟开封），频见黄河泛滥之后又退水，然后人民又回到这里重建，所以现在的开封地下埋了好几个开封，毁掉之后又重建。研究中国文明的时候，怎么理解东方专制主义可能是一个问题。

中国历史上，由于水资源的争夺爆发战争的概率非常高，可以统计的也很多；之后的大一统也和这有关系，因为在治水的时候需要全流域治理。例如，在农村，生产队之间经常以邻为壑，如你那边淹水了，你往我这边放，那样村民就打架。小国家、小城邦的时候就是这样，如你干旱时不把水往下放，遇上水灾你就往下放，这样下游当然不干了。从这个角度去研究中国历史，我觉得不是意识形态偏见，是可以讨论的。

燕京书评：尽管孔子是伟大的思想家和教育家，但他的学说的重要基础就是"尊君"，正如《中国儒学三千年》所描述的那样，后世有人批评孔子"不可一日无君"。反观西方文明，君主尽管在世俗社会也有很高的地位，但绝对没有中国皇帝在中国的地位高，权力也远远没有中国的皇帝大。那么，为什么会有这种"中国特色"？

马勇：儒家其实想拥有政治的最终权力，所期望的君主不是英明的君主，而是一个可操控的君主，这样好让自己来当操盘手、当国师，以规训统治者听话。王朝正常的时候，很多皇帝都是经过国师们教导的，如张居正、孙家鼐、翁同龢都是长时间的帝师，他们不断地训练皇帝，但是他们自己的身份是儒者，是帝国真正的操盘者，皇帝的所作所为、行为方式是儒者提供的——儒家提供思想资源。

儒家有一种理想主义，希望训练出完美的君主。儒家并不认同君主把所有生杀予夺的权力都控制在自己一个人手里，但儒家并没有真正找到控制皇权的方法，没有在制度上真正制约皇权。但是，儒家这种内在的冲动从一开始就有，它并不是要把老虎给放出来，实际上是给这个老虎打造了一个权力架构。我们看中国历史上君权之下的分权架构，其实就不是让皇帝直接处理每一件事情。

后来，儒家也认同黄老的"无为而治"，强调君主"无为"才能让大臣"有为"。大臣"有为"就是分权，就是胡适讲的理想的中国社会结构——各司其职，外交交给外交家，教育交给教育家，种地交给农民。胡适当年在讨论民主政治的时候，他讲民主政治就是什么样的人做什么样的事，如外交是很专业的事情，需要外交官来处理。

在皇权架构下，如果各司其职，君主权力其实相当有限。但是，儒家在两千年帝制时代确实没有把笼子做好，没有把皇权关在笼子里面。如果遇到一个很强势的皇帝根本不讲规则，他就从笼子里冲出来了，这样儒家就毫无办法。

在正常王朝，帝王从第二代开始接受帝师的训练，包括行为举止、爱民思想、道德品质，等等。从汉代开始，儒家希望通过这种训练做一个笼子。但是，在传统体制的架构下，儒家确实没有找到约束皇权的方法。

王朝统治集团不让步，人民就不跟你玩了

燕京书评：明末清初出现了一些批判皇帝制度的思想家，如黄宗羲、顾炎武、王夫之、唐甄等。但是，他们仍然是以传统儒学的理想政治和民本价值观为标准，而批评的目的也不过是让民众归顺于"君君臣臣父父子子"的"天理之功"。进入清代以后，乾隆帝从传教士那里知道了外部世界的变化，但他不是打开国门让中国和西方交往，而是加强了"闭关锁国"，以维护"家天下"的专制统治。

这些事例说明，建立于宗法制度之上的儒法帝制国家，发展到明清之时确实具有超稳定性。可以想见，如果没有现代性的冲击，这种王朝的兴亡或许还会继续。你怎么看？

马勇：黄宗羲等人的思想其实有很大一部分是传教士传来的，如他的《明夷待访录》传递的就是西方启蒙思潮。我在读书的时候，马克思主义史学家侯外庐先生等人有一个主题就是研究17世纪中国的启蒙思潮，而你刚才举的那几个人都在他的研究名单里面。侯外庐先生等人研究发现，唐甄这一批人的思想隐隐约约都有传教士的影响在里面，他们把西方的思想传递过来——君主是制度罪恶的根源，这一直影响到了晚近的谭嗣同、梁启超——他们分析制度根源就往这上面去找原因。

但是，这个问题在帝制中国没有在制度上解决，两千多年来的二十几个王朝就这么兴盛衰亡循环往复，每次都是如此。中国历史学研究里边曾有一个"让步"政策的观点，即为什么王朝到后来必须结束？其实，这就是因为面对社会问题的时候统治者不让步。

清朝也是如此。清末面对的社会问题，就是通过制度安排承认私有财产的合法性和正当性，让个人能够谋取正当发展的权益。但是，统治者在1894

年之前坚决不让步，洋务运动的新行业、新工业全部都是官方垄断。洋务运动之前，"一口通商"就是内务府通商，全部都是皇家的，与人民无关；老百姓走私，就被打成"倭寇"。在中国历史上，老百姓一直没有得到获得发财致富、和平生活的权利，也一直没有一个公平的制度性安排。

这种状况在每个王朝都不断地积累，积累到最后能活下去的王朝还可以苟延残喘，活不下去或者遇到某种特殊的外部偶然因素的王朝就灭亡了。一个王朝灭亡之后会来到建政之后的"小清明"时期，因为新统治者上来后会开始让步，如明清改变就是这样。清朝结束之后，到了民国是"公天下"，就有了制度安排。民国前十几年，经济发展和自由化高度发生，这也意味着清朝统治者最后没有跟上时代的潮流。

晚清时期，清朝统治者接触了西方，但仍然由内务府控制经济命脉，与人民无关；久而久之，人民就不干了，就不跟你玩了。中国王朝政治不能解决的问题，说到底就是不能够让人民共享天下。儒家在理论上有"公天下"的诉求，但这种诉求太抽象了，讲的还是一个未来状态——"大道之行，天下为公"，这很渺茫——而且它没有在建构中考虑到人民对权利的需求。

晚清政治改革涉及的问题之一，就是皇家的财产收入和支配要有法律依据，皇家不能公私不分：你把天下看成自己的家产，把自己家看成天下，这就是家国不分。中国的王朝政治一直没有解决皇权的边界，皇室成员也是如此，而西方自中世纪以来皇室对国家都是有限度地占有资源，并不是把全部资源都据为己有。在中国，皇帝可以任意收税，从来都是把天下所有东西看成自己的私物。从这个角度讲，明清两朝的贸易和人民有什么关系？贸易繁荣不繁荣和民众有什么关系？18世纪的经济，一方面说清朝是中国最繁荣的盛世，另一方面讲那是最差的一个弱世，因为大家都有证据。中国没有一个"公天下""共天下"的制度安排，儒家并没有提供这样的方案，而是很机会主义地迎合了君主独裁，也迎合了专制主义统治的既得利益阶层；与之相应的，儒家也就没有领头与皇帝划分皇权的边界。然而，放眼西方世界，英国从1215年开始就用《大宪章》制约王权，1688年"光荣革命"之后权力就从君主转移到议会。

到了洋务时期，自然经济发生之后，立宪运动要干这个事情——划分皇权的边界，但统治者不让步，这件事也没干成。辛亥革命发生后，帝制就结束了。所以，从秦代到清末的中国历史就是一个循环。

燕京书评： 晚清的驻英公使郭嵩焘到英国以后，去国会旁听议员辩论，到法院看法官审案，去过福利院考察，而后他认为英国的统治者对老百姓是真好，说英国是"三代之治"。郭嵩焘是一个传统的儒家士人，对英国有如此高的评价，将其比拟为儒家最理想和推崇的社会——三代。由此可见，当儒家士人看到更高级的文明时，还是会做出明智的判断和选择。但是，郭嵩焘回国以后却饱受攻击，郁郁而终。这似乎说明，到晚清之后，相当一部分官僚、儒家士人和国人已经丧失了学习能力和反思能力，制度的愚蠢和惯性已经积重难返。为什么？

马勇： 近代中国人看到西方文明最早期的反应，就说这是"三代之治"，是我们丢掉的文明。从魏源、徐继畬一直到郭嵩焘，他们三代人其实都在表达这一点。这实际上就是孔子讲的"礼失求诸野"。至于西方文明有没有中国元素，我相信文明的传播是有的，因为何炳棣先生研究西方的文官制度，认为这是源自17世纪从中国传去的科举制度。（当然，也有人反对何炳棣先生的观点。）

关于"三代之治"，在中国的古典文献中，我们没有很好地解读它、解释它。孔子为什么做梦梦见周公，老想着要恢复"三代之治"？因为孔子向往周朝的制度，而周朝的制度是双重政治架构，是多元化的政治安排。直截了当地讲，美国今天的联邦制就类似周朝的联国制，即中央政府没有干预诸侯国内部事务的权力。孔子觉得周朝这个制度安排很好，于是便想要恢复周制。秦朝之后，建构的是皇权直接管辖地方的制度，就使后世对原来的制度一点感觉都没了。一直到了晚近的时候，国门打开一条缝，如魏源的《海国图志》讲到美利坚的时候赞美美国的制度，因为美国的制度让多元性保留了。其实，晚清的所有改革都是往这上面走。晚清二十年官方推动的地方自治运动和立宪运动，其实都是要重构一个二层架构，在中央政治强权之下还有一个架构，让知识人有流动的空间。

在重构了自治、立宪的二层架构的那个时代，诸如鲁迅这样的知识人在北平不舒服了，他可以到厦门去；在厦门不舒服了，他就到广州去；那个时候建立的制度架构，使他能够做出这样的选择。当然，议会辩论制度，古典的状态也有。春秋战国时期，有一个"学在民间"的自由讲学之风，没有统一教材，没有什么思想教育，如孔子和少正卯就同台打擂台，学生一会儿在这边听，一会儿到那边听。这样，各家在自由辩论当中来扩展自己的影响，深化自己的思想，营造自己的学术。——这种自由讲学之风，今天的我们还很向往。但是，后来中国的中古时期，其实只有讲学长时期存在，如康有为就是在讲学当中融入了大量西方的新思想、新概念，从而吸引了高材生梁启超等人。

当然，即便在科举制度下，仍然需要新思想和新资源。所以，在科举制度、书院制度下，一些好的书院都有名儒，而名儒肯定不是照本宣科讲旧道理，他一定是在创新。实践表明，自由讲学之风，可以让新思想产生。

如果这样重新解读"三代之治"，那就可以理解郭嵩焘和容闳等人对英美的观察，也会和中国原来的传统有一个回应和共鸣。

在文明发展之路上，徐复观等新儒家走了回头路

燕京书评：从思想源头上说，儒学起源于农业社会，处理的是"小国寡民"之间的熟人关系。但是，现代文明的标志之一是工商社会，需要处理与陌生人之间的关系。因此，用法治驯服统治者，用法治治理社会是更合适的治理方式。我认为，儒家以往的"礼制"——"以礼入刑，儒法合流"都已经不适应于现代社会。中国近代以来的转型曲折坎坷，很大程度上就是缺乏法治基础，没有以法治来驯服如袁世凯、蒋介石这样的统治者，强权和人治色彩过于浓厚。《中国儒学三千年》显示，近代以来，除了胡适等少数人外，很多儒家学者都缺乏现代眼光。那么，他们为何难以摆脱这种文化传统的束缚？

马勇：这是一个值得认识的问题。从章太炎到胡适，都没有能够超越当

时认识的时代性。到王学泰这一代人,才看到这是一个农业文明和工业文明的问题。

儒家所处理的就是王学泰先生讲的熟人社会当中的人际关系。在熟人社会的背景下,儒家伦理可以游刃有余。中国古代社会就是文质彬彬,为什么文质彬彬?因为都是熟人。例如,我在农村长大,家长和亲友都会告诉你绝对不能随意骂人,因为骂了之后回到家一讲,可能发现是你家的亲戚。熟人社会并不是你一定认识所有人,但是人和人之间存在很多错综复杂的关系。熟人社会的伦理意味很重,所以文质彬彬。

中国19世纪开始工业化,城镇化开始发生,这很快就产生了陈独秀讲的"孔孟之道不合乎现代生活"。因为儒家是从家族主义出发,处理熟人社会的关系,所以大家庭能不断分化,你走到哪里去都找熟人。在民国时期,北京还有很多各省的同乡会。

陈独秀这种觉醒是对的,儒家这些东西不合乎现代工业化生活。但是,陈独秀完全抛弃、排斥之后也有问题。儒家经过20世纪的转型,它在工业文明的陌生人社会也有它的意义。在陌生人社会,儒家文明一方面要加强诚信教育,另一方面要制度化地安排人际关系——你不能因为面对的是陌生人,就很豪横——那也不对。例如,20世纪中国的外交形象还是文质彬彬的,不论是巴黎和会的顾维钧,还是到联合国做代表的蒋廷黻,中国人都是文质彬彬的。在中国从农业文明向工业文明转变的过程中,儒家文明也找到了一种转型的可能性。然而,儒家转型虽然没什么难度,但制度上转型就很难。

从陈独秀之后,中国的儒家学者所探讨的,就是怎么能开出一个"新外王"。所谓"新外王",就是要把王权给规训起来,同时又能够促进社会进步。为此,一代一代的儒家学者从事着这项工作。当然,这时候已经没有皇权了,但儒家仍然在想着能不能够在儒家资源上通过制度来解决权力的平衡和制衡问题。

在1949年之前,引进制度的主张也是越来越多,因为中国的旧制度肯定是不合乎现代了。例如,梁漱溟讲引进西方的制度,主要强调的是引进西方的团体制度,也就是西方18世纪、19世纪的一种集体主义的组织方式——实际上就是民间团体。梁漱溟在山东做实验,把农民组织起来,搞了粮棉供销社、粮油供销社,完全采用自治的组织方式。这种组织方式不是对皇权的限制,而是一个民主的架构。但是,梁漱溟仍然讲,应该引进西方的制度,因为西方的制度也是人类的共同遗产,就像中国的制度也不只是中国的,其实就是一个使用的方式——外国也可以采用。

燕京书评:海外新儒家徐复观等人对中国的皇权专制激烈批判,他追求政治民主,认为德治"似乎可以为解决西方政治制度危机提供一条很好的思路和办法"(《中国儒学三千年》,第535页)。但我感觉,徐复观对西方政治文明缺乏深刻的体察。你怎么看?

马勇:我在台湾东海大学教书的时候,到徐复观生活教学的地方去过几趟。在20世纪七八十年代的海外新儒家当中,徐复观有些想法,他和张君劢、唐君毅、牟宗三等人面对着全盘西化的压力,同时他对胡适很反感——胡适希望中国充分世界化,不分彼此。

但是,徐复观希望在中国传统的儒家伦理当中开出"新外王",还是有点抱残守缺了。1958年,他们几个人起草的《为中国文化敬告世界人士宣言》就太"为中国而中国",而这个时候实际上应该像胡适一样引导中国走向世界、认同世界,与世界一起进步和发展。

我觉得,这个问题在1945年联合国成立的时候就已经解决了。在20世纪三四十年代,冯友兰、贺麟他们对中国文明的新解释,就已经解决了此前严复、梁启超、梁漱溟等人的困惑。因此,我们才看到,在20世纪40年代太平洋战争爆发之后,中国已经介入世界文明的主流当中去建构战后秩序,建构联合国。徐复观等人1958年再次讨论这个问题,其实是从原来中国文明进步的地方又往回走了,又"为中国而中国"了,因为早在1945年中国参与联合国的构建时,中国文明就已经成为世界文明的一部分。过了十几年之后,他们这个宣言(《为中国文化敬告世界人士宣言》)反而后退了——我们后人从思想史来看,这个宣言就是"为中国而中国"的。

徐复观一定要在中国传统的专制主义当中去发掘民主的要素。我就觉得,这个就类似于人家那边已经有个西瓜你不要,你一定非要在这边去改良。总体上看,这一批新儒家带有一种很强的民族意识、自卑的意识来讨论问题。我在读他们的作品时,很大意义上是带着一种批评的立场;包括21世纪以后季羡林讲的"三十年河东三十年河西",我都觉得太中国化了。其实,我们走到了20世纪、21世纪的时候,世界就是我们,我们就是世界。周有光先生说,"不要从中国来看世界,要从世界来看中国"。这个时候,我们就不要再分出彼此来了,而季羡林先生说"东方三十年西方三十年",哪有这种事情呢?实际上,这几代学者有一种很深的自我约束意识,把自己的家国情怀放到学术里面去了。我个人就不会这样想问题。

在现代社会,儒学不可能再统摄一切

燕京书评:最早的儒家是小共同体本位,例如,孔子主张"为父绝君"。到秦汉以后,儒家变成了大共同体本位,皇帝希望臣民"为君绝父"。现代社会的起点是个人主义,以个人为单位,强调尊重个人权利、个人自由。这意味着儒学要实现创造性转换,几乎要做全方位甚至是颠覆性的自我革新——包括伦理价值、社会秩序等。

另外,现代思想与学术分化了,几乎没有一种学说可以在政治、经济、社会、外交以及个人生活等层面提供全方位的指导。这也意味着不能期待儒学的地位、价值和功能与帝制时代一样。因此,像蒋庆(国内新儒家的代表,著有《公羊学引论》等)那样主张儒学成为强势的主流意识形态根本就没有可能。我认为,儒学作为一种个人修身的身心性命之学有其价值所在,但绝不可能像帝制时代那样统摄社会生活,并对人生的所有层面大包大揽。你怎么看?

马勇:那绝对不可能。蒋庆在我们这一代人当中算是很刻意要造出思想来的,他当时很顽强地去张扬儒家的一些道理,希望儒学能够在现代社会发挥功能。在学术界,大多数人并不认为蒋庆的方向就是中国儒学的方向和中国社会的方向。

但也有学者认为,蒋庆的观点对于意识形态的多元化、多样性有意义。

不过，我相信，蒋庆自己本身也不能够完全发自内心地相信他的主张就是救中国的唯一方子。在中国历史上，只有康有为当年有这样坚定的自信，而这种自信的人在中国学术史上、在中国历史上很少很少。但是，在当代中国，蒋庆确实是以儒家学者身份自我定位的，这也很好地打破了原来意识思想的单一性和至上、不可改变性。

我认为，蒋庆表达自己观点这件事本身是有意义的，但我认同你讲的——儒家在现代社会当中想成为统摄一切的这种学说，是百分之百的不可能的。由于现代学术的分化，我们对西方的很多理论和思想都不一定有力量去接受和理解，因为西方的思想和学术发展非常快，政治学、法学、国际关系理论等都往前突破了很多，而用儒家的思想根本没办法去解读它。例如，亨廷顿（Samuel P. Huntington）提出的问题——"文明的冲突"——已经讨论了二三十年，现在还深刻影响世界的变局。如果用儒家的概念、儒家的原则去讨论它，那不就是生吞硬剥吗？

这个时候，如果你不是"世界本位"、没有从全球的立场来讨论，仍然斤斤计较中国的、我的，那格局就不够了。但是，我相信一点，儒家绝对不会排斥任何讨论。儒家在"独尊"的时代可以独断，但到了今天这个时代，儒者、儒家思想应该具有包容性来应对当今社会的变化。我多年来就讲，如果孔子生在今天，讨论的肯定不是《论语》里边的问题，他肯定保持世界立场，讨论中美关系、联合国架构等问题。

我认为，我们把儒家作为一种思想资源，谈论西方的时候不能完全无视东方，不能完全无视中国的传统。我们讨论儒家的时候，也不要忽略胡适所讲的非儒学派，毕竟非儒学派是个潜流。例如，墨家被打下去了之后，到了魏晋时期也风光了一段（时间），到了19世纪中期更一度还是显学。到了20世纪初期，像梁启超、胡适、章士钊、章太炎都专门研究过墨子的科学思想。胡适在他的博士论文里面讲，中国文明和西方文明真正走到一起，走到一个新的架构下，除了重视儒家的道理之外，可能更多地要发掘非儒学派的思想，从非儒学派的思想当中去寻找中国文明和世界文明的同构关系。如果一点呼应都没有，那根本就不可能去嫁接。例如，佛教进入中国能够和中国产生呼应，那是因为它的很多道理让中国人觉得好像值得讨论。从这个角度看问题，就不会陷到狭隘的民族主义。

燕京书评：你的老师朱维铮先生生前反对在儿童中推广读经，我也觉得传统的国学教育不可能培养出具有现代意识的公民。你对此有何见解？

马勇：朱老师对当代人读经持负面立场，他的师承就是周予同先生。周先生讲，现代人是不能读经的，为什么不能读经？因为专家都读不懂。以《尚书》为例，从顾颉刚到刘起釪，顾廷龙先生也参与了，两代学者用了一百年的时间，最后还是读不懂。我去给国学班讲课的时候就说，我不认为你们应该读经，《尚书》是没法读的，残简、断简、错简这些应该让专家们去研究。作为一般的中国人，应该知道《尚书》，知道里边有错误，但正儿八经去读那不是瞎扯吗？后来，又提倡读《弟子规》，我更觉得搞笑了。《弟子规》产生很晚，只是开蒙书，里边的意识形态很狭隘。因此，我觉得，这些东西都不应该这样去读。

我认为，青少年应该了解中国文明的一些基本典籍，中学语文课程、历史课程要读可读的东西。"五四"之后，从顾颉刚开始就批判，把这些不可读的东西让学生读，这不是误人子弟吗？"五经"当中可读的东西很少，《周易》也是如此。《周易》应该是交给专家去研究，但是我们作为一般的中国人应该知道《周易》的架构，它的言说主题是什么，里边一些名言警句也应该记得。但是，如果让青少年正儿八经去背下来，或每天早上诵读，就是很形式主义了。当然，一些比较有意义的儒家经典和中国传统经典可以诵读，但一定要有选择。

如果教育部要推广传统典籍，应该找真正的专业研究者筛选一些有价值、有意义的内容，在价值观和语言文字上要避免有误导性的内容。

（采写　张弘）

葛兆光：如果没有颠覆性冲击，只会"在传统之内变"

著名学者葛兆光教授的《中国禅思想史：从6世纪到10世纪》（再增订本）由北京大学出版社出版，而此书初版在1995年面世之后即引发了学界广泛关注，2008年出版了修订版。此书的再增订本除了增加一篇长序之外，还替换了一篇附录，对原来的注释和史料征引做了较大的核对和修订，并且对文字再次润色和删改。一部著作二十多年之后仍然魅力不减，这是对其学术价值最好的证明；每次再版都认真修订，也可见葛兆光教授严谨认真的治学态度。

关于佛教史或者佛学及其相关的历史研究，有几点需要关注：首先，对于信仰者（佛教人士）所述的佛教史，往往因为过多的温情和敬意而不够客观，层层积累而缺乏怀疑的眼光；其次，史家对佛学的研究，更注重的是历史学的方法，努力还原佛学在历史现场的实际情形；再次，《中国禅思想史：从6世纪到10世纪》（再增订本）在对这一时间段禅思想史变迁做细致分析的同时，也涉及了禅宗各派与政治、社会之间的关系，从中可以见到四百年间禅宗兴衰及其思想的发展过程。

其实，在阅读《中国禅思想史：从6世纪到10世纪》（再增订本）之前，刚好读完了学者马勇的《中国儒学三千年》，其中部分内容和佛教相关。尽管

葛兆光，复旦大学文史研究院与历史系特聘资深教授。1950年生于上海，1984年北京大学研究生毕业，曾任清华大学历史系教授等。主要研究领域为古代中国的宗教史和思想史，历史学和专门史及历史文献学。出版著作主要有：《禅宗与中国文化》、《道教与中国文化》、《中国思想史》（两卷本）、《中国禅思想史》、《宅兹中国：重建有关中国的历史论述》、《何为中国：疆域、民族、文化与历史》等数十部。

如此，阅读 40 多万字的《中国禅思想史：从 6 世纪到 10 世纪》（再增订本）仍然让人受益匪浅——尽管它只是二十几年前的著作再版。在复兴传统文化的当下，准确理解和认识传统的中国思想是必不可少的功课，而葛兆光教授的《中国禅思想史：从 6 世纪到 10 世纪》（再增订本）、《中国思想史》（两卷本），以及《宅兹中国：重建有关中国的历史论述》等著作都不失为重要的参照。

在进行这篇采访之时，葛兆光教授恰好在修订《中国思想史》的中古佛教部分，于是就《中国禅思想史：从 6 世纪到 10 世纪》（再增订本）以及《中国思想史》相关部分涉及的问题一一作答。

研究与佛教相关的历史："在胡适的延长线上"

燕京书评：作为思想史学者，你的研究方法与佛教人士的"内部"研究有何异同？

葛兆光：坦率地说，我并不是佛教专家。记得 1980 年前后，我还在读大学的时候，有一位老先生就跟我说，两门学问不能碰，一是"红学"，二是"佛学"，都是无底洞，深不可测。他虽然有点儿开玩笑，但是说得也有道理。我对这一点很有自觉，所以我要一再声明三点：

首先，我不是研究佛教或佛学，而是研究和佛教相关的历史，这一点你在《中国禅思想史》里也能看得出来，重点是在历史。以前，胡适、陈寅恪、汤用彤他们其实都是这样的：他们和杨文会、太虚这些人不一样，研究佛教不是因为信仰；和欧阳竟无、吕澂也不一样，也不主要是讨论佛教哲理，研究的重心是历史。所以，我在《中国禅思想史》（再增订本）的代序中，用的就是"在胡适的延长线上"这个标题。

其次，仅仅是佛教历史也很长很复杂，我掐头去尾（地进行研究），因为没有受过那种特别的语言训练，所以我基本不敢碰印度佛教，即使是汉文佛典和中国佛教。其实，我也只对三个时段的历史和文献有兴趣：一是中古佛教，因为它是佛教进入中国，与儒家、道教互相冲突融合，并在中国生根的时期；二是宋代以前的禅宗，从 20 世纪 80 年代我写《禅宗与中国文化》一书以来，我就始终对这个被称为佛教中国化的关键时代有兴趣，而且禅宗史可以作为重新改写被"攀龙附凤"的历史，综合传世文献、石刻资料、敦煌文书进行史料批判的绝佳领域。当然，现在禅宗史研究的热点逐渐转移到宋代，因为有一种说法就是所谓黄金时代的唐代禅宗基本上是宋代建构起来的，如 Morten Schlutter（莫滕·斯齐拉特，美国爱荷华大学教授）的 *How Zen Become Zen: The Dispute Over Enlightenment and the Formation of Chan Buddhism*（《禅宗何以成为禅宗：关于开悟的争论和宋代禅宗的形成》），这当然有一定道理，不过也多少有点儿太后现代，而我还是觉得通过历史和文献可以摸清唐代禅宗历史。

最后，晚清中国佛教的复兴以及它与日本佛教的关系，因为我 20 世纪 90 年代几次去日本，刚好看了很多日本这方面的文献和论著，觉得这是一个过去关注不够但对现代中国思想很有影响的事，可以拿近代中国和日本的宗教转型来做比较。

燕京书评：用许理和（Erik Zürcher，1928—2008，荷兰汉学家，莱顿大学教授）的话说，佛教征服了中国。《中国思想史》在承认这一面的同时，也谈及了中国融化佛教的一面。有学者认为，佛教从公元 1 世纪传入中国，到宋代真正融入中国用了一千多年时间。如果此说不差，那么它似乎显示，文明的融合、观念的碰撞和普及需要足够的时间和其他条件，其间可能会一波三折——如《中国禅思想史》（再增订本）中提及的北魏太武帝灭佛、北周武帝灭佛、唐武宗灭佛、周世宗灭佛（史称"三武一宗灭佛"）。除了道教和佛教的宗教竞争之外，统治者为什么要灭佛？佛教融入中国的成功案例，对于外来知识、思想和信仰的交流和融合提供了怎样的启示？

葛兆光：关于这个话题，请允许我扯远一点儿。

你知道，古代中国很早就形成了自己相对完整的思想和文化体系。你看王国维的《殷周制度论》就可以了解，殷周之际历史方向的大变动让古代中国很早就形成了一个特别的政治、思想、社会和文化系统，就是所谓"礼乐文明"。到了秦汉建立大一统帝国、实行郡县制、强力推行"行同伦、书同文、车同轨",逐渐把这个儒法合一的政治、思想、社会和文化系统从上到下加以制度化、意识形态化和世俗生活化,这就是我常说的思想史应当注意的"制度化、常识化和风俗化"。有人说这是"早熟"——好像马克思也那么说过——不过这个词儿不太好,因为"早熟"就好像另有一个"正常"的,而中国好像不那么"正常",像个早产儿似的,所以我只能说它确实很早就形成了一个政治、思想、社会和文化既重叠又互相支持的完整系统,如果没有特别强烈的颠覆性的冲击,它总是能自己调整,也就是始终"在传统之内变"。因此,外面的知识也好,宗教也好,思想和文化也好,很难零敲碎打地改变中国,而中国接受外来文化的时候也很不愿意简单实用地"拿来主义"。尽管鲁迅早就说过这种"拿来主义"有好处,但传统中国接受外来文化的时候总是要有体有用、有道有器、有本有末,用我的话说就是有一种"整体主义"的倾向。你看,晚清民初一直到当代的李泽厚先生,为什么老是要讨论"中体西用"还是"西体中用"？其实就是因为中国知识人习惯于要整体地理解和接受另一种知识、思想或信仰,不能简单"拿来"就算,这就导致了所谓"天不变,道亦不变"。所以,有人说,传统中国文明就像一个"一"字长蛇阵,击首则尾应,击尾则首应；外来文明冲击必须是整体的、强力的、让中国人觉得是真正比自己高级的,甚至还得有"坚船利炮"加持,才能让中国"在传统之外变",否则传统不太容易被改变。在这一点上,中国和日本很不一样,大概比较早就形成系统的文明,要改变都不那么容易。

因此,中古时期佛教进入中国,也应该这么看。严格意义上说,对传统中国产生整体冲击,大概历史上只有两次：一次是中古的佛教传来,另一次是晚清的"西潮"冲击。中古佛教传来,就是外来的另一个文明对本土文明体系的整体冲击。但中古时期的佛教传来不像后来的晚清时代,晚清时代一方面清廷自己已经衰落得不行,另一方面那时的外来文化除了先进的制度还有"坚船利炮"。中古佛教进来,冲击是冲击了,但只是"软冲击",所以中古中国的反应就和晚清中国的反应不同。晚清中国是没办法,不变就亡国亡种了,不得不两只脚都走出去,这就是"在传统之外变"了；而中古时期对佛教回应的时候,则还是我强你弱,仍然可以"在传统之内变",也就是可以自我调整、渐渐适应，然后改造外来的东西。所以，我并不完全赞成"佛教征服中国"的这个"征服"说法，因此我在《中国思想史》中就说，佛教进入中国，与其说是许理和说的"征服"（conquest），不如说是陈观胜说的（被）"转化"（transformation）。

燕京书评：在西方国家，基督教相当长的时间凌驾于世俗国家之上，即便在政教分离之后，也保持着自己的独立性，而不是王权的附庸。但是，《中国思想史》《中国禅思想史》显示，无论是汉代形成的道教，还是传入中国的佛教，一直受到皇权的管控和钳制。无论是道教还是佛教（包括禅宗，也包括儒家），皇帝喜好或推崇即兴，皇帝厌恶则处于边缘。为什么？

葛兆光：这就是中国和欧洲在宗教、政治与文化上的结构性差异之一。在中国，"普天之下，莫非王土；率土之滨，莫非王臣"，这是很悠久的政治传统。所以，我把东晋末慧远《沙门不敬王者论》引起的讨论，看成是中国思想史上一等一的大事因缘。经过几百年反复争论，最终还是传统的政治伦理压倒外来的宗教信仰。按照唐代初期士大夫的说法，佛教在古代中国传统中一方面对父母是不孝，另一方面对君主是不忠，而"人伦大者，莫如君父"，如果这样它就很难在中国的政治和社会环境中立足。所以，有关"沙门不敬王者"也就是宗教与皇权的争论，最终在唐代见了分晓。唐高宗显庆二年（657），朝廷规定宗教徒必须礼拜王者，而父母与君主不用礼拜僧尼，也就是说宗教必须服从政治。到了唐玄宗天宝五年（746），朝廷更宣布"以官辖寺，以寺辖僧"，用官方掌握的度牒注明僧人名号及所属寺院以证明身份，等于让僧尼道士也如同"编户齐民"，这更限制了宗教徒的组织与行动自由。这说明什么？说明政治还是在宗教之上，如连管和尚道士的和尚道士也仍然要由朝廷任命，说你是几级几品就是几级几品，让我不高兴我就灭了你。你别看中古石雕有《礼佛图》，好像君王都朝拜佛陀——你到纽约大都会博物馆东方部在大厅一眼就能看到的，一面是山西佛寺的巨大壁画，一面就是中古的《礼佛图》石雕——可是实际上，政治还是裁判一切的；你看雍正皇帝，他对佛教、道教的评判，可不都是居高临下的。

有学者说，这一点影响特别大。因为在政治上，中国的皇权三合一，也就是史华兹（Benjamin I. Schwartz，1916—1999，美国汉学家，哈佛大学教授）和林毓生讲的——universal kingship（"普遍王权"），它既是政治最高权力，也是宗教神圣领袖，还是知识的垄断者和裁判者，所以有人形容"他上管天下管地，中间还要管空气"。如果是在欧洲，宗教和王权彼此对立，形成互相制衡的两极，就像围棋有两只眼是活的，那么你一旦在宗教上受到压抑，你可能在王权下逃遁；你一旦政治上受到压抑，你也可以在宗教中得到精神庇护。可是，在古代中国，宗教没有什么力量，它匍匐在皇权之下。你看佛教寺庙门外大墙上都要一面写"法轮常转"，一面还要写"皇图永固"，所以你无所逃遁。

其实，中国不光和欧洲不一样，和日本也不一样。你别看日本文化受中国影响，其实就像丸山真男（1914—1996，日本政治思想史学者）说的，有"深厚的古层"和"执拗的低音"始终在修正、在改造外来的文化。日本的宗教不光有"神佛习合"这样很日本风的特色，而且它们进入政治很深，宗教领袖的地位很高，宗教的独立性很强，甚至宗教还有自己的武装，禅宗和尚还总是担任国家的外交官员和外交使节。有一个故事很有代表性，就是日本的白河法皇（1053—1129）就曾说过，当天皇虽然神圣，但也有"三不如意"，就是再神圣也管不了贺茂川（鸭川）的水、双六（陆）的赛（目）和山法师。其中，"山法师"指的就是延历寺的僧兵。所谓京都的延历寺和奈良的兴福寺，叫作"南都北岭"，非常强横，和诸侯没有两样。所以，1571年统一了日本南北的织田信长（1534—1582）要火烧延历寺，攻打大阪的石山本愿寺（在今大阪）。织田信长要强化将军的权力、统一全日本，就不得不向日本的佛教宣战，这是因为当时日本的佛教寺院势力太大。有人可能了解，日本史上有所谓"显密体制"，20世纪70年代日本学者黑田俊雄（1926—1993，日本中古史学者）就提出过日本史上这种特别的现象，这个概念在理解中古日本史，甚至近世日本的时候都很有用。日本的王权与神佛，虽然不像欧洲教廷和国王那么明显二元，但是"一显一密"也和中国不一样。因此，宗教对于政治权力的合法性还是很重要的。在明治维新的时候，日本要支撑天皇和国体的神圣性，是靠外来宗教还是靠本土宗教这才成了一个巨大的问题，也才有了"神佛判然令"这样影响政治局势走向的关于宗教问题的制度,才会有把神道教当作国教这种强化天皇和国家神圣性的举措。

燕京书评:佛教传入中国之后,曾经以其深邃的义理、完整的体系和严密的逻辑性吸引了一部分人。这既有宗教信仰的原因,也有知识和思想上的吸引力(《中国思想史》第一卷,第564页)。但是,8世纪以后,中国佛教的理论兴趣衰退,禅宗瓦解了宗教的严肃性和深刻性(《中国禅思想史》第一卷,第460—461页)。最深奥最深刻的唯识宗寿命最短,以义理分析见长的三论宗、华严宗信众不多,而方法直接、义理简明的天台宗、禅宗、净土宗信众较多。之所以如此,除了人性天然的趋易畏难之外,是否还有其他原因?

葛兆光:历史学者很怕从人性、性情、感情这些不太能确定的因素上分析问题,因为那些因素一般无法实证,而历史是讲证据的。你说,人们"趋易畏难"的天性,造成某些宗派兴盛、某些宗派衰落;我也相信,从感觉上来看可能是真的。但是,作为严肃的学院的历史分析,不好这么说。我们还是需要从理解和接受佛教的中国思想土壤,上层文化人与普通民众的兴趣差异,以及皇权的支持与否,佛教某个宗派有没有出现过杰出领袖和思想天才这几方面讨论,特别是要从那个时代的知识风气和文化背景去分析。

我举两个例子。例如,你说唯识宗寿命短,因为它太深奥最深刻,学起来很难,但晚清民初为什么唯识学却突然非常兴盛了呢?如果你从当时面对西学时唯识学的细密分析可以回应西学,可以鼓舞东方信心等方面去分析,你就知道为什么杨文会他们要急着从日本收集中土长久遗失的唯识文献,章太炎这些人为什么要吭哧吭哧地去啃艰难的唯识著作。又如,你没有提及的密宗,在唐代据说是"三传而绝"。也许三密相应、阿字观、月轮观这类神秘主义宗教风格,有点儿不适合中国文化人很早就有的"祭神如神在""敬鬼神而远之"的理性传统,可是为什么在日本真言宗却始终长盛不衰?到了民国时期,中国还派出僧人去日本高野山学习。这恐怕也有时代背景和文化土壤的问题。

前面我说过,对于佛教研究来说,我太偏重历史。我不能说其他方法和途径不好，不过我说过我还是在胡适历史学和文献学的延长线上。其实，这也是思想史的路数，分析思想的"语境"就是剑桥斯金纳（Quentin Skinner，剑桥三剑客之一，剑桥学派代表人物）提倡的思想史方法，它把"史"这一面给突出了。

中古佛教的传播和认可：吸引信众的许诺和方便法门

燕京书评：《中国思想史》（第一卷，第512—526页）分析了佛教传入中国后吸引很多信众的原因，但我想这是否还有另外一个因素：在中国古代的农业社会，由于生产力低下，绝大多数的底层民众（社会地位低下的下下人）生存压力巨大、生活贫困，而专制统治和等级秩序以及宗法制对民众形成了种种的人身控制，入汉以后的"儒法合流"又使得官方意识形态对民众实施了精神上的操纵。在无可逃遁的君主制下，绝大多数底层民众既看不到生活改善的希望，现实中的生存乐趣又极少。在此情况下，佛教向民众许诺了一个美好的死后世界以及积德行善换取更好的来生，一方面使人淡化了生存的痛苦，接受悲惨的命运，另一方面又使之接受现实世界中的种种控制和规训，用善恶报应等自我安慰。你怎么看？

葛兆光：佛教在最初是怎么吸引信众的？关于这个问题，过去梁启超指出，佛教能兴盛、能吸引人，一方面和它借助巫术就是所谓"咒法神通"之力有关，"只有宗教的意味，绝无学术的意味"，另一方面和战乱有关，就是你说的那些"看不到希望"之类的社会原因。稍后，汤用彤也指出，佛教之所以在中古时期大盛，一是方术的力量，二是胡人政治泯灭华夷界限，三是祸福报应深入人心。这些都很对。所以，我前些年给研究生讲课，曾经专门讲《魏书释老志》——讲义后来在刊物上发表了——我觉得中古佛教之所以能够吸引信众，有四个方面的原因：一是佛教最初进入中国，确实是依傍了传统方技数术，也就是民间巫术的力量，靠神奇吸引信仰者。二是这个外来宗教能传播开来，确实和当时异族入主中原有关——汤用彤说的没错。三是佛教传播迅速，也因为那些祸福报应之说既有切身的浅显道理，也有高明的宣传手段。这三点都和前人说的没有差异。不过，我还说了第四点，就是佛教信仰从星散到系统的传播，以及佛教纪律的成熟和教团的组织化。例如，东晋僧道安编定《僧尼轨范》，让信众有了组织、制度和规矩，就不是打游击的野和尚了。这样，佛教就站住了，既得到了朝廷的认可，也受到了民众的敬仰。

其实，这些说法就是过去说的社会史和思想史结合的分析方法。至今，我觉得大体上没有错。当然，是不是可以再深入一些？你如果从经济史的角度看，中古的佛教之所以能吸引很多信众，除了"许诺一个美好的死后世界"和"积德行善换取更好的来生"之外，还有实际的措施，如出家之后寺院有自己的田地，可以自给自足，成了僧祇户就不在朝廷版籍之中，可以免除赋税；寺院又有长生库，荒年可以安度。后来，信仰佛教的人越来越多，是不是和这个有关？朝廷不时要打击佛教，包括一些官僚要限制佛教，也大概和这个原因有关吗？我记得，以前何兹全、谢和耐（Jacques Gernet，1921—2018，法国汉学家）他们都研究过这个方面。

燕京书评：庄子思想、魏晋玄学和禅学之间，在观念上存在着很多类似或相似的地方，知识精英（上上人）追求自然适意的心灵，这些因素都促成了中国禅的产生和兴盛。是否可以说佛教传入中国后，为了通过统治者和精英阶层认可和传播，有意开设方便法门以实现这种交易？

葛兆光：关于这个问题，我想多说几句。佛教尤其是禅宗，他们开设方便法门，是不是"为了通过统治者和精英阶层的认可"呢？我们分两方面说。

一方面，通过统治者认可，这并不一定非得要方便法门不可。我们看历史上佛教得到皇权认可和支持的例子，如南方讲义理的佛教得到梁武帝支持，靠的恐怕不是方便法门，而是深刻的道理、玄妙的解说和标高的理想；又如禅宗，神秀和神会，北宗和南宗，一个是渐修一个是顿悟，并不一样，也都得到过皇帝的支持。我在《中国禅思想史》里讲到南宗禅最终胜利是在9世纪初，但是不是南宗禅的道理说服了皇帝呢？未必。皇帝考量接受哪个宗教，怎样安顿各个宗教，我想还是政治考虑比较多，包括是不是有利于稳定统治，是不是可以增加皇权的神圣性，是不是对国家经济税收有影响，是不是有利于地方社会的秩序稳定？你看宋孝宗说的，"以儒家治世，以佛教治心，以道教治身"，大体上是从实用考虑的。以前，我读季羡林先生的《大唐西域记校注》的序，他分析唐高宗、武则天时代佛教为什么得到王权的支持，我觉得他主要是从社会史、政治史的角度说的，但说得大体不错。他说，宗教对于王权的作用，才决定了宗教在中国的荣辱盛衰。宗教对于王权的用途包括六方面：第一，哪个宗教拥立了自己？第二，哪个宗教对眼前或将来的统治有用？第三，哪个宗教能为皇家脸上贴金？第四，哪个宗教有利于扩大版图？第五，哪个宗教有利于长生不老？第六，如果是一个女皇——他说的是武则天——那么，哪个宗教能抬高妇女的地位？这恐怕才是佛教在传统中国荣辱兴衰的关键。

但另一方面，禅宗得到精英阶层的认可，"方便法门"也确实是有一定的作用：它把自己原来艰深的理论、艰苦的实践、苛刻的纪律都简化了，原本庄严的变得亲切，原本很难的变得容易，原本需要漫长过程的现在一转身就是。但更重要的是，中晚唐五代以后，好多有文化的士大夫进入禅宗，他们把禅宗变得很高雅、很有文化，也让禅宗形成玄妙高雅的那一部分内容——你看那些公案机锋，简直就像诗歌和谜语，几乎成了智力较量——这才使得精英阶层有兴趣加入其中。我在《中国禅思想史》的最后，就特别讲了这一点。那时候，精英阶层中的人，"在参禅访师的时候，与禅师进行智力和语言的较量，与禅师斗机锋参公案，把话说得富于机巧和幽默，人们的精力集中在语言的暗示性、丰富性和包容性上。他们充分地运用汉语的特征，在生活中讲述一些意味深长的话语，或写出一些含蓄幽默的诗句，这越来越成为上层文化人的业余爱好。在这种时候，它的宗教性就在这些信仰者心中越来越淡化，倒是它的语言艺术和生活趣味，却日益成为信仰者关注的中心。于是，那些精彩绝伦的对话和富于哲理的机锋，也渐渐失去了它对常识和理性的超越性和批判性，成为文人表现生活情趣和文学智慧的语言技巧"。你看宋代以后喜欢禅宗的杨亿、苏轼、黄庭坚这些人，其实对禅宗既有人生观的亲近，也有文学上的偏爱。

不过，南宗禅最后成为主流，导致士大夫的禅宗兴趣也南宗化了，这个趋向其实也在瓦解佛教禅宗的宗教性质。过去，历史叙述不是有点儿进化论，就是有点儿"成王败寇"，好像北宗打不过南宗，北宗的文化就不咋地，水平就低一等。所以，我在《中国禅思想史》里为什么要特别强调倒是北宗禅"守住了宗教最后防线"，就是因为它还坐禅，还思考，还要经历漫长的修行实践。但是，南宗禅讲"顿悟"、讲"随意"，把宗教必须有的信仰、实践和纪律都扔了；当然士大夫们喜欢它，可以让生活很艺术化、有情趣，可是它就不是宗教了。要知道，一个宗教，在社会中要维持自身的存在，还要维持人们对它有坚定信仰，就必须要有用，要能指导信众从此岸到彼岸、从沉沦到解脱，不仅要有修行指引的能力，而且还得有一点儿组织纪律；一旦把原来艰苦的宗教实践变成方便的人生乐趣，把过去深刻的义理学习变成优雅的文学游戏，把严格的宗教纪律变成随意的生活态度，这就很麻烦了。尽管南宗禅推动了唐宋以后士大夫艺术化的人生追求，但是它也把原来严格的、有纪律的、实践很艰难的宗教信仰全瓦解了：你从此岸到彼岸总还要跋涉吧，如果此岸就是彼岸，那还要宗教干什么？后来，一部分禅宗风格变得含糊甚至狂放，以致最后没有人对它有敬畏和尊重，恐怕也是这个原因造成的。

当然，如果要说为什么在社会普通民众那里禅宗还有净土，最终会在中国成为佛教最大、最有影响的宗派，在某种意义上说可能确实和信仰的方便简易有关，如坐坐禅、念念佛就可以和佛陀交易未来、跳脱六道轮回，当然信仰者就比较多，特别是文化层次比较低的信众就多。不过，需要说明的是，这种方便简易也会瓦解自身。假如一个宗教总是门票那么便宜，门槛那么低，恐怕也庄严不起来，神圣感也不会强烈。也许，在传统中国，佛教不能像基督教、伊斯兰教那样强大、独立和有凝聚力、号召力，除了皇权高于一切这个大背景之外，与佛教这种逐渐"去宗教化的宗教"趋向是否也有一定关系？这就是一个需要再探讨的大问题了。

（采写　张弘）

刘守刚：帝国征税无法约束，"黄宗羲定律"积累莫返

受制于治理技术、统治成本和交通等各方面因素，帝制中国时代汲取财政的能力相对有限。从税人到税地（"履亩而税"），直到明清两代才真正实现。在此过程中，君主集权逐渐强化，明清两代达到了最高峰，而财政制度的变化也对应于皇权不断强大的过程。

在《财政中国三千年》中，刘守刚教授揭示了一个王朝规律：帝国改朝换代初期，因为战争导致人口大幅减少，在地广人稀的情况下，财政一般可以正常运行。等到人口迅速增长，官僚逐渐增多，通常就会出现财政问题，于是开始土地/财政改革。例如，唐初的"租庸调"制破产以后，两税制（夏、秋两次征税）兴起；北宋遭遇经济困境之后，有王安石变法等。如果改革成功，帝国就能正常运行；如果改革失败，帝国就走向衰落。

此外，历朝历代的皇帝虽然严厉反腐，但绝大多数帝国官员一直都有各种非正式收入。明清两代施行低薪制，官员们要过上体面的生活，就不得不依靠非正式收入。明代的海瑞廉洁奉公，因此极其寒酸。清代雍正皇帝当政之时，将明朝以来的"耗羡"附加税改为法定正税，并给官员发放养廉银，以打击地方官吏的任意摊派行为。在雍正皇帝当政之时，这一政策颇见成效；但雍正皇帝去世之后，腐败再度蔓延，老百姓的负担也随之加重。

刘守刚，上海财经大学副教授，经济学博士、法学博士。主要研究方向为中国财政史、西方财政思想史、财政政治学。出版著作有：《中国古代治国理财经典阐释》《西方财政思想史十六讲》《中国财政史十六讲》《家财帝国及其现代转型》《国家成长的财政逻辑》《何以帝国：从财政视角再看中华史》《国家的财政面相》《打开现代：国家转型的财政政治》等，主编有"财政政治学译丛"和"财政政治学文丛"等。

财政虽然关系到国计民生，但历代统治者为了统治的稳定，大都采取重农抑商的政策。众所周知，发达的工商业是资本主义和工业革命最早诞生在英国的重要原因。本文就帝制中国时代财政的痼疾，帝国统治与财政汲取的方式，家财型财政向现代财政过渡等问题一一解答。

帝国财政的"三大悖论"，只能用民主法治来消除

燕京书评：你曾归纳过中华帝国三个阶段资源汲取机制的差别（《家财帝国及其现代转型》，第7页）：第一帝国（秦汉），"舍地而税人，财政上以人头税为主要财政收入"；第二帝国（唐宋），"向履亩而税过渡，工商业收入逐渐重要，力役处于制度化消灭过程中"；第三帝国（明清），"确立以履亩而税的田赋为正宗财政收入，力役在制度上逐渐消失"。如果从政治学角度看，"百代皆行秦政制"，而且这种政制在明清两代达到了最高峰。那么，财政的转变与秦政制的强化之间，存在着怎样的对应关系？

刘守刚：我想这个问题有两个方面，而你问的是这两个方面是否有对应关系。

第一个方面是秦制到明清两代达到最高峰，或者有人说专制达到了最高程度。对此，我的看法是，从一般原则来说，国家有效治理的关键是围绕公共权力建立并完善政治制度，避免权力为各级官吏所私用。在帝国，由所有权与统治权合一的君权，代行的是共同体的公共权力，这样的制度可以依靠君主对自身地位的重视来实现公共权力的独立性与至上性，以君主对个人利益的理性追求来保障共同体整体利益和权力运行理性化的实现。因此，在帝国时代，君主不断地把官僚私用的权力集中到自己手中，这看起来是君主通过集权而实现专制，但代表的却是权力不断实现理性化的过程。

中国自战国发展至明代的帝国，就遵循着权力理性化的进程。在明初，朱元璋废除了宰相制度，亲揽政务，六部直接向皇帝负责，这既是君主集权也是权力理性化的反映。当然，当皇帝将几乎一切权力都集中在自己手上时，政权也就真正地成为皇帝"一家一姓"的私有物，各级官僚行使的全是源于

君主的制度化授权。专制发展到最高峰，实际上也就为通过废除君主制来走出帝国奠定了基础。这是历史的辩证法。

第二个方面是关于财政收入形式的变化。这个变化，主要还是源于历史惯性和征管技术的变化，当然还有历史教训的一再吸取。按照我的理解，帝国这种国家类型以土地为自己的支撑点，"履亩而税"才是它的正统收入形式。但在第一帝国（秦汉）时期，由于城邦时代税人的惯性以及"履亩而税"存在的技术与管理难题，面对土地管理的困难和人口集中化居住的现实，税人总是方便的。于是，汉初先对人授地（除军功授田外，大体按一夫授田百亩进行），再对人征税，是用曲折的税人形式达到实质的税地目的。事实上，直到唐初的均田制都是如此。但这样的做法产生的最大问题，就是前面说过的——一旦农民的土地被兼并，失地农民就无力负担人头税，于是财政就要破产。两税法在制度上真正建立起"履亩而税"，自此之后按道理税人性质的力役就不该出现，但在宋明两代又兴起针对有资产人户的差役，在清初出现代替力役的丁银。这既说明帝国政府在用管理方便的力役形式补充收入的不足，更说明帝国征税权并无可靠的控制。

至于这两个方面是否有对应关系，我想从前面说过的权力的有效性和有限性两方面来看，应是有很强的对应关系的。从有效性来看，随着专制的加深，君主行使权力的有效性增强，这才有契合帝国内在本性的税地制度（"履亩而税"）的不断贯彻和实现。从现代国家这一发展目的而言，这种权力有效性的加强并不全然是坏事。从有限性而言，税人（此处主要表现为力役）在制度上一再被消灭却又在现实中不断出现，充分说明帝国时期征税权力根本得不到有效的约束。当然，这也是人类社会必须走出帝国的内在原因。

燕京书评：《财政中国三千年》揭示了一个王朝规律：帝国改朝换代初期，因为战争导致人口大幅减少，在地广人稀的情况下，财政可以正常运行。等到人口迅速增长，官僚也逐渐增多，然后会出现财政问题，于是开始土地/财政改革。如果改革成功，帝国就能正常运行；如果改革失败，帝国就走向衰落……如此往复循环。为什么会出现这种现象？

刘守刚：这也是一个大问题，涉及对中国古代王朝循环内在原因的探究。

我只能就我的研究，勉强做一点回答。

在《财政中国三千年》中，我揭示帝国财政中存在"三大悖论"，而所谓的悖论就是正反两个命题都成立。这三个悖论的存在，说明在帝国制度框架内解决治乱循环是没有出路的，必须走出帝国。这三个悖论如下：

第一个悖论是官僚阶层既支撑帝国又损害帝国。帝国依靠官僚来治理广土众民，官僚阶层是支撑和运转财政制度的主体力量。但是，官僚阶层同时又是削弱帝国财政基础的主要力量，就是前面说过的官僚阶层在在兼并土地后少承担甚至不承担田赋负担，于是国家能够收取的田赋越来越少，最终损害帝国的财政基础。

第二个悖论是非正式收入体系既保障正式收入体系又损伤正式收入的基础。帝国时期正式收入体系之所以能够存在并运转，是因为有大量的非正式收入在提供保障。非正式收入产生于公务的需要，其中陋规的收取也有一定的惯例和规则。但是，非正式收入体系的存在，又为官僚大肆贪污提供了机会并败坏了社会的风气，尤其是非正式收入体系可能会榨干民众的经济剩余，以至于无力承担正式收入。

第三个悖论是工商业经济发展既依赖特权又受损于特权。帝国时期尤其明清两代的财政重在税地，工商业经济并非帝国财政的收入基础，因此国家对商人的人身和产权的保护、对市场规则与中间组织的建设就严重不足。在现实中活动的商人，要从事大规模的商品交易或远程、跨期交易，就必须依托于特权阶层的保护，或者像皇商或官商那样自己就是权力拥有者。如此，工商业经济确实也有所发展。但是，特权阶层出于私人利益所提供的庇护，往往也会因私利而撤销，或因攫取短期商业利益而破坏长期发展的潜力。特权阶层自己举办的工商业，更是常靠操纵或破坏市场规则来获利，损害工商业长期发展的基础。

这三个悖论的存在，使得在明君贤臣能大致有效地运转国家制度、正式收入正常，并能有效控制非正式收入、特权尚能发展工商业经济之时，王朝就显示出"兴"的一面；而相反情况占上风时，王朝就显示出"乱"的一面。再加上前面说过的人口过剩等危机，这些问题在帝国时期并无可靠的解决办法。于是，帝国只能依靠王朝的崩溃与新建，来缓解积累已久的危机。当然，从另一个方面来说，我们也要从王朝循环中看到帝国制度本身的成长，以及向下一个国家阶段过渡的必要。就是说，财政悖论在帝国阶段是没有办法消除的，必须实行国家向现代国家的升级。

那么，现代国家是怎么消除帝国时期的财政悖论的呢？第一是用民主制度来摒弃特权，约束官僚阶层的行为，这样的官僚阶层只能为民众服务，不能利用权力积累财富，不能去破坏工商业经济活动；第二是放弃非正式收入体系，一切收入经由法定税收来筹集，收费被降至最小的程度且同样被纳入法治的轨道；第三是工商业发展依靠法律和政治制度的保护而不是特权。如果有国家还不能克服这三个悖论带来的问题，如像官员权力致富、非正式收入庞大而不确定、重要的工商业从业者不得不依靠特权庇护，那就说明它尚未成为真正的现代国家。

不过，要补充的是，并不是说到了现代国家就万事大吉或者真的长治久安了，它自身也存在着悖论，前面已经说过这一点。此处仅举一例。对资本而言，一方面，劳动收入是成本因素——越低越好，在资本雇佣劳动时付出的工资越低，资本盈利就可以越多，生产也能就此扩大；另一方面，劳动收入又是消费的来源——越高越好，只有生产出来的产品被消费掉，生产才可以继续并进而扩大，而劳动收入越高消费才会越旺盛。此处的悖论在于，劳动收入越低越好和劳动收入越高越好两个相反的命题同时成立。如果把这个悖论推到极端，假设有一天机器人全面代替现有的劳动者，那对资本来说劳动成本就降到了零——也就是最低，可此时劳动者全部失业即收入也为零，那机器人生产出来的产品又能卖给谁呢？现代经济以及基于此的现代国家，在这里也暴露出最荒谬的一面。

燕京书评： 陈寅恪先生说，"华夏民族之文化，历数千载之演进，造极于赵宋之世"。宋代皇帝有意与士大夫共治天下，并形成了文官政治；宋代的商品经济也比较发达。从根本上说，这些都离不开财政作为基础。你在书中认为，军事失利是宋代灭亡的外在原因，财政崩溃是值得关注的内因（《财政中国三千年》，第217页），并认为财政崩溃的因素有四个：两税收入无法维持；

商税与禁榷收入无法增加；理财工具成为盘剥手段；额外征敛竭泽而渔。这四个原因中，是制度的因素更大还是经济的因素更大？

刘守刚：首先，按照汤因比（Arnold Joseph Toynbee，1889—1975）先生在《历史研究》一书中的回答：野蛮战胜文明是历史的常态而不是变态；人类历史上曾经繁荣过的文明，绝大部分都亡于野蛮人之手。所以，对于宋王朝的灭亡，固然足以惋惜，但也不至于立即就上纲上线到断定宋代制度从根子上就错了或者全盘都是错误。也许询问另一个问题更公平一点：在横扫欧亚的蒙古军事力量打击下，为什么宋政权能生存那么久？

其次，宋代的财政未能提供充足的收入为国家度过生存危机服务。这里面既有经济因素，那就是农业经济时代哪怕富裕如南宋，也没有充足的经济资源供应长期的战争；也有制度方面的原因——像你引用的我所总结的四个因素，当然还跟帝国时期的根本痼疾有关，即前面说过的税负不能落在真正有能力的人身上，以至于普通小民负担已经极重而豪绅地主却负担极少，财政征收上再加强也未必能增加多少，即使收得到也会让普通民众跟政权更加离心离德。

最后，宋代在国家危急时刻的财政应对，在今天看来仍有许多值得我们注意或者借鉴的地方。我在书中（《财政中国三千年》）专门写了一章"浙东学派"对当时财政危机的看法，就后世的眼光看"浙东学派"的思想具有高度的现代性，特别是对功利的追求与对工商业的肯定是后来中国走向现代国家的宝贵经验和先行预告，甚至温州地区率先在改革开放后的中国兴起也与此有关。当然，南宋政府滥发纸币带来民众对国家信任度的下降、贾似道（南宋末期权相，宋理宗贾贵妃之弟）回买公田想用实物资产来挽救帝国命运的失败，都值得我们今天在财政上反复思考。

基于纳税人同意去征税：确定税收负担的可靠方式

燕京书评：孔子说"君子喻于义，小人喻于利"，孟子说"仁义而已矣，何必曰利"，董仲舒说"正其谊不谋其利，明其道不计其功"，将义利对立在

第二章　治乱循环与利益垄断的基础

道德上固然有高尚的一面，但不免流于空疏并制造伪君子，而且很容易被用来助纣为虐——因为大家都耻于言利、安于现状，统治者剥削民众就更加心安理得；一旦大家都竞相争利，对统治者的压榨就更敏感。宋代"浙东学派"倡言功利，将义利合一，与西方的新教改革异曲同工。但如你所说，在过去的帝国发展史中，统治者有一个基本共识，既不能使百姓太富裕也不能使百姓太贫穷，两种极端情况都会危及他们的统治地位（《财政中国三千年》，第 272 页）。那么，这是否也是"浙东学派"的思想不为统治者所用的主要原因？

刘守刚：首先，你说的情况肯定存在，但还要看到另一面。统治者为了巩固自己的统治地位，确实不愿意百姓太富裕或者在百姓中出现突出的强者。在中外历史上，类似的统治术教育都出现过，如柏拉图和马基雅维利（Niccolò Machiavelli，1469—1527）都教导过君主要千方百计地削弱民众中的强者。不过，要看到帝国君主实际上是兼有公共性与私人性的，削弱百姓中的强者或者不让他们通过工商业致富也有那个时代公共性的一面，那就是工商业资源属于流动性资源，它可能会冲击现有的秩序，富裕的工商业者可能会带来社会势力的失衡，工商业活动会跟农业活动竞争人力资源，等等。在我的书（《财政中国三千年》）中讨论《盐铁论》的那一章里，这些内容有比较充分的反映。

其次，要看到仇视商业活动、否定利益并非古代中国独有的特征，在世界其他民族的传统阶段都有。哈耶克（Friedrich August von Hayek，1899—1992）在《致命的自负》一书中就讨论过，为什么人们会仇视商业、鄙视利益？他的解释主要是：我们个人成长于家庭这样的小团体，而人类成长于原始部落这样的小群体；在小团体、小群体中成长起来的人对于利他主义的行为和休戚与共的情感就有天然的亲近，而对在大范围秩序中运用的商业规则会本能地仇视或鄙视。就是说，人把在小团体中适用的规则（不讲利益、没有交易）跟大范围秩序中该用的规则（讲究利益、交易合作）搞混了，才出现对利益的鄙视。新教改革对利益原则的肯定，既是西方部分地区在此时逐渐进入现代的一个表征，又是推动这些地区走向现代的精神力量。同样，"浙东学派"的兴起以及对功利原则的肯定,既是对国家危亡亟须拯救的反映,又是对南宋疆域集中于工商业比较发达的江南地区的反映。到了明清两代,没有再遇到宋代那样的危机局面,其疆域广大并以农耕为主,因此"浙东学派"的思想不再为统治者所用,恐怕正是这一现实的反映。

最后,要看到发展经济并不是帝国时期财政的职能。现代国家把经济发展作为不言而喻的财政职能,就像丹尼尔·贝尔(Daniel Bell,1919—2011)在《资本主义文化矛盾》中说的,经济增长已经成为"发展中工业化社会的世俗宗教"和"西方工业化社会的一个重要信条","是个人动机的源泉,政治团结的基础,动员社会以实现一个共同目标的根据"。不过,帝国时期财政的主要职能还是维护内外安全,在这个意义上我们才能理解孔子说"不患寡患不均"是什么意思。特别是,正如我在书中所说的,明初朱元璋鉴于宋、元的教训,知道帝国财政建立在税商基础上可能会过分掠夺民众,于是重建税地为自己的主要收入来源,甚至把通过税地获得的两税大致固定在每年2700万石粮食以免财政盘剥民众,由此诞生了历史学家黄仁宇先生所命名的内向、保守的"洪武型财政"(《十六世纪明代中国之财政与税收》)。在此前提下,财政上排斥"浙东学派"的功利原则也是应有之义。

燕京书评:第三帝国(明清)一直施行低薪制,雍正皇帝搞"火耗归公"当时见效,但之后仍然失败。一方面,就"一家一姓"之天下的财产权而言,君主可以夺走臣民包括生命在内的一切财产;另一方面,君主必须依靠官僚系统维持统治。从根本上说,君主就是最大的腐败者。因此,附着君权的官僚作为君权的各级代理,于情于理都应该分一杯羹。当然,所有的代价和负担都变成各种苛捐杂税落到了老百姓身上。朱元璋和雍正皇帝都曾大力反腐,但两人死后腐败很快故态复萌,老百姓始终是受害者。那么,是否可以说这是两千多年秦政制无法克服的痼疾?

刘守刚:你说得非常好。关于明清两代官员为什么低薪,我在书中(《财政中国三千年》)从财政方面进行了解释,其中最为重要的原因是明清两代的正式财政收入总量比较少。当然,这样的低薪并不意味着官员收入低,因为他们可以从各种非正式渠道获得收入,如所谓"三年清知府,十万雪花银"。

明清两代有多位君主曾经大力反腐，但效果不佳，因为兼有公共性与私人性的君主是不可能真正反对支撑他"一家一姓"王朝的官僚队伍的，这是由帝国制度的根本特性决定的。

在汉初高帝十二年（前195），刘邦刑白马，与诸大臣和将领盟誓曰："非刘氏不得王，非有功不得侯，不如约，天下共击之。"（《史记·绛侯周勃世家》）按照李开元先生在《汉帝国的建立与刘邦集团》中的说法，在君臣相对平等意义上形成的这一盟约，真正奠定了中华帝国制度的基础。一方面，它意味着君位建立在可撤销的契约基础上，君主有"德"有群臣拥护才会有君位，若没有"德"失去群臣拥护，那王朝就该灭亡。另一方面，它意味着帝国权力分配采用血缘制和功绩制两套标准，最高统治权由皇族垄断，以封同姓王的形式，通过血缘关系来承继；一般统治权由官僚掌握，以封侯为形式，通过功绩原则来分配。同姓封王，可以确保君权能稳定地传承；功绩原则，在最初主要是军功，在后来则主要为文治功劳，承担主要治理责任的官僚，要靠能力与业绩去获得和保有权力。

就这样，围绕着皇位继承和君权运行，构建起最高权力的转移与运行机制；围绕着官僚的录用与升迁，建立起官僚治理权的授予与激励机制。这样的君主官僚制度，比起罗马帝国的制度要有效得多。罗马帝国没有固定的皇位继承制度，皇帝常常由军事首领的武力决定，最多再经元老院选举来确认；而统治各地的总督，也常为皇帝的私人代表。因此，罗马帝国的皇位传承没有稳定性，官僚治理能力也没有保证。

于是，在中华帝国制度中，君主与臣僚不同的产生方式，决定了二者既需要合作又存在可能的背离。就合作来说，官僚依靠君主来获得权力、实现个人理想与天下太平，而君主也需要官僚来实现国家治理并巩固君位。就背离而言，仅凭血缘原则继位的君主个人，不可能真正赢得依靠学识获取官位、凭借业绩决定升迁的官僚的忠心。所以，君主对于官僚，既有约束打击的一面，以免官僚的私人行为破坏公共权力和皇室利益；另一面君主又不可能真正打击官僚的私人行为特别是贪腐行为，失去了官僚的支持也就意味着王朝的灭亡与帝国的崩溃。

因此，只有走出帝国、成为现代国家，再也没有专制君主笼罩其上，官员薪俸和贪腐问题才有真正解决的可能。办法是将官员区分为事务官和政务官，事务官的薪俸水平由竞争性的劳动力市场决定，而政务官的薪俸水平由选民的压力和政务官个人的政治雄心决定，再加上有分立的权力与社会的监督在实实在在地发挥作用。

燕京书评：秦晖教授依据明清之际思想家黄宗羲的观点而总结出了"黄宗羲定律"：历史上的税费改革不止一次，但每次税费改革后，由于当时社会政治环境的局限性，农民负担在下降一段时间后又涨到一个比改革前更高的水平。黄宗羲称之为"积累莫返之害"。（秦晖《并税式改革与"黄宗羲定律"》）从财政角度来看，"黄宗羲定律"的内在机理是怎样的？

刘守刚：在我这本书中（《财政中国三千年》），由于篇幅和体例原因没有讨论到"黄宗羲定律"。不过，我在得到App上开设的课程"中华帝国财政30讲"中专门讨论过"黄宗羲定律"。

大体上，"黄宗羲定律"所说的"积累莫返之害"的内在机理，就是帝国征税权得不到有效约束，以至于正税之外会出现各种名目的杂税，然后国家发动并税改革使之整编简化，但随后各色名目的杂税又再出现，以致民众的税收负担持续攀升。例如，我们前面说过的力役（或者说徭役）问题，在汉代的更赋改革中力役已转化为民众的货币负担，按道理就不该有力役了；可在后来又出现力役，到唐代早期制度上规定了普遍性的力役，但允许用缴纳纺织品来代替（"庸"），后在唐中期两税法改革时"庸"已并入两税，按道理民众又不该再服力役；可到宋代、明代甚至清代，民众仍又出现力役负担，然后再分别通过免役钱、"一条鞭"法、"摊丁入亩"改革等并入正税中。

秦晖老师提出的这一"黄宗羲定律"，确实道出了帝国征税权不受约束的事实。但是，对这一定律中疏漏的地方，也有不少学者指出：如没有考虑到生产力水平增长和百姓应税能力提高的问题，没有考虑随国家职能扩大而对财政支出的需求随之增加的问题，也没有指出财政制度改革并不是简单地将正税与杂税合并而是剔除了不少杂派等。

我觉得，"黄宗羲定律"最为重要的是它指出了"明税"之外"暗税"的存在才是决定民众负担的真正因素。"暗税"的问题并非在于负担重，而在于不确定，这种不确定会破坏民众的预期，剥夺他们的经济剩余。那么，怎样才能增加民众对于税收负担预期的确定性呢？

在财政学中，有两种不同的思路来处理这样的问题：

一种思路被称为配置范式，它认为国家治理的理想目标是客观可知的，财政要想办法配置资源以达到这样的目标，由此出发可以确定最佳税收负担的规模。事实上，朱元璋就持有这样的思路。在他看来，分散占有土地的自耕农亲自纳粮服役的国家是理想的国家，每年2700万石左右的粮食和洪武十八年（1385）的商税额就是最优的财政规模，后世子孙依此执行即可。在朱元璋心目中，这样做民众负担轻，税负确定性强。

另一种思路被称为交易范式，它认为国家治理的理想目标不可知，税收负担的最佳规模也无法预知，因为税收带来的牺牲与支出带来的效用都是主观的，到底什么样的税收负担是合适的只能由征税方与纳税人在相对平等的基础上经谈判决定。在这一思路下，税收负担的确定性并不依靠事先的定额而要靠双方的谈判，基于纳税人的同意去征税才是确定税收负担的可靠方式。王业键老师在《清代田赋刍论》中讲过19世纪浙江嵊县的"粮席"，它是一个由知县和城乡士绅组成的专门委员会，每年分两次（农历二月初五和八月初五）开会商议决定本县在田赋定额之外加征多少以及如何征收，以便既完成国家的征税任务又满足本县公务需要并补充官吏的薪酬。那时，浙江嵊县因为有这么一个机构的存在，当地纳税人在一百多年时间里免受横征暴敛之苦。

从长期看，税负的确定性肯定来自征纳双方的协商而不是某个容易过时的数字定额。我们要看到的是，由征纳双方协商形成的税负水平，也未必是低水平。黑格尔在《法哲学原理》中就说过，"专制国家的人民只缴纳少数捐税，而在一个宪政国家，由于人民自己的意识，捐税反而增多了。没有一个国家，其人民应缴纳的捐税有像英国那样多的"。说到底，税收总量到底应该是多少，或者说税收占国民收入的多大比例才算得上是重税，并无可靠的科学评价机制，而必须交由民主程序来判断，由民众亲自或者派出代表运用投票程序来决定。可是，中华帝国时期这样的谈判机构与协商机制并不存在于国家层面上，虽然在很多地方有类似嵊县的"粮席"制度，但它毕竟不是正式的制度，完全可以因地方长官的意志而存废。如果要解决税负的确定性问题，就要进一步把地方层次上存在的谈判机制制度化，并提升扩大到国家的层面。我想，这才是"黄宗羲定律"对我们今天真正的启示。

国家现代化与财政现代化：构建现代税收与预算制度的基础

燕京书评： 中国的商代和西周都属于城邦国家，实行的是封建制，而这种封建制与西方的封建制很相似。但是，中国秦代以后变成了郡县制，而西方的封建制实施了很长时间，在绝对君主制时代虽有削弱，但基本形态仍然保留。法兰西国王路易十六就是因为教士和贵族阶层不同意加税而被迫召开三级会议，结果引发了法国大革命。从1648年《威斯特伐利亚和约》以后的情况来看，封建制似乎更有利于现代国家的形成，而中国的现代化道路却曲折坎坷。你怎么看这种差异？

刘守刚： 你这个问题中至少包含了两个学术方面的问题。

第一个问题是关于封建制的名称。这个问题已有很多学者进行过讨论，我没有做过专门的研究。根据我自己阅读得来的大致印象是：首先最初用周代"封建制"这一名称来翻译中世纪西方的 feudalism，起因是政治结构的相似，二者都呈现出封君、封臣关系；后来是为了套用苏联传来的"五阶段"社会发展理论，而把中国自战国至清代这一历史阶段也称为"封建社会"，虽然此时的中国已用郡县制代替了封建制；再到后来，有学者建议不再使用"封建社会"这同一个名称分别指称从战国至清代的中国以及中世纪的西方，但也有学者从二者都属于地主所有制与土地租佃关系这一经济性质而坚持使用同一个名称"封建社会"。我个人倾向于不用"封建社会"这一名称来指称从战国到清代这一历史时期。

第二个问题是何种力量或者何种制度结构有利于现代国家的形成。这是一个非常大的问题，也是无数学者尝试解答的问题，为此诞生了太多的经典著作。此处我只能简单回答：从现代国家权力运行看，有效性与有限性二者缺一不可。存在贵族阶层的封建制在约束国王权力以形成权力有限性方面固然有作用，但它同时也破坏了权力的有效性。从英国、法国走向现代国家的进程看，亨利八世、路易十四分别实行的削弱贵族力量、集权于国王，以至于形成我们今天所说的绝对君主制，是这两个国家走向现代必不可少的阶段。

所以，我个人认为，不能简单地说贵族阶层或者说封建制有利于现代国家的形成。就英国的贵族来说，它之所以成为推动英国率先走向现代的力量，不是因为它能分割国王权力，而是因为它率先走向了商品化并与城市市民力量融合，变得不像传统贵族，甚至可以说不是贵族了。正如巴林顿·摩尔（Barrington Moore，1913—2005，美国历史学家、政治学家）说的，"英国有利于自由事业的土地贵族和城市上层阶级联盟，对多数国家而言，是一种独一无二的现象。从更宏观的视野来看，这在人类历史上恐怕只能发生一次"（《民主和专制的社会起源》，华夏出版社，1988年，第344页）。摩尔的意思是，贵族或者封建制有利于现代国家形成是特例，不具有普遍性。当然，人类社会的进步总要依赖于某个特例率先突破，然后其他后来者不断模仿与超越，才能实现整体的进步。从这个角度来说，断言中国现代化道路艰难曲折，带有我们中国人自己"恨铁不成钢"的焦虑情绪，但从全球角度看我们不见得有那么艰难曲折。

燕京书评： 在帝国时代（郡县制），无论税柄是税人还是税地或税商，统治者总是处于绝对优势地位，承担税务的民众除了充当输血者之外，能够得到的福利极少（近似于无）。这种权责不对应的状况，与城邦制（封建制）相比是否更严重？

刘守刚： 在我看来，政治制度是人类为了自己的生存繁荣而进行的伟大创造，财政制度是政治制度中的核心，其背后是公共权力。因此，公共性一开始就是各种税柄的根本特征，只不过在国家的不同发展阶段公共性表现程度不同而已。尤其在传统国家，由于公共权力与君主人身结合在一起，君主的私人性可能会压倒公共性，但无论是制度建构还是君主个人都从未否认过其中的公共性。例如，我书中（《财政中国三千年》）引用的《商君书》的言论,"故尧、舜之位天下也,非私天下之利也,为天下位天下也。……故三王以义亲,五霸以法正诸侯,皆非私天下之利也,为天下治天下",在我书中引用的《管子》《慎子》《吕氏春秋》中都有类似的文本内容。单就我们财政的公共性来说,主要表现为承担至少三个职能:保护安全、发展经济、提供福利。在传统国家,保护安全是最为重要的职能,而发展经济和提供福利则主要是现代国家的职能。

中国在帝国时期财政提供的福利确实极少,不过是多还是少都是相对而言的。这里说"少",是与现代国家或者跟理想状态相比较而言的。帝国财政提供的福利,跟城邦时代相比,肯定不算少的,因为城邦时代国家既没有财力也没有渠道直接统治到个人,不可能为个人提供什么福利。

其实,中华帝国时期与同时期的西欧相比,福利方面也要进步得多:

一方面,从理念来说,帝国时期的福利提供被认为是君主作为大家长的责任。我书中(《财政中国三千年》)引用的桑弘羊的话"使百姓咸足于衣食,无乏困之忧"是那时财政的理念,当然能不能做到那是另一回事;而在中世纪的西欧,国王对于人民的福利或穷人的状况并无责任,救济穷人只是彰显国王美德的一种方式,甚至很多时候认为穷人的状况是上帝对他的惩罚。

另一方面,从制度来说,中华帝国时期再分配性质的财政支出还是比较突出的,在时间上(粮食收获与青黄不接、丰收年份与歉收年份)、空间内(灾害地区与正常地区、财富集中地区与贫穷地区)、阶层间(特别体现为对穷人、老人、鳏寡孤独的照顾等),财政支出都在承担福利责任。此外,财政还在学校制度、荒政措施等方面有比较多的支出。虽然比起现代国家、比起理想标准来,民众能得到的福利还差得很远,而且不同朝代、不同时期也不一样,但比起同时期其他帝国,以 1601 年英国《济贫法》来说,帝国政府履行的福利责任并不差,应该说可能更好。

燕京书评:从历史上看,除了极少数朝代,中国的绝大多数君主都重农抑商,因为以农为本的帝国便于专制统治,而商人和商业有流动性,控制起来更难。少数朝代的统治者重视商业,那也是因为财政压力之下不得已而为之,并且中国始终没有建立起有效的私人财产保护制度。这几乎决定了资本主义不可能在中国产生,工业革命不可能在中国发生。你怎么看?

刘守刚:这是一个非常宏大的历史命题,恐怕我没有能力给出很好的答案,只能基于自己的阅读与思考勉强做一点回应。

首先,我想在面对生存风险与未来的不确定时,人类总是分散地寻找更优良的制度来加以应对。有的民族率先找到成功的制度,其他民族跟着模仿,这样人类才能获得最大的生存可能性。那个首先成功的民族,当然有某些必然性因素,但恐怕也有很多偶然性的因素。因此,不能说成功的民族就是"天选之子",或者具有某种文化的甚至种族的基因优势。我们过去解释西方(国家)的成功,总觉得它是内因驱动的,有其必然性。但维克多·李·伯克(Victor Lee Burke)在《文明的冲突:战争与欧洲国家体制的形成》一书中告诉我们,西方的成功是由诸种外来文明不断冲击塑造而成,具有偶然性,至少不像我们想象的那样具有必然性。在《强制、资本和欧洲国家(公元990—1992年)》一书中,查尔斯·蒂利(Charles Tilly)告诉我们,欧洲实际上有三类国家:第一类国家有强制力量的不断积累并集中,但没有资本的集中(像俄国);第二类国家有资本的不断积累与集中,但没有强制力量的集中(像意大利城邦);第三类国家强制力量与资本都有所积累,但没有前两类国家那样集中(像英国)。到最后,第一类国家与第二类国家都没有成为现代国家,只有第三类国家成功转型了。在这其中,虽然有很多偶然的因素,但不妨碍未成功的国家向成功的国家学习。

其次,在人类社会的进步过程中,不同国家的发展呈现出此起彼伏的状态,暂时的领先不能说明先天的优势,甚至一个阶段的不成功反而可能是下一个阶段率先成功的原因,即恶因可能带来善果。例如,就像一个在十三四岁就丧父的男孩,可能会先于同龄人变成一个成熟的男子汉。就成熟作为人生的内在目的而言,这个人变成熟当然是好事,但不能倒过去说少年丧父是好事。在我个人看来,西方(国家)特别是英国之所以率先实现工业革命,建成现代国家,正是它未能成功构建帝国的后果。就率先构建出现代国家而言当然是好事,但不能倒过去说它未能成功构建帝国、不能维持和平与秩序是好事。

最后，就私人财产权保护对工业革命、现代国家建设而言，确实是极为重要的。事实上，在我看来，在财政上走出帝国、走向现代国家的核心，就是构建成功的私人财产权制度，实现工商业经济的发展，如此才有现代税收与预算制度的基础。这样的关系在西方（国家）的成功经验和中国曾经的失败教训中已经显示得非常清楚明白，对此认真学习和模仿先行者是我们走向现代国家的应有之义。

燕京书评：在秦代以降两千多年的秦政制统治之下，老百姓作为纳税人只承担了义务而没有享受到基本的权利。《财政中国三千年》引用了19世纪德国财政学巨头斯坦因（Lorenzvon Stein，1815—1890。又译施泰因）的观点，税收是仅存于自由公民组成的现代国家中的财政收入形式。除此之外，现代税收还要符合同意、平等、直接、规范等理性特征。近年来，包括李炜光（天津财经大学经济学院教授）、韦森（复旦大学经济学院教授）等学者一直在呼吁税收体制现代化，但效果不是特别理想。你怎么看？

刘守刚：这涉及中国走出帝国、建设包含财政制度在内的现代国家制度的问题。这一问题非常宏大，值得众多学者长期研究。我只能就自己研究的范围给予一些简单的回答，不一定让人满意。

首先，就我阅读和思考的范围所及，如果一个国家幸运地拥有以下三个条件，那它走向现代国家就会比较顺利。（1）底层民众及组织的抗争与努力：毕竟自己不争取，权利永远不会从天而落。（2）政府及领导人的开明和适时的让步：没有这样的开明与让步，一个国家就可能陷入政治僵局甚至动荡，痛失发展的机会。（3）有一个基本的谈判协商机构存在：这样就能有一个场所让民众与政府就相关问题交换意见，让各种社会力量发表议论、提出要求，并和平地解决争议和冲突。如果能具备这样三个条件，成功地走向现代国家，那你所说的征税的同意与现代税收的形式特征都能实现，而代议机构审查政府预算这样的现代财政制度也自是必然。

其次，我个人觉得财税问题是激发已有的代议机构运转、推进包括财政制度在内的国家制度现代化的重要力量。这一税收推动代议制发展的主题，曾经被政治经济学家熊彼特（Joseph Alois Schumpeter，1883—1950）在论文《税收国家的危机》中特别强调，也被后来的学者概括为"财政社会契约命题"。从历史上看，中世纪英国国王从来没想过搞什么民主制度，他们始终想要的是更大的支配权，只不过为了更多的税收资金，不得不先向男爵们、后向平民代表开放代议制并交给代议机构更多的权力。事实上，在我国每年"两会"期间讨论最为热烈的话题，始终是财税话题。像你提到的李炜光、韦森等学者以及一些作为个体活动的人大代表，也都是从财税话题入手推动国家制度的现代化。

我的朋友何俊志教授写过一本书——《制度等待利益》，他在书中的意思是：目前县级人大（人民代表大会）作为直接选举产生的代议制机构运转得并不好，未能达到制度的要求和民众的期待，其中一个重要的原因是参与代议机构运作的群体还没有成熟的利益，尚未有真正的动力参与代议机构的运转。我想，财税问题牵涉到每一个人的利益，因此从财税问题入手，运用人们对自己利益的关心让基层代议机构运转起来，应该是国家制度进一步现代化的可靠途径。你说到的呼吁税收体制现代化的效果不是特别理想，我想与这里说的代表自身以及所代表的群体的利益还不成熟、代议机构自身还需改革等都密切联系在一起。

我个人设想过运用基层（县、区）政府征收和使用房产税的机会，进一步激活当前代议机构的运行。房产税这么一大笔钱，牵扯到的可是我们的心头肉（毕竟购买商品时缴纳的增值税可以假装看不见）。若要征收和使用房产税，我们就有动力要求代议机构高度参与；而只有真正能表达我们纳税人利益的代表，才应有权决定如何使用我们交上去的那么一大笔钱。我个人赞成由基层政府征收与使用房产税，因为它有助于推动县区基层人大（人民代表大会）真正运转起来，并至少在以下两个方面作出改革：(1)废除目前的单位选区，真正按居住地原则划分选区，以现居为原则确定选民，这样决定房产税使用的是真正的房产主人或租户的代表。目前，单位选区的代表很多人的房子并不在本区，他缴纳的房产税也不在本区使用，没有利益匹配的投票权，只是廉价投票权。(2)改革目前一个选区产生多名人大代表的制度，把选区划细,让每个选区竞争性地按多数原则产生一名区县人大代表,这样我们的房产业主才能知道谁代表我们的利益,而代表也才能真正获得我们的授权去表决房产税的使用。

（采写　张弘）

第三章

官场规则与君臣关系的现实

董铁柱：魏晋名士"演而优则士"，渴望通过"表演"获得赏识

汉代刘向《世说新语·简傲》篇第一则记述："晋文王功德盛大，坐席严敬，拟于王者。唯阮籍在坐，箕踞啸歌，酣放自若。"这则记述是说阮籍在司马昭的酒席上并不因司马昭足以比拟君王的风范气势而改变自己的狂放姿态，依然放纵不羁地啸咏吟唱，尽情饮酒。为此，读者多将阮籍的清高狂放解读为对政权和礼教的反抗，同时也将以阮籍为代表的魏晋名士视为礼教的反叛者。

董铁柱博士则在《演而优则士：〈世说新语〉三十六计》一书中挑战了对阮籍的常见解读。他认为，阮籍在司马昭的筵席上啸歌饮酒其实是一场和司马昭共谋的联袂演出。阮籍看似无礼的举动完美体现了司马昭的包容，正是因为司马昭默许了阮籍的无礼，才消解了"功德盛大"的司马昭"拟于王者"这一潜在的僭越之举。

董铁柱博士认为，为阮籍披上反对礼教的外衣，将名士的个性与礼教对立是一种常见的"错觉"。关于魏晋名士的思想与生活，同样的错觉或是成见还有："清谈误国""个性潇洒的魏晋名士是浊世中的清流"，等等。

《演而优则士：〈世说新语〉三十六计》以《世说新语》作为关键文本，从社会学概念"公共空间"的角度切入魏晋思想与生活的关系，以此呈现出对《世说新语》的独特解读。他指出，美姿容、重德行、简傲、任诞……这些看

董铁柱，美国加州大学伯克利分校东亚语言文化系哲学博士，北京师范大学—香港浸会大学联合国际学院副教授。主要研究方向为中国古代思想和文学，出版著作有：《演而优则士：〈世说新语〉三十六计》《孔子与朽木：中国古代思想的现代诠释》等，译有《与历史对话：二十世纪中国对越王勾践的叙述》。

似自然流露的性情是魏晋名士们为了获得赏识而作出的"表演"。本文就《演而优则士:〈世说新语〉三十六计》一书的关键概念与方法、现代人的"表演"与自我认识等问题一一作答。

魏晋名士的"表演":通过与众不同的方式获得肯定和赞许

燕京书评:这本书的书名《演而优则士》含义丰富。你将《世说新语》中的魏晋名士放入交往空间中,我们应该怎样理解名士们在这一空间中的表演?谁在观看他们的表演?表演的目的又是什么?

董铁柱:《演而优则士》这个书名其实是责任编辑黄飞立博士的神来之笔。我原拟题"有意无意之间",黄飞立博士建议"演而优则仕",在此基础上我改了一个字——"士"。我个人觉得这个书名概括了这本书的主要特色,就是将名士们种种看似夸张的言行视为一种表演。此处的"表演"并不是说《世说新语》中名士的言行与内心不一,而是指名士的言行是为了通过与众不同的方式来获得他人的肯定和赞许。用表演理论来解读《世说新语》,是为了强调魏晋士人对先秦以降中国思想传统的继承:"知"正是中国思想中的核心概念之一。孔子强调"人不知而不愠",也就是意味着"知"的困难。因此,我们可以把名士们的"表演",看作是乱世下名士们为解决"知"这一难题所提出的一种答案与一种实践——他们用夸张的方式来诠释对忠、孝、礼等观念的理解,并由此知人、自知并被人所知。

从这一点来说,名士们表演的观众可以分为四个层面。第一层观众是当时见证了他们言行的其他人。这些观众往往在看到名士表演之时会提出疑问,由此也成为表演的一部分。例如,当看到丧母后的阮籍在晋文王座前饮酒吃肉时,作为观众的何曾就会对阮籍所作所为表示质疑;而当何曾向晋文王抱怨时,他自己也成了表演的一部分。在《世说新语》中常常会出现"或问",基本都是这一类观众,他们的存在是为了让大家更好地理解表演本身。第二层观众是当时的士人。故事的末尾经常出现"时人",对名士的表演进行总结和评价,但我们大可不必把他们的评价当作是全然正确的。第三层观众是

《世说新语》的编者们。刘义庆和他的伙伴们通过自己的编撰,传达了他们对名士们表演的观感。最后一层(第四层)观众则是自《世说新语》诞生后的历代读者。每一位读者都是表演的观众,我们的观点形成了对各位名士的历史评价,从而使得他们在千年之后为人所知。因此,在我看来,名士们表演的目的不仅是在当时为他人所认可和赞赏,更是为了得到后人的肯定。

燕京书评: 你的研究以《世说新语》为主要文本来分析魏晋名士的思想与生活,但很多学者认为《世说新语》是一本笔记小说集,其中的一些故事被视为虚构的创作而非对史实的记述。例如,你在第二章中分析的"容止"篇里曹操与崔琰换位见匈奴使的故事,有学者就认为其"纯系小说家之言"。具有虚构性的小说可以真实反映时代风貌吗?为什么选择《世说新语》作为你的关键文本?

董铁柱: 关于小说的"真实性",已有众多学者做了论述,同时在书中的前言部分我也有相关的讨论。简单来说,小说所讲述的故事也许是虚构的,但是它们可以"真实"地传达小说作者的意图和观点,因此米歇尔·德·塞托(Michel de Certeau,法国当代思想家、历史学家)认为小说是历史的另一种形式。例如,普鲁斯特(Marcel Proust,1871—1922)在小说《追忆逝水年华》中讲到了沙龙中众人对"德雷福斯事件"(指 19 世纪 90 年代法国军事当局对军官阿尔弗雷德·德雷福斯[Alfred Dreyfus,1859—1935]的诬告案)的讨论——他们的具体讨论当然是虚构的,但可以真实地展现当时法国人对犹太人的观念。我并不试图发掘所谓历史上"真实的"阮籍或是王戎,想要讨论的是我们可以如何理解刘义庆笔下的阮籍或王戎,剖析刘义庆为何如此描述他们,进而探讨《世说新语》出现之时的社会风貌。这也是我把《世说新语》视为关键文本的主要原因。

《世说新语》通过三十六门向后世的观众展现了全方位的人格画面,表明了当时社会对名士的基本态度。在书中,既有对德行、言语等正面要素的强调,也有对任诞、惑溺等缺点的描述。最重要的是,刘义庆并没有简单地肯定或否定故事中的种种言行,他把解读的权利留给了读者。在"德行"中,我们可以反思有的名士的德行之举究竟是否合理;而在"俭啬"中,我们也可以思考王戎的吝啬是否有值得肯定之处。要言之,《世说新语》构建了一个开放的文本解读空间,既"真实"又富有张力。

燕京书评:"自我意识觉醒"是历来人们理解魏晋时期文学、艺术和哲学时会借助的关键概念。你在书中(《演而优则士:〈世说新语〉三十六计》)提出,魏晋时期自我意识的觉醒、自由主义的发轫和对个体尊重的出现,以及随之而来的名士"反社会"的倾向,这一看法在很大程度上是一种错觉。人们习以为常地对魏晋时期的典型错觉还有哪些?这些错觉是如何生成的?

董铁柱: 当我们说"觉醒"时,默认"觉醒"之前是"沉睡"的。换言之,觉醒意味着与前一时期的"断裂"。如果把魏晋定义为一个自我意识觉醒的时代,就意味着汉代以及先秦自我意识的缺乏。事实上,一方面我们可以从现有的先秦以及两汉文献中找到"自我意识",另一方面我们也可以看到魏晋时期对人与人之间关系的重视。因此,我认为对于自我意识觉醒的过分强调是一种错觉。我个人认为,这样的"错觉"主要源于宏观化和简单化。通常,我们认为汉代"独尊儒术",魏晋"推崇玄学",一儒一道,似乎从汉代到魏晋有一个明显的转折,这样的理解就是典型的简单化。当我们把目光转移到微观处,就会知道其实东汉佛道的影响甚大,而魏晋也同样推崇儒家。从汉代到魏晋的思想发展并不是一个断裂或是突变的过程。魏晋思想中的自我意识,可以说是之前相关思想发展的结果,而不是一种"觉醒"。可以说,当我试图解构这种成见时,强调的是魏晋对汉代的传承。

简单化或片面化的理解也会造成一些其他的错觉,最常见的是容易有非此即彼的倾向。例如,很多人推崇嵇康,会认为既然嵇康是正面的代表,因而他所反对的一定是"坏"的,不少人也会由于嵇康而批评山涛或者否定钟会。又如,不少人认为(殷浩)既然喜欢清谈喝酒,就一定会疏于政务,殊不知像殷浩这样的清谈高手在理政上也有严肃、严格的一面。《世说新语》告诉我们应该从方方面面来看待名士,他们既有缺点,也有可爱的一面,更有自己的坚守。当我们从立体的角度来理解他们的言行时,就不容易陷入成见或是错觉之中。

燕京书评: 哈贝马斯(Jürgen Habermas)的"公共空间"理论是你研究

中的关键理论。在哈贝马斯的语境中，理性的公共领域从沙龙、俱乐部、咖啡馆等18世纪欧洲的文艺性公共团体中诞生。你在书（《演而优则士：〈世说新语〉三十六计》）中也提到，"以黄宗智为代表的一些学者认为，传统中国社会并不存在哈贝马斯所谓的公共空间，因而用公共空间理论来诠释中国古代社会并不合适"。在你的理解中，"公共空间"理论为什么可以用于解释《世说新语》所展示的魏晋思想和生活？这一理论如何革新了我们对魏晋思想和生活的理解与想象？

董铁柱： 我借用"公共空间"这个概念，首先也是一种继承。以美国汉学家陆威仪（Mark Edward Lewis）为代表的老一辈学者，已经指出魏晋时期名士们交流的场所可以被视为一种公共空间。陆威仪在用"公共空间"这个概念时，其实已经把哈贝马斯的概念简单化了，只强调"公共"的意义，而不再考虑原有概念中的政治、经济或其他因素。我正是在这一点上借用这个概念的。

通常，人们强调魏晋时期的自我意识和个性潇洒，凸显的是"个人"，似乎那些张扬个性的名士都是反社会习俗与礼教的；而我之所以用"公共空间"这一视角，是为了彰显所谓的个性都需要在"公共"的领域才能得以展现并获得认可，强调的是社会性。我认为，一切有"个性"的言行都需要在广义的公共空间中被他人见证并肯定，才能得以流传——当刘伶在家喝多了裸形时，旁边还是有人看的，而他也希望自己的言行被他人看到并传颂。有个性的名士获得的声名越大，恰恰说明他们在社会上得到的认可越多。因此，名士对社会非常依赖，也同样重视人与人之间的关系。与常见的解读相比，我对魏晋思想与生活理解的最大不同，体现在从强调个性和自我转向强调社会与公共，认为名士们也同样是社会性的产物。

燕京书评： 汤用彤（1893—1964）曾经在《读人物志》中指出，"汉末到魏晋，思想和议论从'具体人事'到'抽象玄理'的演进是学问演进的必然趋势"。对诞生抽象玄理的"清谈"的讨论是你书中的重要内容，我们是否可以认为"清谈"这一交流形式催生出了思想上对形而上、幽远玄微问题的关注？

董铁柱：汤先生的论断是从哲学史角度出发的。可以看到，他强调的是哲学史中"发展"的一面；而如果从"传承"的一面来看，魏晋所谈论的并非全然是抽象的玄理。从何晏等人的《论语集解》到皇侃的《论语义疏》，我们还是可以看到对"具体人事"的讨论。我们可以看到，当时的清谈和现在的辩论有一些相似之处，很多时候强调的是口才和辞藻，对于义理本身并不在意。《世说新语》中的很多清谈大师并没有留下深邃的哲学命题。因此，我个人认为清谈和形而上问题并没有必然的关联。事实上，对于《易经》和《老子》的讨论在汉代业已流行了。

燕京书评：一直以来，不少人将"清谈"视作西晋乱亡的原因。《世说新语·轻诋》中就有记载，桓温入洛，登平乘楼，眺望中原，叹曰："遂使神州陆沉，百年丘墟，王夷甫诸人，不得不任其责。"你怎么看待"清谈误国"的说法？

董铁柱：我个人认为，《世说新语》中桓温对王衍（字夷甫）的批评，并不能作为"清谈误国"的证据。在《世说新语》中，东晋的桓温虽然位高权重，但也同样热衷于清谈，因而他对王衍批评的着眼点不应该是清谈，而是在批评他们这些身处高位的人没能治理好天下。在我看来，"清谈误国"是最为常见的成见之一，这样的论断也是对问题的思考过于简单化。两晋王朝短暂的原因很多，如果把清谈作为乱亡的主要原因，那就会掩盖了真正的内因与外因。清谈更多的是一种公共空间中的社交形式，通过清谈使人们可以互相"知"。从《世说新语》来看，喜好和擅长清谈之人一方面也同样会注重德行和政事，而另一方面也会或者并不一定会放达和逍遥。

燕京书评：饮酒是魏晋名士表现风流、自由个性的重要形式。你在书中（《演而优则士：〈世说新语〉三十六计》）第三章"嗜酒：一种瘾还是一种态度"中提出，对于魏晋名士来说，饮酒无关生理需要，更无关个性。在魏晋名士的生活中，饮酒也是一种表演吗？酒于名士而言究竟充当着什么样的角色？

董铁柱：通常，很多人认为名士嗜酒是对当时礼教的反抗，其中阮籍、刘伶等人的故事更是被人所津津乐道。在我看来，《世说新语》中不止一个故事告诉我们，酒本身就是礼的一部分，因而好酒在某种意义上是对礼的认可，而不是反抗。以阮籍为例，他在母亲去世后公然喝酒吃肉，一般都把他的行为视作对司马家族的反抗以及对礼教的蔑视。然而，晋文王（司马昭）甚至都公然为阮籍辩护说，《礼记》中明确指出，守丧之时如果身体衰弱，是可以喝酒吃肉的。按照这个逻辑，阮籍之所以需要喝酒，是因为他身体不好；而之所以身体不好，是因为他极度悲伤；而之所以极度悲伤，是因为他是个孝子。换言之，阮籍的喝酒恰恰表明了他是一个懂礼的孝子。正是由于酒与礼的密切关系，它才能成为名士们特别的表演道具，使他们在展示自己个性的同时也获得他人的肯定与赞赏。

海外汉学研究的影响：魏晋思想与《世说新语》的理解不再抽象

燕京书评：你在加州大学伯克利分校东亚语言文化系获得博士学位，海外汉学研究的视角、问题与方法对你关于中国哲学、关于魏晋思想与《世说新语》的理解有什么影响？

董铁柱：我是2003年去伯克利的，到现在已二十年了。在这二十年里，中外学术之间的交流越来越频繁，国内的很多学者也大量地借鉴和吸收了海外汉学的成果与方法。就我来说，在北大哲学系读书的时候，中国哲学的研究问题和视角还是偏向于抽象的思辨，与文学、历史以及其他学科的分界较为明显。在伯克利的几年中，我修了东亚系、历史系、英文系和修辞系等多方面的课程。这些年的训练对我的影响主要体现在以下几个方面：

首先是不再强调学科之间的分野。我的导师罗秉恕（Robert Ashmore，加州大学伯克利分校东亚系教授）从研究陶渊明的诗歌出发，将陶渊明的诗歌解读成对《论语》和《诗经》思想的一种诠释，这一点对我的影响很大——我自己的研究也一直在文学与哲学之间。

其次是对细节与微观的重视。我的老师戴梅可（Michael Nylan，加州大学伯克利分校历史系教授）等人一方面强调各个时期儒家内部的分歧，另一方面又肯定儒释道各家思想之间的交流，换言之，某人或某一时期的思想很难用一种"帽子"来概括。因此，我也养成了避免用儒家、道家或是其他"帽子"来描述某人或某一时期思想的习惯，而是从某人或某时期的文本出发，通过细节来展现思想本身。

再次是对文本诠释保持开放的态度。我认为，文本的解读具有多种的可能性，因此对所谓"权威"的解读保持着警惕，也会从古代经典的注疏中寻找这种诠释的多元性。最典型的例子，戴梅可在课上问我们，司马迁究竟有没有对伯夷、叔齐暗含批评；一般认为《伯夷叔齐列传》是对他们兄弟俩的赞美，但是戴梅可认为其中有指责之意。

最后是对研究问题的选择有相对独特的视角。我的博士论文研究了中国古代的说谎与掩饰，这是一个被忽略的领域。

这几个影响可以说都体现在了《演而优则士：〈世说新语〉三十六计》中，它是跨学科研究的产物，一定程度上否认了传统的"魏晋玄学"标签，对《世说新语》的文本提出了自己的诠释，并将"表演"作为研究的核心问题，从而不但形成了对《世说新语》本身的独特解读，而且对魏晋的思想和生活也提出了自己的见解——这样的解读在相当程度上挑战了原有的常见解读。

燕京书评：对于现代人，"表演"似乎变得更加普遍。社交媒体革新了我们的交往方式，如朋友圈的展示、对个人生活的刻意包装等，"表演"也在"有意无意之间"渗透入我们的生活。如果说对于魏晋名士而言，"表演"是为了"知"，那在你看来现代人的"表演"目的何在？

董铁柱：现代人的"表演"和我所说的"表演"有着相同和不同之处。广义来说，现代人的"表演"也是为了"知"，无论是自媒体还是社交软件，各种在公共领域的"表演"都是为了更好地让人"知"。这是相同之处。但正如我之前所言，"知"也包括自知，但现代人的"表演"在相当程度上是建立在"不自知"的基础之上的，因而很多人所展现的并不是真正的自己。相反，尽管我认为魏晋名士善于表演，但我还是倾向于相信他们对自己有着更为清醒的认识，他们在公共空间所展现的也更接近他们本真的自己。这是不同之处。

燕京书评：你书中《演而优则士：〈世说新语〉三十六计》）的标题大都

易懂而通俗，如"人为什么要讲道理"，"人为什么要长得帅"，以及你的另一部作品《孔子与朽木：中国传统思想的现代诠释》中也有类似风格的题目，如"大家都是抢金箍棒的孙悟空""谁都可以爱"。你曾自谦"不够'哲学'是我一贯的毛病"，但事实上要做到将学问与真实的生命、生活相结合并不是一件易事。我们怎样才能更好地将复杂的哲学与直观的经验结合在一起？

董铁柱： 如前所述，我走的是一条文学和哲学之间的路。清代的思想家李塨（1659—1733）主张"理在事中"，换言之，哲学本来就体现在每个人的生活之中。在过去的一百年中，不少学者为了证明中国哲学也是"哲学"，用西方的本体论、宇宙论之类的术语来解读中国哲学，这多少有一点削足适履之感。事实上，西方哲学从存在主义开始，也主张哲学就是一种生活理念。因此，我希望能用身边的小事来解读哲学。但是，这并不意味着我觉得自己能够将哲学贯彻于自己的生活之中。对于哲学，我还在不断地理解之中，而对于生活，人到中年的我也依然在不断地体验之中。因此，我不敢向大家建议如何能够更好地结合复杂的哲学与直观的经验。但是，《世说新语》中的王戎给了我们很好的建议：当王戎痛失爱子时，他极为悲恸。对此，他的朋友不理解。王戎解释说，圣人忘情，而最麻木的人则不懂感情，"情之所钟，正在我辈"。换言之，我们不奢望能成为圣人，也不要沦落成麻木不仁之人，只要能"情之所钟"，应该就可以将哲学与生活结合在一起吧。

（采写　孟津）

侯杨方：所谓的"番薯盛世"，在清朝并不存在

明清史研究的切入角度有很多，如经济史研究、生态环境研究等，错综复杂的角度却使我们对这段距离我们最近的古代社会越来越陌生。侯杨方教授的新书清史三部曲——《征战：大清帝国的崛起》、《治世：大清帝国的兴亡启示》和《名臣：大清帝国的君臣博弈》虽通俗平实，但不乏尖锐独特的视角，并对清史中争论较大的诸多问题给出了专业的解读。

萨尔浒大战是决定明清命运的关键之战？崇祯皇帝与袁崇焕的"一年之痒"如何改变战争态势？弘光政权如何在悲壮与绝望中灭亡？雅克萨之战和《尼布楚条约》背后有哪些鲜为人知的故事？清朝巩固疆土的战争给后世带来了怎样深远的影响？

满洲人摸石头过了河：第一个走出短命命运的少数民族政权

燕京书评：你在书里有谈到，努尔哈赤和皇太极一开始对于入关的态度都是很保守的，仅仅想巩固现有的战争成果，因为怕八旗子孙离了白山黑水的大森林会沦落到以往胡人政权的下场。但是，最后皇太极还是改变了主意，

侯杨方，复旦大学中国历史地理研究所教授。曾策划主持 20 世纪以来首次对境内外帕米尔高原的系列考察，对丝绸之路进行了首次"精准复原"，并以此为基础研制了世界首套《丝绸之路地理信息系统》。主要研究领域为地理信息系统、经济史、历史人口学、清朝人口史及其制度，清朝政区、丝绸之路复原。出版著作有:《中国人口史》（1910—1953 年卷）、《盛世启示录》、《盛世·西汉》、《盛世·康乾》、《重返帕米尔：追寻玄奘与丝绸之路》、《征战：大清帝国的崛起》、《治世：大清帝国的兴亡启示》、《名臣：大清帝国的君臣博弈》，以及《清朝地图集》（多卷本）等。

我觉得洪承畴的投降必然是其中的一个原因。你认为除此之外还有什么更重要的诱因吗?

侯杨方:努尔哈赤当时还是一个占山为王的心态。在萨尔浒大战(1619年,明万历四十七年、后金天命四年)打赢之后,努尔哈赤年纪相当大了,已经想不了太远了,而且他对明朝的整个国力、动员能力以及组织能力,心里实际上都没什么底。当然,个人的宏图大业说到底还是要取决于对手的力量。对于努尔哈赤来说,如果对手(明朝)应对自如,非常有章法,一旦最初的混乱过去了,明朝就会利用它强大的国力、人力逐渐将其平推了,这也就谈不上什么夺天下了。因此,努尔哈赤当时确实没想到未来清军会入关取代明朝,只是觉得占领了沈阳这一块也就差不多了,这就是他心中最后的打算。当时,努尔哈赤占领了明朝的辽东都司,那里有大量的汉人,他就把这些汉人当作奴隶对待;而我们知道明末时存在一个所谓的"小冰期",甚至到了粮食饥荒的时候,他嫌粮食不够就把汉人屠杀了。通过这种行为能看出来,努尔哈赤肯定不是想夺天下的,还是山大王的心态。

等到努尔哈赤的儿子皇太极的时候,皇太极更聪明一点,想法多一点,他就想稳固已经占领了的锦州,而向东就是沈阳这一块地方。皇太极的意思是你明朝就不要和我争了,但是他也没想夺天下。皇太极也读一点史书,但他的考虑是很简单的,他觉得当年几百年前的女真人入主中原了,结果才一百多年就被南宋和蒙古灭掉了,而当时女真人的数量可比明末的女真人要多很多,几百万人在中原地区基本上就被屠杀光了,他很害怕重蹈覆辙再次出现灭族的惨剧。

明朝有上亿人口,而满洲人才几十万人,真的入关以后要如何统治?皇太极其实没有想好。皇太极在位的时间为后金和清军取得了很多的胜利,但是他根本没想夺天下。最简单的例子就是,崇祯二年(1629年,后金天聪三年)皇太极包围北京,但并不攻打北京城。皇太极曾七次派人进城要和崇祯皇帝和谈,这显然不是一个有攻天下计划的人会有的举动。甚至直到松锦大战(1640年,明崇祯十三年、清崇德五年),明朝的最后一支精锐部队几乎给消灭光了,已经没有任何牌可打的时候,皇太极居然还答应和谈,而且提出的条件是非常宽大的。怎么说是宽大呢？我们可以和南宋做比较，南宋要向北方政权金、蒙古称臣的，而皇太极只要求以锦州附近为界，也就是他当时实际占领的地方——一般来说战胜方会要求对手再割一些领土的，但他没有。对于一个少数民族政权、游猎部族来说，皇太极觉得占领沈阳这一块地方已经相当不错了，他可以过上一个很舒服的日子，如与明朝开放边贸互市，再顺便多占明朝一点经济上的便宜就到此为止了，没有必要冒更多的险。

我觉得皇太极可能在松锦大战之后心态才发生了一点微妙的变化，因为这时候明朝将帅投降的越来越多，而这些人是不甘于作为平安的偏安一隅的小朝廷的大臣的，这样的话他们在未来的史书会被写成汉奸、卖国贼——会背负骂名，同时也不想生活在寒冷的关外。因此，他们都急切地希望满洲人入关，这样当清朝变成一个大一统的中原王朝后他们一转身就成了开国功臣，也就自然把自己洗白了。在这些人的劝说下，皇太极可能有点动心，因为他的弟弟们、侄子们也都要求入关；但他说要慢慢来，先把周边消灭光，然后再攻下北京。不过，我觉得这些话也基本上是搪塞之语，因为那时候皇太极已经五十来岁了，身体不好还有高血压，也想不了这么多。努尔哈赤和皇太极这两个人都是极其现实的，这毫无疑问；他们不会被任何意识形态或者道德框架所束缚，没有过多的宏图大志，也就是说他们对于自己这辈子能够做到哪一步是不清楚的，就是走一步看一步。通过后来的传位问题我们也能看出这一点，当皇太极突然驾崩的时候，继承人都还没指定，显然他生前没有太多的长远规划。

当然，至于你刚才说的皇太极态度的转变，我觉得最根本的诱因是：皇太极死了以后，八旗之间发生了激烈的权力斗争，多尔衮三十多岁正值壮年成了摄政王，但是当时还有一个郑亲王济尔哈朗——他的堂兄——也当了摄政王，在这两个人之间、与皇太极长子豪格之间，还有和皇太极旧部两黄旗之间都发生了激烈的冲突。多尔衮便产生了入关的想法，因为他只有通过入关取代明朝，才能树立自己的绝对权威，而且事实也是如此——他打下北京以后，成为真正的一号人物；济尔哈朗还有小皇帝福临就不用说了，完全被他打压下去了。实际上，多尔衮当时三十多岁正是想建功立业的年龄，如果不将入关作为政治财产的话，他无法超越自己的兄长与父辈，别人也不服他。

燕京书评：这样说来，感觉入关的结果是降满汉人拼命制造的政权正统性和多尔衮兄终弟及的八旗思维共同促成的？

侯杨方：对。以范文程、洪承畴为首的这些人，不停地灌输汉人的正统思想给满洲人：一定要大一统，不消灭明朝就永远没有合法性，就会变成一个处于边鄙、像正史里"蛮夷列传"中的一个政权了。这是汉人降臣们不能容忍的，因为这样他们就坐实了是汉奸。

燕京书评：我感觉女真人（满洲人）没有之前那些胡人政权那种所谓"渐慕华风，能夏则大"的意识，因为你刚才提到了以前汉人被胡人打败之后还被要求自称儿皇帝、侄皇帝，但皇太极完全没有这种想法，有种摸石头过河的感觉。

侯杨方：是的。这也很正常，皇太极从小和他父亲努尔哈赤就是在长白山森林里打猎的，他觉得过到这样的日子已经相当不错了，没人能预测到十几年后居然能形成摧枯拉巧之势取代明朝。

燕京书评：清朝通过改革从八旗共治走向了皇权独尊，北魏拓跋部在进入中原统治的初期也面临着处理"八大人"制度的问题，两者之间在到汉文化制度的过渡上有没有什么异同？

侯杨方：我觉得清朝在这方面转换得比北魏拓跋部快很多，基本一入北京就完全接收了明朝的整个中央政府，十几年后占领了明朝所有版图。拓跋部进来的时候只是管理整个黄河流域，也就是五胡十六国的区域——不是什么正统的王朝，正统王朝还在建康（南京）——他们也接触不到正统的汉人政权，消灭的是北方众多的胡人小政权。但是清朝不一样，它进入北京以后，就接管了整个明朝完整的官僚体系，而且旧官员全部录用，也就是明朝当尚书的现在还是当尚书，甚至级别还往上调了一级，所以清朝在笼络人心上是非常厉害的。由于满洲八旗人数太少，清朝只能先把政权稳定下来，所以就全盘接受了明朝的官僚制度、财税制度等各种制度；同时因为他们当时要忙着继续打仗，没有时间再去琢磨一个甚至文字都很陌生的文化和制度。

至于北魏拓跋部，如我们经常讲的北魏孝文帝元宏，他的汉化改革一度进行得如火如荼，可那时候拓跋部已经得天下很多年了，但是到最后孝文帝一死一切再次归零、再次胡化——这是一个历史的反扑。满洲人是迅速完整地接受了明朝的体制，人事人员全部原职录用，只不过派一个更高级别的满洲人来监督，但是在州县一级全是汉人，这种汉化几乎是一步到位的。

燕京书评：这个有点矛盾，如你在《名臣：大清帝国的君臣博弈》中也提到清朝皇帝们实际上对这些汉人还是很不信任的。

侯杨方：是不信任。所以，清朝皇帝们只是让汉人处理一些行政事务，如收税，满洲人不懂的，就让汉人去做；但是各部在中央都是双轨制，如尚书侍郎都是满汉各一，当然满人是"一把手"。还有，最重要的中央决策机构——议政王大臣会议全是满洲的亲贵，这是汉人不能进入的地方。但是，地方层次包括财税制度，科举都是汉人的制度，巡抚也有汉人来担任的。这比北魏高明太多了，北魏一开始完全是按照部族统治的，到孝文帝元宏的时候才有了一个短暂的汉化，然后又被反攻倒算回去了。

燕京书评：也就是说，整个国家这种秩序的运行还是靠基层的，所以还是感谢明朝给清朝这个基础，让清朝能够近距离、快捷地接触到汉人真正的文化制度。

元明清不同语境中的"省"因何产生流变？

燕京书评：当代中国人已经非常熟悉"省"这一行政单位了，在普通老百姓的理解中可能现在省的划分就是大概依据文化地理来分的，但是我们知道中国历史上的省的划分经历过很大的变化，不同朝代的划分依据也有所不同。那么，你认为"省"的概念或者说内涵在清朝发生过什么变化？变化发生的原因是什么？

侯杨方："省"非常复杂，我曾专门写了几篇论文梳理过，但很多人还是没有意识到"省"的实质。这个"省"最早是蒙古人的"行中书省"。元朝的省特别大，而且包括我们现在中国的省的划分都是不符合地理设置的，如陕西，秦岭以南、以北，还有陕北，完全明显是不同的地理单元、不同的文化区，而这也是蒙古给我们留下来的一个东西。蒙古作为一个征服民族，它想要统治广大的汉人，就要把汉人地区弄得支离破碎，把各个风俗相近的、语言相通的、习惯相差不多的那种汉人地区打破，然后让不同文化区的汉人同属一个行中书省，这样就不好割据了——它主要是这种想法，所以以后中国的一级行政区就逐渐变成行中书省，简称为"省"。

不过，朱元璋后来把这个行中书省给废了，废了以后改新名称叫"布政使司"——这是朱元璋创造的有点奇怪的一个名称。在明朝初期，官方名称两京十三布政使司；到明中后期，就简称为十五省——因为布政使司这个名字太长了，明朝人就通俗地把它称为十五省。京师、南京加上其他十三个布政使司，一共是十五个，也就成了十五省。

前面讲过清朝是完全地全盘接受了明朝的体制，所以它也接受了明朝的十三布政使司。当然，清朝没有两京了，就把南京改为江南布政使司，也就是说以后都叫"布政使司"了；但是我们大家知道，行文口语中布政使司太长了，所以也依然简称为"省"。

到最后，清朝也觉得像湖广布政使司、江南布政使司、陕西布政使司版图太大了，如陕西布政使司相当于甘肃和现在的陕西、宁夏以及青海的一部分那么大，江南布政使司相当于江浙沪行政区加起来那么大。所以，到了康熙年间，清朝就开始把布政使司分为左和右并分别分管几个府州，也就是布政使司左右分治，两个职位不放在一个城里面，如江南布政使司一个在江宁、一个在苏州分开管理。所以，后人就将布政使司左右分治叫作分省，但当时清朝还没有这个概念，这也是后人以自己的观念附会的。

但是，布政史司主要是管财政的，它统治一个地方的效率其实是很低的，权限也不足。于是，清朝就吸取了明朝中后期的总督和巡抚制度。总督、巡抚本来就是从中央来的临时特派员，并不是一个地方官，相当于汉武帝时候的刺史，但清朝逐渐把它们体制化了。这样，巡抚逐渐就在这个地方驻下来不动了，总督也固定了下来，因为总督主要搞军事，相当于军区司令，而巡抚的职责是巡视，外加统管民政。由于财政也归属于民政，所以巡抚就变成布政使司的上级了。从康熙中后期开始，所谓的布政史司管理范围内，"一号首长"就变成了巡抚和总督。到乾隆中期，巡抚的辖区驻地和人数都固定了，其辖区也逐渐固定演化为一级政区了，而不再是布政使司了，于是这个巡抚辖区就简称为"省"了。

这个"省"，实际上就是由元朝的中央机关三省六部的省逐渐演化成地方行政区，最后被朱元璋弄成布政使司，清朝又把巡抚和总督体制化，布政使司降级，相当于财政厅长，然后清朝的巡抚辖区（直隶、四川总督都兼巡抚事）就变成了我们理解的清朝内地十八省。

燕京书评：你刚才说总督、巡抚本来是一个临时派遣，这个可不可以理解成一种中央对地方的某种——就是职权的更大的一个侵吞、更强的控制？

侯杨方：明清的时候，总督、巡抚主要是为了方便军事行动，如国内有大规模的军事行动的时候，就在几个布政使司的交界处设一个巡抚出来。清初的时候，在消灭明朝政权、消灭农民军政权的过程中也采取这种措施，就是临时设总督、巡抚。最后，为了加强对地方的控制，就把军事权、财政权、民政权一把抓，即设立固定治所，辖区的总督、巡抚，把布政使司降为总督、巡抚的下属。

总之，清朝人口领域规模逐渐扩大，布政使司职权范围有限，中央特派的官员逐渐体制化、固定化并变成了地方长官。其实，中国两千多年来一直在上演这样的故事，如西汉的刺史，相当于中央巡视员，最后到了东汉时期就变成一个地方大员是一样的道理。

"番薯盛世"真的存在吗？——前现代社会人口天花板的启示

燕京书评：你在书中、以往的研究中都重新讨论了一些人口问题，如人口爆炸与"番薯盛世"的前后逻辑关系，以及乾隆皇帝自己吹出来的人口爆炸等。我认为这些研究可以把人们一些不切实际的幻想击碎，如经常有长辈告诉孩子要想长身体就要多吃土豆，还有很多中国人号称可以靠吃解决蝗灾等，而我觉得这很大一部分也是受"番薯盛世"、人口爆炸的传说影响。你在人口研究中最大的收获是什么，或者有没有特别想提醒历史地理研究者走出来的方法误区,以及除了我上面谈到的人口研究外还有什么其他的意义?

侯杨方:清朝的人口数字是非常奇妙的,因为乾隆时期之前是没有全国人口统计的,只有人丁的统计,而且这个人丁统计已经脱离了人本身——和人没什么关系了,变成了财税体制的一种,所以想复原人口数字是几乎做不到的。从乾隆六年(1741)开始全国人口统计,人口数字一下就上去了。这时,乾隆皇帝自己犯了一个错误,就是把他自己本朝的人口数和康熙年间的那个人丁数进行比较,他觉得自己本朝的人口数涨了十几倍——人口爆炸了,其实就是他自己错读了。当然,皇帝本人对自己本朝的制度都是不熟悉的,这也很正常。——即便现在当官的也未必清楚三十年前的制度,这点我倒可以理解乾隆皇帝。但是,乾隆皇帝这一错读就造成了某种清朝人口爆炸的错觉,后来人又"强行解释"清朝人口爆炸,因为乾隆末期确实中国人口突破了3亿人,到道光年间已经突破了4亿人,这确实是远超前代的一个数字。所以,怎么解释呢?何炳棣先生1958年写了一本书——《1368—1953年中国人口研究》,他当时独创了一个角度,从美洲作物全球化、番薯在中国的引进去解释人口爆炸现象,这是一个非常新的视野。

这本书引入中国以后,由葛剑雄先生翻译,并由上海古籍出版社出版。于是,一些网络史学家一看如获至宝,原来"番薯盛世"是全球化的结果,然后说以前不是经常讲中国人口盛世是以人口数字为标准,如唐开元、天宝四五千万人口,北宋徽宗时期突破1亿人了,这都是了不得的数字;西汉末年达到五六千万人,最后乾隆年间到了3亿人之多,是不是它的"盛世度"就是开元天宝的五六倍呢?有的人为了贬低清朝和"康乾盛世",就说它是"番薯盛世",是靠吃外来的番薯吃出来的。但是,你要知道,虽然番薯和玉米从明中后期就引入中国了,但只是做一个补充食物,产量特别小,而且我们现在讲的所谓番薯和玉米都是经过近一二十年的改良之后的,以前的番薯和玉米大多是喂猪、喂牲口的,人吃的口感极差,营养水平极低。

其实,现代人是现在吃太饱了,才觉得红薯很好吃,但让他天天吃是受不了的,根本没什么营养,所以就形成了一个对红薯和玉米口感的错觉。实际上,我们从近现代中国农业统计可以非常清楚地看到,番薯和玉米的真正推广是人民公社化（1958年）之后——之前没什么产量，此前还是靠水稻、麦子这些传统农作物才养活了这么多人，但毫无疑问生活质量是不高的。我以前写过反驳黄宗智的"内卷化"（involution，又称"过密化"）的论文（《"过密化"论质疑——以盛泽为例的个案实证研究》，《复旦学报（社会科学版）》，1998年第4期），如一个家庭的收入是固定的，养十个孩子和养一个孩子的感觉必然天差地别，这就是内卷的结果。所以，乾隆时期的中国人的生活水平肯定无法与已经工业化的西北欧相比，更无法与现代相比。

但是，你不能否认清朝空前的人口数字确实是它成功的一面，它也真的养活了很多人，因为在现代技术、化肥技术出现之前，靠传统农业能养活这么多人是一个了不得的事情。它要不断地开垦开荒，这当然导致了水土流失——这是没办法的，因为清朝确实版图广大，山区的开发都很厉害，水利技术包括农业种子技术以及复种指数在那时候都有了一定的提高。

可以说，中国的传统社会能达到的最高巅峰就是乾隆年间，但是谈不上生活质量，尤其与当时最发达的西北欧更没法比。清朝养活的人已经达到了传统社会的天花板了，但个人的生活质量是不可能有提高的，而是一定要经过现代的农业革命、科技革命、医疗革命以后人的生活品质才能真正上来，如开始大规模的肉类养殖后。现在，我们讲为什么觉得很多肉不好吃，因为它的产量高当然就不好吃了，但至少能保证更多的人吃到了。所以，人口研究能让我们正视事实。中国传统农业能够达到的巅峰——也就是养活三四亿人口到顶了，而我们中国现在有十几亿人口则是现代农业技术与医疗技术的结果。

燕京书评：我觉得氮肥的发明才是提升天花板的关键，而清朝主要是靠一种行政上的成功，然后让土地的利用率比前代更高了。

侯杨方：土地的复种指数高，如江南一年一亩地能种三次。还有，梯田开发这种大规模的垦田还是从清朝开始的，它把沼泽地排干、把湖给排干，"围垦造田"就都是这样来的。例如，洞庭湖为什么越来越小？就是因为人口不断增加，只能把湖挤掉。

清朝的行政效率其实比明朝高很多，皇帝的勤政都关注这些，什么荒年旧荒都非常关注。在清朝这种中国传统的模式下,折腾到底了也就这个样子,三四亿人就到顶了;如果再要折腾,下一步就是大规模战乱,经过太平天国等大规模战乱后人口遭受重大损失,社会又回归了安定,就是所谓的"同光中兴"。

燕京书评:也就是说,存在人的生存水平的下降。我记得你之前通过两个家族的族谱研究过生育率和死亡率,他们的族谱的表现是不是也说明其实也就这样了,生活水平提高不了。经济学研究分为宏观和微观,那么人口的研究是否也可以分为宏观和微观,这两者有什么区别?

侯杨方:这两个族谱非常有意思,我利用它们完成了我的博士学位论文。这就是你问的微观人口研究,它和整个宏观人口的背景是完全匹配的。你看结婚早、生孩子多、寿命长的现象都出现在康熙、乾隆年间,因为生活很稳定,人也就活得舒服一点。结果,到了乾隆年间,也许大的数字看起来还可以,但是个人生活质量的下降是可以迅速体现出来的,如晚结了几年婚、少生了几个孩子、死亡年龄下降了。

燕京书评:所以,这种微观的人口研究能让我们看得更细致一些。

侯杨方:是的。中国的传统史学很喜欢大而化之,什么死十之八九、"白骨露于野,千里无鸡鸣",就是没有任何统计,都是自己估算的。但是,从微观的家谱中能发现更多的记录,他们的祖先被杀掉了、谁"殉国"了,被太平军杀掉了还是饿死了,都有非常细微的数字——这是隐瞒不了的,非常触目惊心。

燕京书评:宏观和微观人口的研究表现出来有什么不一致吗?

侯杨方:没什么不一样,个体很难抵抗历史的大背景、大趋势。当然,相对来说,上海曹氏家族的社会地位更高一点,他们的抵抗能力更加强一点——比江阴范氏家族要稍微强一点,但总的大趋势还是这样的。

(采写 刘硕)

侯杨方：君臣之间是严格的主奴关系，明清没什么不同

清朝通过调整制度走出了统治中原的胡人短命命运，而关于清朝"人口爆炸""番薯盛世"的历史神话也值得重新反思。本文将讨论对比明清的制度问题，延续微观研究视角考察古代社会经济与军需的关系，并将重点放到清朝的中后期，如在周边列强环伺、危机四伏的时代，清朝的体制为何使改革举步维艰？

囚徒困境还是温情主奴？——明清两代君臣关系的不同

燕京书评：你曾有关于清代皇帝与大臣的囚徒困境的研究，但我觉得从你的清史系列第三册《名臣：大清帝国的君臣博弈》来看，清代的君臣关系算是中国传统人情社会中比较理想的了，两者之间既有制衡也有温情。当然，遗憾的是依然逃不出"一朝天子一朝臣"的命运：新帝登基，旧臣子可能就要小心了。你认为明代存不存在这种囚徒困境，与清朝有何不同？是什么造成了这种囚徒困境呢？

侯杨方：单从时间上看，明朝和清朝都维持了小三百年，但洪武年间大臣和皇帝的关系是非常可怕的。明朝主要是中后期以后，科举入仕的一批文臣的势力越来越大，他们和皇帝之间也形成了一个相对来说比较好的平衡关系和制约关系。例如，嘉靖以后的文官权力还是很大的，可以在一定程度上制约皇权。清朝其实是皇权独大的，所谓的皇帝和大臣之间的权力悬殊是要比明朝大得多。

当然，除了明朝洪武皇帝和永乐皇帝两个皇帝之外，清朝皇帝亲政和勤

政的程度是远远超过明朝皇帝的，尤其清朝康熙皇帝及其后的皇帝们，很多事都是自己亲自处理的，大臣仅仅是给他提出一个咨询意见。清朝前期的核心咨询决策机构是议政王大臣会议，是由满洲的八旗王公组成的，他们基本上都是亲戚；后来逐渐向汉人开放了一点，如张廷玉作为汉人能进入军机处了，这是雍正皇帝新设立的核心咨询机构。但是，军机处毕竟不是一个决策机构，决策就是靠皇帝一个人——所谓"乾纲独断"，这是清朝非常明显的特征。

因此，清朝皇帝和大臣之间的关系可以说是非常严格的主奴关系。你看《红楼梦》那些主人和丫头之间关系也挺好的，可这并不代表他们之间有任何平等的关系。例如，我们看清史系列第三册《名臣：大清帝国的君臣博弈》，我第一个讲的就是明珠和索额图。其实，索额图的下场是非常悲惨的，他是康熙皇帝的发小、皇后的叔父，还与皇帝一起擒过鳌拜，这是非常铁的关系，结果因为拥戴康熙皇帝的太子，最终被处死了。

这是个典型案例，就是地位再显赫的大臣，最后只要触碰了皇帝的底线，即使押宝皇帝的儿子也不行，那你就是反对皇帝本身了，即使像康熙皇帝这么宽容的人照样把你的肉身彻底消灭。所以，我觉得清朝和明朝的君臣关系也没什么本质的差别。但是，清朝、明朝最大的差别是什么呢？还是清朝大臣的权力，实际掌握主要权力的是满洲八旗大臣，要到太平天国以后曾国藩那个时候汉人才崛起掌握了权力，之前汉人大臣的权力都不是很大。清朝皇帝和满洲大臣的关系就是主奴关系，如《红楼梦》中贾母和小红之间的关系是可以非常好的，但是一旦做了触碰底线的事，立刻反目就是完全可能的。

燕京书评：乾隆皇帝曾说"本朝既无忠臣也无奸臣"，这句话虽然自负但同时也意味着大臣们的免责和相对的安全。可在明朝后期，似乎所有的臣子不管做什么，最后都可能会变成皇帝的"背锅侠"。从这点来看的话，我觉得清朝君臣关系可能还是好一些。

侯杨方：对，清朝大臣基本都是皇帝的工具人，因为皇帝是很勤政的。至于明朝皇帝的"甩锅"情况，也就集中体现在崇祯皇帝本人，因为明朝的皇子教育制度不像清朝这么完善、严格。当然，清朝的皇子教育制度完善也是吸取了明朝的教训，文武教育都是以把所有皇子当作未来潜在的接班人为前提进行的。明朝达不到这个层面，这是很糟糕的。

崇祯皇帝从来没想到自己会成为皇帝，再加上他个性确实有点问题——但是，你要了解他十七岁当皇帝，相当于我们现在的高二、高三学生——接手这一个烂摊子能力确实跟不上，这是无可厚非的。所以，崇祯皇帝有一种天生"甩锅"的特性，喜欢把大臣当作"背锅侠"。

我想强调一下，崇祯皇帝这个人虽然是亡国之君的一个典型，但他其实就是普通人；而换作是我们的广大读者，如果你走上这个位置，表现基本上和崇祯皇帝差不多，甚至更糟糕——我怀疑大多数人的责任感应该还不及他强。人性的常态就是"甩锅"，真正敢自己主动承担责任的人很少，稍微对现实生活社会有点了解的人都会理解这一点。这可能让还在接受教育的思想比较单纯、满心理想主义的学生（人）认为很奇葩，怎么能这样"甩锅"，但其实这就是社会和人性的常态。我并不苛责崇祯皇帝，他就是普通人，甚至责任心方面、毅力方面远远超过普通人；但悲剧的是，他越努力明朝灭亡得越快，这一点我们就另说了，书中也有详细分析。

清朝皇帝在心态方面比崇祯皇帝好一点，尤其是康熙皇帝。康熙皇帝是一个非常好的领导，不管说主奴关系还是什么，他不"甩锅"给大臣，甚至主动承担责任，是自己的错就是自己的错，包括自己极为重大的决策失误——撤藩。清朝走的是"皇权独大"路线，所有的错都可以溯源到皇帝，这很清晰。

中原不是军队"化骨水"，后勤物资保障才是命门

燕京书评：目前，学界已有不少关于经济史的研究。你在书中提到，明代并不会比一个女真渔猎政权更穷，但是最后由于明末财政供应不了军队导致无力打仗。我们是否可以把事情简单化一些，换句话说，评价一个中国古代政权财政的好坏可以以其能否有效供应军队为标准吗？

侯杨方：这并不是完全一致的，中间存在一个转化效率问题。第一个问

题是这个社会创造出的财富有多少。明朝毫无疑问超过女真人甚至几百倍、几千倍都有，毕竟人口摆在这里了。但是第二个问题是创造出的社会财富能否被中央政府所掌握，变成中央财政。明朝虽然社会财富很多但收不上来，这和它版图辽阔、特权阶层以及交通条件有很大关系，因为当时明朝的财富主要是在南方，很难调到北方，而边患就在北方的长城这一线，整个运输的过程损耗太大，速度太慢。

举个最简单的例子，我书里也讲到过，明朝"一条鞭法"（明代嘉靖时期确立的赋税及徭役制度，即把各州县的田赋、徭役以及其他杂征总为一条，合并征收银两，按亩折算缴纳）以后，把财税换成白银交了。如果用粮食交，从运河运到辽东，送十石粮食能有一石送到就不错了，即所谓的"率三十钟而致一石"，损耗太大。所以，明朝就把白银直接运过去，结果白银在辽东买不到什么物资，只会导致当地的物价狂涨，经济更加崩溃，这就是很可怕的地方，财富转化的效率太低，因为交通条件太恶劣。社会财富不能有效转化成政府支配的财政，政府支配的财政又不能有效地转化成前线需要的物资，这才是最大的问题。

再加上明朝政治腐败，意识形态僵化，以及明军固守传统的作战方式，虽然明朝在辽东战场投了上亿两的白银，但还是每战必败。最后就成了一个死局，就是越折腾灭亡越快，抽血越来越多，但是你抽的血到辽东战场没有用，上去一批就被消灭一批，到最后还不如不打。结果，你从事后看不就是这样子，我看也不用收税了，也别搜刮了，因为你搜刮上去还是被人家消灭掉；不仅如此，还导致国内老百姓负担太重，发生"民变"。当然，还有一个关键的问题，皇太极确实是个天才的战略家和战术家。皇太极知道明朝的财富主要是从南方过来的，是通过运河运输的，于是就绕过宁远、山海关六次入塞，重点烧杀抢掠运河沿线。这样，明朝就更加没法输血了，因为皇太极把运河沿线几乎烧杀抢掠成一个无人区了，从河北、山东一直杀到江苏北部的宿迁，时间经常是长达几个月，如入无人之境。运河沿线是明朝最繁华的地区，清军一下来运河就断掉了，经济更加崩溃，这也是明朝败亡的一个原因。

燕京书评：对。我也是看到你这段论述，然后想起来之前有一个还很流行的观点——明朝是靠输入的白银续命，但你书中的论述好像把这个观点推翻了。

侯杨方：不是续命，而是像毒药一样。明朝把再多的白银送到山海关外都是没用的，因为没东西买，没有物资自然物价就暴涨，士兵的生活水平更差了。

燕京书评：对。所以，以前有些学者将西方现代的经济理论直接套用到中国古代，忽视了很多其他因素，造成了更大的误读。

帝制君臣初登外交舞台：清代的战争与和平

燕京书评：我注意到你书中的一个章节标题为——"平等或不平等：《尼布楚条约》意味着什么？"（《征战：大清帝国的崛起》），其实这个问题也是我们现代人的一个政治困惑，大家想到这个条约就会想到当时狼子野心的沙俄。但是，这个条约确实换来了和平，能让清朝专心处理准噶尔部的叛乱。从这个角度看，《尼布楚条约》有点类似北宋的"澶渊之盟"。你是怎样理解条约的平等与不平等的？

侯杨方：我觉得"澶渊之盟"也是平等的，因为北宋是心甘情愿签订的，效果也非常不错，确保了宋辽间的百年和平，代价比战争小太多。《尼布楚条约》肯定是个平等的条约。第一，《尼布楚条约》明确了中俄以额尔古纳河和外兴安岭为界，包括尼布楚一带这些地方清朝根本就从来没控制过。实际上，就是沙俄从莫斯科由西向东一路扩张，而当时清朝的有效统治仅到松花江沿线的宁古塔，后来逐渐向北推，两大帝国就在黑龙江相撞了，于是两大帝国之间的本地土著——布里亚特蒙古人或达斡尔人就夹在了中间。

第二，谈判的时候，双方肯定都先要狮子大开口，沙俄也是狮子，它开口直接要求以黑龙江为界，而清朝代表索额图当时提出以勒拿河与贝加尔湖为界，也是狮子大开口。最后，双方都妥协让步以额尔古纳河、外兴安岭为界，没有相互赔款，也没有割地。这样，清朝以此换取了沙俄不支持正在崛起扩张的蒙古准噶尔部，否则清朝会很麻烦。

燕京书评：我认为清朝对不同民族之间的相似度，信仰与文化的差异度，还有能控制的一个疆域范围是比较清楚的，没有像以前的征服者那样很强硬地说一定要追求更大的疆域之类的。

侯杨方：第一个是双方都同意，第二个双方都没有割地赔款，这就是平等。

燕京书评：你在书中经常提到朝鲜人的观察，我觉得这是一个很有意思的视角。历史学家吴晗曾经整理过《朝鲜李朝实录中的中国史料》，朝鲜可以说夹在北方的三个强国之间——明清、沙俄和日本。他们当时对宗主国的观察以及边境形势上，有没有和我们不一样的想法和立场？

侯杨方：从明末清初这一段时期看，朝鲜是毫无疑问全部站在明朝这一边，有一个很重要的原因就是万历皇帝出兵把日本丰臣秀吉的侵略军赶走了，拯救了朝鲜，所以朝鲜后来很报恩。同时，朝鲜从文化上、从体制上都特别崇拜明朝，他们对中国儒学的吸收最后比中国本身还要更加正统顽固：他们非常崇拜明朝，自认为是小中华；尤其清朝入关以后明朝灭亡了，他们认为清朝不配成为中华，朝鲜才是中华。当时，中华实际就是一个东亚文明正统的象征，因为清朝留着辫发、戴着瓜皮帽，那肯定不是中华衣冠，所以朝鲜鄙视清朝、崇拜明朝的心态是肯定的。

朝鲜君臣从心底都是跟着明朝这一边，但是非常不幸，清军两次入侵后他们被彻底征服了。清朝甚至还调朝鲜军队一起来攻打明朝，造成了他们身心的撕裂。清初的时候，朝鲜还希望自己出兵把清朝给推翻；尤其吴三桂起兵的时候，朝鲜觉得这是一个大的机会，希望吴三桂胜利，对吴三桂拥立了朱三太子——崇祯皇帝的儿子这件事信以为真，特别痛恨清朝。当时，朝鲜简直是一个明朝复刻，非常传统，比中国人还要传统。例如，我之前在纽约大都会博物馆看到朝鲜墓里出土的那些他们自己写的碑文或者刻文里，竟然有崇祯一百多年的这种纪年，年号上还信奉大明正朔。

但是，到康熙中晚期以后，朝鲜使臣的心态逐渐发生了变化，而清朝初期的时候则全是对清朝的谩骂和诋毁。到清朝中后期占领中原大概六七十年了，朝鲜也知道恢复明朝没戏了，这种仇恨心理才逐渐开始淡漠了。朝鲜使者和康熙皇帝本人有了接触以后，他们觉得康熙皇帝这个人对儒家经典非常熟悉，待人处事、行为能力都非常强，就逐渐产生了敬佩的心理；尤其跑到康熙皇帝住的畅春园一看发现很简陋，和他们之前想象的和诋毁的金碧辉煌完全不一样。当时，传教士也讲骑在马上就能看到畅春园里边了，围墙都那么矮，相当于普通的平房一样。所以，朝鲜使臣心理有了一个改观，觉得康熙皇帝很了不得。朝鲜君臣经过六七十年的挣扎后也逐渐接受了现实，能够客观地看待清朝了。

燕京书评：我们知道，左宗棠和李鸿章两个人关于发展塞防还是发展海防有着不同看法，清朝对于南北的政策则是"南不封王，北不断姻"。这是不是意味着，其实清朝很早就意识到，这两边实际是都不能放手的；而对于一个北方政权来说，中国的东南部本身政治意义并不大，南明及民族主义思想强烈的汉人应该也不会再成什么气候，但是抵挡不过从海路而来的日本人、荷兰人和葡萄牙人的危机。所以，是不是说左宗棠和李鸿章的想法都是对的，只是因为钱不够只能厚此薄彼？

侯杨方：第一个问题是财政，因为塞防的主要内容就是收复西域新疆。当时，有种意见说新疆占了以后国防开支太大，军需用度太大，国家财政有限，如果要出兵收复新疆，那么海军军费就少了。海军在当时主要是为了对付日本，这是很清楚的。清朝也知道日本经过明治维新，可能未来会成为重大威胁，因为日本18世纪70年代就开始试图侵略台湾，清朝很害怕这一点。第二个问题是塞防和海防的双方侧重点不一样。按照清朝的体制，根据当时的意识形态，丢掉祖宗的土地是没法交代的，所以一定要收复新疆；单一个李鸿章要放弃新疆是不可能的，太后、皇帝都不敢承担这个责任，所以还是支持左宗棠的，借了外债让他去收复了新疆。

但是，清廷同时也不能放弃海防，同样也借外债，用来支持北洋水师对付日本。实际上，清朝的如意算盘是东南沿海和西北都要。历史很难假设，即便当时清朝放弃了新疆，全力发展海防，以后海军就真的能是日本的对手吗？我觉得也很困难，因为"道高一尺魔高一丈"，日本是以北洋水师作为目标的，一定要超过你、打败你。当时，晚清也真是有点山穷水尽了，而从事后的结果来看海防肯定失败了。甲午战争对清朝的打击是极其巨大的，至此清朝真的开始担心亡国了；大家对清朝政权失去信心就是从甲午战争开始的，因为居然被同处东亚的日本人打败了。之前被欧洲的西方人打败还能有个说法，被日本人打败连借口都找不到，甚至清朝起步改革比日本人还早，但"蕞尔小国"居然把清朝给打败了，这时政权的合法性就开始动摇了，所以才被逼无奈进行激进的戊戌维新。当然，左宗棠收复了新疆，维护了我们现在中国版图的完整性，非常重要。

甲午战争的惨败与体制存续的需要：光绪皇帝的头是如何向前看的？

燕京书评：美国传教士何德兰（Isaac Taylor Headland，1859—1942）有一句话让我印象很深刻——"中国人的头是向后看的"，他认为光绪皇帝是头一个在龙椅上向前看的人，所以对他评价很高。何德兰所指为中国古人的尚古思想，可到了"五四"之后全盘推翻又成了我们的毛病，导致永远是未完成的启蒙状态。我们的思维似乎总是处在两个极端上，你对此有什么看法？

侯杨方：中国的体量太大了，第一个是版图太大，第二个是人口太多，第三个是两千多年的意识形态固化的时间也太长了，成了一种所谓的"超稳定结构"，导致很难接受新生事物。不过，几亿人里总归是终究有人能觉醒的，但是觉醒的极少数人改变不了整个世态。你说服不了其他人，如网上辩论或者面对面辩论都改变不了别人的价值观，这是为什么呢？绝大部分人甚至90%以上的人都是后知后觉的，只有他自己的利益被触动了、被打击到了，他才会产生质疑，才会微弱反抗，才会思考意识形态与社会体制有没有问题；而在没有被打击到之前，他是没有想法的，甚至还嘲笑其他觉醒的人。例如，我们从防疫就看得出来，很多人喜欢别的地方被封住，因为这样自己安全了，并能安全地嘲笑被封住的地方，可以秀优越感。但是，他们没有想到过，在别的地方能采取这样的措施，也很可能轮到自己的地方、自己的头上，这就叫后知后觉；而先知先觉的人，却会通过逻辑推理与同情、同理心参透事情的本质。

也就是说，后知后觉的人容易缺乏同情、同理心，缺乏对别人或其他身处困境的人的同情；而没有同理心意味着他不想改变不合理的东西，只想着自己侥幸逃过并同时取笑他人以博取优越感。实际上，绝大部分人都是幸灾乐祸或者是自扫门前雪的。

我们中国人因为背负的遗产太多了，启蒙转化非常慢，但很可能19世纪东南沿海的极少数人早就觉察到了清朝这个体制继续不下去了。其实，比光绪皇帝觉醒早、认识更深刻的清朝官员也有好几位，如淮军将领张树声、湘军的郭嵩焘早就看透了这一层。甲午战争之前，洋务运动进行得蒸蒸日上，号称"同光中兴"，大家都觉得清朝中兴有希望了；但张树声和郭嵩焘已经看出危机了，觉得肯定会出问题，因为整个体制和整个思维方式并没有改变。最后，果然甲午战争终结了虚幻的"中兴梦"。张树声和郭嵩焘的认识叫先知先觉，但是他们如果敢公开出来说服其他人，肯定会被骂成卖国贼、汉奸，而这实际也是郭嵩焘的悲剧。郭嵩焘虽然说的是些浅显的常识，但是当时的绝大多数人接受不了，甚至现代人也未必有多少人能接受，因为很多人还没被重击到，没被拳头打到，就永远醒不过来，甚至被打到也未必醒。

为什么光绪皇帝是龙椅上第一个头向前看的人呢？因为他刚刚掌握实际政权以后干的第一件大事甲午战争获得了惨败，动摇到他的政权了，也就是被拳头打倒了，所以他实在没辙了觉得必须要彻底改革，但是彻底改革就触及清朝的核心统治层满洲亲贵的利益了。因此，从当时的角度看，光绪皇帝是"保中国"不是"保大清"——大清就是政权，中国就是这个国家。所以，满洲亲贵们攻击光绪皇帝"把中国保住了，把我们大清弄亡了"，他触犯到了清朝的最根本利益，最后本人"不得善终"也是必然的，即使是皇帝也不行，更不要提其他人了，这样清朝政权已经丧失了自我改良的能力。

说到底，就是绝大部分人缺乏同情、同理心，缺乏逻辑思维，缺乏常识认知，当然会缺乏一个先知先觉的预判，因为他们的预判总认为自己是幸运的。现在，一群人看到别人在受苦或者怎么样还感到暗自欣喜，他们和当年围观喝彩谭嗣同被杀的看客有什么区别？一百多年前"戊戌维新"的时候，中国绝大部分人还是文盲，既得利益集团都想着"保大清"，这样怎么可能改革成功？所以，中国历史一直是这样的，都是极少数人先觉醒了，但是没办法改变。大一统体制虽然提升了整个社会运行的效率，但如何提高社会活力和创造力就成了一个新的问题。为何春秋战国社会发展快，能百家争鸣呢？因为它们每个诸侯国都很小，面临着生死存亡的竞争，意识形态与体制的约束放到一边去，首先活下来再说。

（采写　刘硕）

邱捷：体制性腐败，导致晚清官场官官相卫与民生艰难

晚清同治、光绪之际，浙江举人杜凤治在广东做州县官十几年，留下数百万字的日记。日记主要内容是杜凤治眼里和心中的官场，它如同一面镜子照出了晚清官场的百态，为州县衙署的具体运作、州县如何借助士绅的基层权力机构管治乡村社会等方面提供了很多细节。其中，南海知县任上的日记，反映了晚清官府对大城市的管治；有关听讼的记载，透露了州县官在审案时的种种考量，使今人得以了解官员为何经常偏离王法做出判决；有关州县催征的记述，有不少清代赋税研究者尚未充分注意的事实；对官员交往、馈送、收支的记述，构成了一个个关于晚清官场"无官不贪"的生动而可信的故事。

对此，中山大学历史系教授邱捷，以近二十年的时间阅读了这部日记。在新近出版的《晚清官场镜像：杜凤治日记研究》一书中，他以杜凤治日记为主体，结合广东省的地方文献以及其他史料和专著等，呈现了同治、光绪之际的广东社会、中外关系，整个广东官场的生态、州县衙门的公务、审案、缉捕、征收赋税，以及州县官与士绅的合作等内容。

可以说，《晚清官场镜像：杜凤治日记研究》为人们理解古代社会的官场逻辑提供了可资信赖的叙述，让读者更能深入理解清末皇权专制之下被扭曲

邱捷，中山大学历史系教授、博士生导师，曾任中山大学历史系主任等。长期从事中国近代史的研究工作，主要研究方向为孙中山研究、辛亥革命研究、近代商人、晚清民国初年的中国社会等。出版著作有：《孙中山领导的革命运动与清末民初的广东》《晚清民国初年广东的士绅与商人》《近代中国民间武器》《孙中山与中国近代军阀》（合著）、《晚清官场镜像：杜凤治日记研究》，并参与编撰《孙中山年谱长编》《孙中山全集》，校注《杜凤治日记》等。

的官民关系，对所谓"皇权不下县"以及乡村社会底层民众的艰难生活有更深刻的认识。从历史的意义上说，真实的历史往往就是最好的清醒剂，而唯有认清专制的罪恶才能割舍那些虚幻的表象。

本文就清末官员腐败与政治制度的关系，官场生态和官场风气的形成，官员行动的内在逻辑等问题一一作答。

清朝的皇权制度：偏重于维护"皇权永固"

燕京书评：作为州县官，杜凤治要负责县试、审判、缉捕、征粮等公务，这对一个人的能力和素质有很高的要求。另外，他拥有的人手、经费等资源不多。如果从成文的法规、典章看，清廷授予州县官的权力不算很大，但州县官实际上行使着很大的权力。从政治学的角度说，"权力导致腐败，绝对权力导致绝对腐败"。《晚清官场镜像：杜凤治日记研究》显示，滥权横暴、权力寻租等现象遍布晚清官场。是否可以说，这是一种制度现象？

邱捷："官员行为与制度的关系"，是一个可以写很多本书的大题目。清朝官员的普遍行为，当然是清朝制度导致的。任何一个朝代，其典章制度设计的根本目的都是维护皇权。清朝吸收了秦朝以来两千多年历朝的统治经验，其典章制度之严密，可谓登峰造极。也如其他朝代一样，朝廷既要官僚集团完成管治民众、征收赋税、维护秩序等政务，又要防范官僚权力过大威胁皇权，还要限制官员过于横暴、贪婪激发民众反抗危及统治秩序的稳定，制度的设计可以说是面面兼顾。

然而，清朝是以儒家的纲常伦理为指导设计了一套很理想化的制度，表面上条文严密，实际上处处有悖论。清朝的法规、制度偏重于维护"皇权永固"，不会顾及平民百姓，很多地方甚至没有为官员着想，所以按典章制度往往就行不通。例如，一个州县编制上只有几个文官，几十个书吏、衙役，没有固定的办公经费，任何州县官都不可能凭借朝廷规定的人手、资源管治一个州县，要施政就只能在制度外想办法。又如，清朝给官员的"法定"收入即俸禄加养廉（银），远不足以应付公务开支，更不必说给上司的馈送、贿赂以及维持本人、家庭的锦衣玉食了，那就只好努力谋取法外收入。再如，《大清律例》对官员贪污规定了严厉的惩罚，受赃120两银子以上可判处绞刑，如果真的依法从事，官场将无人可幸免。总之，清朝的制度只着眼于维护皇权，既脱离实际、刻板不变又漏洞百出，推行时就会留给官员很多滥权牟利的空间。

燕京书评：中国有一句成语形容当官的好处，"一人得道，鸡犬升天"。《晚清官场镜像：杜凤治日记研究》显示，杜凤治在同治五年（1866）到广东任职之前，一家人生活贫困；到广东当州县官之后，自己的儿子、侄儿、亲戚等都跟着沾光，似乎名正言顺且不算违规，类似于"权力的红利"。这种现象在清末普遍吗？如果这一做法绝对不允许，但实际上被默许，其原因何在？

邱捷：肯定很普遍，否则就不会有那么多人想当官了。在清朝时，读书人"就业"的门路有限，当官大概是最能获取利益、最能光宗耀祖的职业。清朝的制度虽然繁琐，对官员的行为有很多限制，但基本是执法不严、有法不依。各级官员都可以利用权力牟取利益，也就都能获取"权力的红利"。在宗法社会，一个人当了官以后，一般难以做到"六亲不认"，总会对家庭、家族、宗族、亲戚予以程度不等的关照。穷书生一旦当官任缺，其父母、妻妾、儿孙等直系亲属的生活当然会立马改善，如果他们作为官亲参与政务，还可以利用官员的权力谋取更多利益。

燕京书评：清朝实行低薪制，官员的薪资加上没有充足发放的养廉（银），不足以维持一家人的生活，也不足以维系官场的各种礼送往来以及必不可少的开销。正如你在书中（《晚清官场镜像：杜凤治日记研究》）所说，这迫使州县官员想方设法谋财。从这一点来说，所谓晚清"无官不贪"，一定程度上是因为低薪制所致。这种情形，清廷不可能一无所知，但一直没有办法根治，如雍正的养廉银制度很快就失效了。那么，这是因为当时的课税来源有限，还是政治治理技术不足，或是其他原因所致？

邱捷：前面说过，清朝制度是按照儒家纲常伦理设计的，有太多脱离实际的地方，而且完全不适应于社会与现实的发展变化。关于"无官不贪"与清朝薪俸制度的关系，以杜凤治日记为依据，可以对你的问题做更具体的答复。杜凤治当知县，每年俸禄只有45两银子，这个数额在清朝初年或可勉强维持本人生活；但清中期以后，物价猛涨，等到了同治、光绪年间，45两银子在广东只能购买三四十石大米，维持官员本人和家庭的生活已不可能。清朝在雍正年后给各级官员发养廉（银），杜凤治在广宁当知县每年养廉（银）600两，在南海当知县则是1500两，如果这是纯收入，维持本人与家庭丰衣足食当然没有问题，但其必须自行承担大部分公务费用。例如，杜凤治在南海知县任上，几位钱谷、刑名师爷的脩金共六七千两，而且晚清州县官的养廉（银）大部分会被上司扣除作为公务费用，称之为"捐摊"。所以，仅仅应付部分公务支出，俸禄加养廉（银）就已经远远不够，何况还有其他公务费用。

州县官各级上司的俸禄、养廉（银），同样不足以维持公务支出与生活所需；下属的例行奉献，已经成为惯例或规矩。既然法定的低薪无法维持各级衙署的基本运作，朝廷就不得不默许各级官员自行寻找解决办法。于是，各级官员都设法寻求额外收入，成为从皇帝到芝麻官以及全体绅民都知道、都心照不宣的现实。官员们寻求额外收入，当然不会得到维持公务的开支便收手。"千里为官只为财"，绝大多数官员都会极力牟取更多收入，只要不出事，哪管合不合法、合不合惯例！京城的官员较少有直接牟财的机会，但处于权力中心，地方官都必须向京官输送利益才容易保住官位，于是"无官不贪"的局面就形成了。至于你说的"清朝税收来源""政治治理技术不足"，当然可以部分解释这种情况，但清朝整个制度的高层设计远远脱离实际，更不适应社会发展，不可能靠增税或改善政治技术等具体措施来解决官员贪腐的大问题。

晚清官场的腐败体系：从上至下按照权力大小顺延

燕京书评：清代小说家吴敬梓的长篇小说《儒林外史》中有一句话："三年清知府，十万雪花银。"杜凤治在广东任州县官十几年，自己和家庭过着宽裕的生活，还还清了债务，为子侄捐了好几个官，并借机帮助了很多亲戚朋友。同时，杜凤治致仕从广东带回家乡的财产至少值白银45000两：按银价，大约值人民币604万元；按金价，大约值人民币3534万元；按黄金折合成美元，相当于513万美元。另有一些州县官，任职时虽然账面上亏累，但个人收入可能依然丰厚（"穷庙宇，富方丈"）。这种现象是否可以说明，儒生们"当官就可以发财"？

邱捷："三年清知府，十万雪花银"之说，肯定有夸张。杜凤治日记提到一位做得比较"正常"的广州知府梁采麟，致仕回家乡时宦囊有几万两雪花银。当官，尤其是当州县官，能否免予亏累，能否发财，能否发大财，是由很多因素决定的，如与是否长期有缺、所任缺分的优劣、牟财手段的高低、生活的奢俭、运气的好坏等都有关。杜凤治日记提到，张庆镳只署理一任东莞知县就得到5万两银子，但张琮当南海知县则亏了几万两银子，因为张琮比较书生气，出手太松，任上刚好碰上瑞麟去世、新总督英翰来任等大事支出巨大，并来不及弥补就被撤任。当然，杜凤治日记也提到很多喊亏累的官员是"官亏私不亏"，但确实并非所有官员都能发财，更非所有官员都能发大财。杜凤治在日记中多次说过官场如赌博，他自己也说很少有州县官员能像他那样免予亏累，还能带着大笔银子辞官归里。然而，官员不管是否发大财，都必然会千方百计盘剥百姓，牟取各种制度、规例外的钱财，过上远优于一般民众的生活。

燕京书评：《晚清官场镜像：杜凤治日记研究》似乎揭示了一条腐败的权力链：作为州县官，杜凤治馈送和贿赂的对象包括总督、巡抚、布政使、按察使、盐运使等省级官员，以及道员、知府等官员，还包括京官；杜凤治下属的书吏、衙役乃至士绅等，都要向杜凤治馈送和行贿。基本上，腐败的权力链是从上至下按照权力大小顺延，按俗话说就是"大鱼吃小鱼，小鱼吃虾子，虾子吃泥巴"，底层民众承受了最大代价。在君尊臣卑、上尊下卑、官尊民卑的等级制下，这种现象是必然吗？

邱捷：确实如此。在传统的农业社会，整个社会的财富主要靠勤苦耕作的农民创造，手工业工人也创造部分财富，而州县官则是统治阶层向社会剥夺财富的"抽水机"。州县官通过赋税浮收、馈送贿赂、敲诈勒索获取法外收入，书吏、衙役、士绅馈送给州县官的钱银归根结底也来自对庶民的剥削。

但是，州县官得到的银两不可能全部收入自己的腰包，其中部分必须向上司奉送，有时甚至是大部分。知府以上的官员不直接征收赋税，不直接审理案件，他们虽然也有直接牟财的机会，但更多钱财是来自下属，主要是来自州县官的奉送。州县官除了向顶头上司如知府、道员按照规则定时定量奉送外，通常还有不少临时、额外的奉送，也会越级向更高级的上司如总督、巡抚、布政使、按察使奉送。知府、道员也向省级高官奉送，省级高官又与京城的高官或用得上的京官（如军机章京、御史）分享自己的收益。这样，整个官场形成了一个利益输送链。前面提到，地方官牟取法外收入为何被默许，这个利益输送链就是主要的原因。如果严格限制州县官获取法外收入，从各省到京城的整个官场的收入就成为无源之水，难以为继。所以，高官不会严厉禁止下属贪污，皇帝也无法让官员们不贪污。

燕京书评：《晚清官场镜像：杜凤治日记研究》显示，杜凤治尽管在上司面前卑躬屈膝，但在下辖官员和没有后台的士绅、民众面前，官威同样很大。可以想见，这种现象在官场很普遍且习以为常。从你的研究来看，这种官场风气形成的原因在哪里？

邱捷："官威"是一个颇为有趣的问题，有权力的人对无权者以及权力不如自己者会有心理优势，即使没有其他原因也会显出威风。同时，"官威"不仅是官员们的心理需求，在某种程度上还是维护体制、施行政务的需要。上司对下属、官员对绅民必须居高临下，才可以维护整个社会上尊下卑的基本格局。所以，有很多成文、不成文的礼仪来规范官场上下关系、官绅关系、官民关系，甚至如何称谓也有很多讲究。

例如，道员以上高官才可以称大人，知府则称大老爷，州县官一般称老爷，小官称爷或太爷，州县官以下官员向上司自称卑职，等等。杜凤治对属下的绅民非常注意维护官威，对冒犯官威的庶民会叱骂、责打或给予其他苦头。但是，上尊下卑的官场生态主流也有另一些侧面，而杜凤治日记则反映了一些今人会觉得意外的细节，如上司一般只能使下属在官场上升沉，但很难置下属于死地,甚至断送下属官场生涯也不大容易。杜凤治成为老"官油子"之后,有时也会同某些上司抬抬杠;但杜凤治是个聪明人,是权衡掂量过才对权势有限的上司这样做的。

燕京书评:《晚清官场镜像:杜凤治日记研究》提及,州县官有一笔很大的支出是向各级上司馈送,此外还同时要向有交情又有地位的京官致送冰敬、炭敬,另外还要应付一些人到州县"打把式"。在这里,州县官员成了官场的财政汲取中心,是上级官员的腐败代理员。是否可以说这种公开的腐败已经从潜规则变成了显规则?如果一个类似海瑞的清官对此完全不予理睬,又会引发怎样的后果?

邱捷:在晚清,如果有人要像典籍记载的海瑞那样当清官,那根本无法当下去,就是不吃不喝也不行。如果严格遵照《大清律例》处罚赃私的条文,晚清所有州县官都必须判处绞刑。不过,晚清官场与社会对"贪""廉"的判断,早已不是根据法律和典章制度。例如,杜凤治对他认为的贪官也予以抨击,有时对好友滥取钱银也有所讥讽。杜凤治没有标榜自己是清官,但肯定不会认为自己是贪官。从杜凤治日记中的很多言论可以看出,官场对"贪官"还是有些模糊标准的,大致上就是官员不能在一般官员谋取法外收入的方式以外,别出心裁地创立谋财新办法,弄钱不可太狠,吃相不要太难看,不能留下明显把柄,别让士绅有太多指责,注意防止因谋取法外收入引发绅民抗议,等等。如果做到了,官场和社会就不会认为是贪官,即使受到指控也可化解;如果刻意标榜自己是"清官",摆出一尘不染的样子,就会被官场视为另类。

总之,随大流、小心谨慎地谋取法外收入就不会有大问题,而杜凤治就是一个谋取不少法外收入却免予被视为贪官的成功例子。后来,有御史把杜凤治列入广东官员中"赃私最著者"参奏(其时他已去世),但最后还是"查无确据"了事。

晚清官员的价值观念:修齐治平与个人利益最大化等量齐观

燕京书评:儒家士人注重"修齐治平",强调修身并提高自己的道德修养。在杜凤治身上,作为官员,他表现出强烈的实用理性,即一切以保住官位和谋取利益为主,而孔孟提倡的价值理性如"仁义礼智信"等尽管也有体现,但屈从于实用理性之下。你认为,杜凤治"修身谨严",有富有人情味的一面(《晚清官场镜像:杜凤治日记研究》,第21页),"如果按照晚清官场的一般标准,杜凤治不失为一个好州县官"(同前,第26页)。那么,杜凤治是否有实用理性和价值理性两者之间的"天人交战"?你如何看待他饱读孔孟,但进入官场之后的价值背离和抉择?

邱捷:关于"官员的思想行为与孔孟之道的关系",也不是一个三言两语就可以说清楚的话题。孔孟之道本来就可以兼容"修齐治平"与官员"合规矩"的利益,而从杜凤治日记似乎看不出其在遵循或背离孔孟之道之间有过激烈的思想斗争。杜凤治多次在日记中说过,官场如戏场。在催征钱粮时,杜凤治会以儒家典籍的记载,教训士绅要缴纳皇粮,对他们说"我是穷书生来当知县,不可能为你们赔垫";对延抗者,使用各种暴力手段催收。这时,孔孟之道、王法与切身利益都是杜凤治催征钱粮的动力,他不觉得这几方面有任何矛盾,不会认为自己违背了"仁政"的理念而实行"苛政"。这大概就是杜凤治对孔孟之道的"实用理性"吧。

杜凤治对纲常伦理的信仰,不能说都是虚情假意。例如,杜凤治在审案时,对守节多年或孝顺公婆的妇女都很敬重,在判决时必然有所偏向,这些他都做得很自然,看来是发自内心的。至于明显不符合孔孟之道的行为,杜凤治就算做了,也不会写入日记;但日记的字里行间,仍然可以透露出杜凤治有过不少违反纲常伦理的思想与行为。例如,儒家提倡"正意、诚心",杜凤治在官场上的言行很多就不符合这个标准。在杜凤治笔下,其他官员离经叛道的言行就更多了。今人通常认为传统社会的官员、士大夫提倡儒家纲常伦理是虚伪的,但我觉得不宜做简单化的判断,如杜凤治日记就提供了一个真实而生动的案例。

燕京书评:早有学者注意到,清朝州县官任免频繁,知县每任平均只有一两年。《晚清官场镜像:杜凤治日记研究》也显示,杜凤治本人每任也是多则两三年、少则几个月,其他州县官也如此。有些州县官是上司把他们调离、撤任、革职，有些则是自己要求卸任，甚至在优缺上要求卸任。例如，杜凤治任南海知县时，因为担心亏累及按察使张瀛在缉捕问题上找麻烦而主动要求卸任。州县官频繁更换，其深层原因何在？

邱捷： 在清代，缺分特别是优缺是紧缺资源，想任缺的官员远远多于缺分。所以，按官场规则，官应该轮着当，优缺、苦缺也得轮流当。另外，各个州县情况不同，有些官员缺乏能力，确实不能胜任政务特别繁杂的州县，或者出了问题、出了差错（如同当地士绅关系很恶劣、被指控贪腐）很难当下去，那就必须换人。对总督、巡抚、布政使而言，调整州县官既可以安置同自己关系密切、自己看好的人，更是收取贿赂的机会。

州县官自行要求卸任的理由也有很多。例如，希望从苦缺、平缺调剂到优缺，想在有支出而收入很少的时候卸任，或捞够了想回乡安享，或规避三参、四参（指盗窃案发生后要求限期破案的第三个、第四个延长期限），或躲避关系恶劣的顶头上司，等等不一而足。州县官更动频繁，总的来说对州县政务当然不利。州县官走马灯似的换人，在一两年任期内谁都不易熟悉地方情况，即使有心兴利除弊也难着手。后任更改前任的举措，也是古今中外官场的常事。州县官都知道自己不可能久任，就必然会倾向于短期行为，捞一把就走——这是州县官的普遍心理。这种情况，既是各级官员都尽力使自己利益最大化的官场文化造成，又反过来使官员更不关注政务、民生。

燕京书评： 同治皇帝死于 1875 年 1 月 12 日，但是作为罗定知州的杜凤治二十三天之后才知道。此事说明，在同光之际的广东，外国新事物的影响也不宜估计过高——此时，广东还没有电报，很多重大消息要靠香港转来（《晚清官场镜像：杜凤治日记研究》，第 68—69 页）。作为晚清史和民国史学者，你还认为，"从长时段看，近代中国的变迁是迅速的，但就个人的感受而言，物质、文化生活的变化却是一个比较缓慢的过程。鸦片战争后很长一段时间，包括官制在内的政治制度、官场运作、科举制度、家庭宗族、人际关系、物质生活等，都与鸦片战争前相差不大。在杜凤治笔下，多数官、绅、民对世界和中国大变局的感觉看来并不敏锐。杜凤治本人的思想和行为没有走出前现代，其他人更是如此"（同前，第 447 页）。你可否进一步解释一下你的观点?

邱捷:同治皇帝死后,广东官员对有关信息的接收和反应是一个有意思的细节,从中折射出晚清政治、经济、社会的很多问题。从杜凤治日记看,广东的中级官员杜凤治确实是二十三天后才知道皇帝已经不在人世。在 19 世纪 70 年代,电报不仅在欧美国家已普遍应用,在中国也有应用了,何以信息传播仍如此不灵?由此可见,不必过于高估当时外国新事物对官民日常生活的影响。然而,广东省城离香港、澳门不远,每天都有往返客轮,上海、香港的报纸早就刊登了同治皇帝"龙驭上宾"的消息,驻广州外国外交官也会把信息告诉中国官员。但是,在北京正式的哀诏(宣布皇帝去世的谕旨)到达广州之前,广东官场都装着不知道,没有任何表示,也不会公开谈论。如此可见,清朝制度僵化、脱离实际、落后时代、自欺欺人到了何种程度。

在当时的士大夫当中,杜凤治尚算愿意关注世界变化的人物。例如,杜凤治经常阅读报纸,又比较认真地读过徐继畬的《瀛寰志略》;但是他也只读懂了其中介绍性的叙述,徐继畬赞扬、歆羡欧美政治、法律制度先进性的内容并未引起杜凤治的兴趣。杜凤治从来不觉得中国的官制、科举、教育乃至捐纳制度有什么问题,更不会意识到应该改变。从杜凤治这个人物来看,可以反映出在 19 世纪 70 年代中国还不具备提倡政治改革的社会基础与社会氛围。

晚清官员与外国人:"顺从民意"和"畏鬼如虎"

燕京书评:杜凤治任南海知县之后发现,尽管各阶层民众反感洋人横行霸道,但一旦遭遇官司,就千方百计把外国人引入,以获得有利于自己的裁决。但是,杜凤治夹在洋人、上司和民众之间,难以谋取任何好处。杜凤治认为,洋人损了自己的官威,增加了麻烦,所以很恼恨。之前我读过周锡瑞《义和团运动的起源》,说一些官员因为憎恨洋人,放纵民众对洋人采取敌对措施甚至鼓励排外。以广东为例,杜凤治这类官员对洋人的恼恨,在后来广东的排外运动或涉外(群体性)事件中起到了怎样的作用?

邱捷：晚清的中外关系是个复杂的问题，而杜凤治日记在这个问题上的价值是提供了一个下级官员看待这个问题的视角。杜凤治宦粤时算是一个"中外相安"的时期，但欧美对华的扩张和侵略也不断加深。杜凤治日记中提到很多在粤的外国人，但杜凤治对他们基本没有好话，他笔下所有驻粤外交官无不蛮横、偏执、贪婪。杜凤治所记未必全是实情，但其时以不平等条约为护符的在华洋人横行霸道是各种中西文献都有反映的。其时，西方本土尚有不少贪腐之事，来华官员更不可能都洁身自好。所以，杜凤治有关他们徇私枉法、"无钱不要"的记载肯定有一定根据。在杜凤治日记中，即使级别不高的西方外交官都可以随时要求会见总督，而且在交涉时都相当强势。杜凤治习惯于被民众敬畏，对不把他放在眼里的洋人（甚至还有领事馆的中国雇员）自然会很恼恨。

不过，杜凤治也明白，如果辖境内发生民教冲突，最后吃大亏的首先是自己。所以，从杜凤治日记中看不出杜凤治有默许、放纵、鼓励民众排外的迹象；相反，他与多数广东官员都秉承瑞麟意旨，宁可费点气力化解、打压百姓的排外情绪，也不愿意排外事件发生。在同治、光绪年以后，广东排外风气不如北方省份激烈，既与广东社会通过港澳、南洋与欧美澳华侨对外国事物有更多客观了解有关，也与广东官场这个传统有一定关系。

燕京书评：同治十年（1871），广东、佛山等地讹传洋人派人在水井洒放"神仙粉"，人饮水后要求洋人医治，洋人就逼人信教，官府还拿获了所谓"洒药"的人（《晚清官场镜像：杜凤治日记》，第76页）。总督瑞麟千方百计在不得罪洋人和"顺从民意"中间寻找平衡点，压下了民间的反抗，避免了一场大教案。对照山东巡抚毓贤处理失误，瑞麟的做法固然有"大事化小，小事化了"的官僚做派，但从客观效果来说，确实化解了矛盾。你在书中强调，瑞麟曾与英法联军作战，比未与外国军队交锋的官员更怕洋人，按杜凤治的话说是"畏鬼如虎"。除此之外，瑞麟的做法主要出于怎样的动机和考量？另外，清末的官员在对待洋人时，是否都像《官场现形记》中的制台文明和江宁府六合县知县梅杨仁那样曲意逢迎和谄媚？

邱捷："神仙粉"事件，确实反映了很多问题。瑞麟虽算不上有新思想，

第三章 官场规则与君臣关系的现实

但多少见过世面,领教过洋人的厉害,且不颟顸糊涂,更善于做官。瑞麟当然明白,所谓洋人散播"神仙粉"毒害中国百姓的传闻绝无其事,所以处置这一事件的思路就是强调"神仙粉"与外国无关,都是中国个别歹徒编造的谣言。瑞麟这一判断,应该符合事实。但是,当时中国官、绅、民对洋人的反感、反抗,也不能简单视为不知好歹、愚昧无知。例如,旧两广总督衙署被英法联军所毁,旧址用于修建教堂,布政使衙署的部分被法国占据为领事馆……对这些事,官、绅、民不可能无动于衷。同时,有些对清朝统治不满的人,也因官员对外(国)人屈从而把矛头对准官府,如杜凤治日记提及的匿名揭帖,就既鼓动反洋人也鼓动反官府。杜凤治日记说某些盗匪、会党想借"神仙粉"事件烧教堂,引发乱事以便抢劫,也未必是无中生有。

总之,此事既是一次中外交涉危机,也是一场官民矛盾且可能引发动乱的内政危机。瑞麟对外没有对抗的实力和谈判的办法,除了极力请求外(国)人谅解外他什么都做不了;但他统治、镇压民众的经验丰富,办法很多,也有断决。所以,瑞麟处置整个事件的重心在于对民众施压,但具体做法方面则相当注意策略,如没有滥捕滥杀,只杀死几个没有背景、有"造谣"实据的倒霉蛋,震慑一般民众;他对官员、绅士也做了比较充分的布置和发动,利用各种方法化解民众的激烈情绪,终于"大事化小,小事化了"。

杜凤治日记多处提到,瑞麟同外(国)人打交道时比较注意身份和体制,也要求下属注意。至于《官场现形记》中所描写的那种官员对外人曲意逢迎和谄媚,瑞麟不会做,但他确实"畏鬼如虎",交涉时最多只能维持一下面子,里子肯定无法顾及。

燕京书评:作为儒家士人和官员的杜凤治,在日记中对洋人的称呼颇为蔑视并且冷嘲热讽,现实中却又处处受制于洋人,可以说他对洋人既有害怕和不胜其烦的一面,也有儒家士人特有的道德和文化优越感。如果我们以当下的眼光回望,平等对待洋人,对于纠纷就事论事、不偏不倚,以法律和公正为准则,显然更能让洋人心悦诚服且没有后患。那么,那时的儒家士人和官员为什么没有更好的办法对待洋人?

邱捷:到了同治、光绪年间,中外交涉时已经不是中国官员不愿意平等

161

对待外（国）人，而是外（国）人不愿意平等对待中国官民了。这是大量史料可以证实的。从杜凤治的日记看，外国领事馆的各级官员，甚至中国籍雇员对知县大老爷都毫不客气。对此，杜凤治无论作为官员还是儒家士人，肯定很不爽；但他毫无办法，只能尽量满足外（国）人的要求。杜凤治对外国在科学、技术、军事上的优势是完全明白的，其日记中几处有关轮船的议论就是例子，但他不可能想象出与洋人并驾齐驱的办法。当时已开展洋务运动，杜凤治是小官，没有直接参与，其日记中一些言论反映出他对发展近代科技完全不理解，也不甚愿意接受。杜凤治在日记中反映出的儒家道德和文化优越感，有时甚至关起门来骂几句"夷人""犬羊"，但这都只是他在与外（国）人交涉受挫受辱后的自我安慰或自我心理补偿而已，而他也知道说这些没有用处。

作为参与交涉并承担责任的下级官员，杜凤治本来没有关于外交的训练和经历，也没有专职、专业的助手，连翻译人员都是外国领事馆提供的。杜凤治有关外国政治、法律的知识很肤浅，本来就不适合、也没有能力从事对外交涉，但总督委派下来他不得不做，所以他做得很吃力、很被动、很烦心。在当时，整个广东甚至整个中国官场都找不出几个有能力做近代外交的官员，而清朝的教育、职官制度又培养不出这样的官员，这是清朝政治制度总体情况决定的。

（采写　张弘）

邱捷：从督抚到县官，都自觉维护官场整体利益与脸面

在帝制时期，读书人最大的梦想就是通过做官建功立业，同时过上优裕的生活。据五代时王定保所著《唐摭言》载，有一次，唐太宗李世民私自去视察御史府（考试进士的地方），看到许多新取的进士鱼贯而出，便很得意地说道："天下英雄，尽入吾彀中矣！"

然而，由于帝制时期生产力低下，加上皇权专制扼杀了资本主义的产生，古代读书人的出路太少，以至于朝廷能够提供的官员职位往往供不应求。部分人在科举考试中胜出，只是意味着获得了做官的资格，有了做官的机会。中山大学历史系教授邱捷的《晚清官场镜像：杜凤治日记研究》显示，浙江人杜凤治1844年考中举人，好几年在京生活拮据，直到1866年五十三岁的杜凤治才得到去广东任职的实缺，为打点上司和上司衙门并筹措差旅费举债几千两白银，在广东做官两年才全部还清。但是，等到杜凤治1880年（光绪六年）卸任后，从广东带回家乡的财产至少值白银45 000两。可以说，杜凤治十四年任职州县官，让他积累了大量财产。

尽管如此，杜凤治常常说自己不爱财，以"不苟取"自诩。在财产积累的经济事实和杜凤治的自我认知之间，似乎存在着不同的标准——从财产数额和法定收入来看，这些大都属于法外收入。在晚清官场"无人不贪"的情况下，杜凤治或许在获取法外收入时注意了分寸——这或许就是"不苟取"的实质。

杜凤治对朋友、同僚、下属、下人甚至一般人，表现出富有人情味的一面。作为官员，杜凤治官威大发时也会蛮横凶狠、冷血无情——在审案时，他经常用酷刑，致使受审者重伤；在缉拿和催征赋税时，他使用了很多暴力

手段。但总体上，邱捷认为，"如果按晚清官场的一般标准，杜凤治不失为一个好官"。

本文就清末官场官官相卫的情状，州县官员的生财之道，审案、缉捕、征粮时的执法犯法，乡村民众的真实生活，官绅和官民关系等问题一一作答。

官员之间争权夺利，官民纠纷中官官抱团

燕京书评：《晚清官场镜像：杜凤治日记研究》揭示，广东官场的各级官员之间，存在许多心照不宣的做法，尽管有些事情清廷有律令规定，但实际起作用的往往是这些心照不宣的做法。用学者的观点来说，这就是"潜规则"。但是，你在全书没有使用过"潜规则"这一概念，是这一概念不足以解释你所研究的史实吗？

邱捷：我没有用过"潜规则"这个词，但我所说（其实魏光奇等学者早也说过）"典章制度所无而实际上通行"的规则，与"潜规则"的意思应该有些相近吧。

因为清朝成文的法律法规根本无法解决施政时的各种具体问题，也不能解决官员合理收入等实际问题，所以官场实际上的运作规则与典章制度经常有出入，甚至相违反。如果刻板地按典章制度根本行不通，官场只能找各种变通办法，于是形成惯例、形成规则。例如，清朝制度规定，州县官辖境出了三次抢劫，到期限破不了案就要参劾。晚清社会发生了很大变化，南海县人口过百万，境内还有广州、佛山两个人口众多的城市，其实每天出三次抢案都不奇怪，以当时的技术手段，抢案必破绝对做不到。

面对典章制度如此不切实际的规定，官场上下只好心照不宣地想办法绕过相关条文。至于典章制度有关官员收入、受贿处分等规定，官员们会更主动地想出各种办法规避，形成实际上的规则。违反典章制度而尝到甜头的官员们，更愿意实行和维护实际上的规则。学者所说的"潜规则"，更多指后者。

燕京书评：《晚清官场镜像：杜凤治日记研究》在一定程度上呈现了清末

官场的现象：就整个官场生态来说，后台硬的官员位置更稳固，而官官相护的现象十分明显。以杜凤治为例，为其他官员求情、缓颊、谋职、请托等例子极多，而他也从这种官官相卫的官场生态中获得了好处。作为官僚共同体中的一员，杜凤治帮助其他官员的动力和原因有哪些？

邱捷：杜凤治日记为清朝官场生态提供了很多有趣的细节。官场上尔虞我诈、互相倾轧等是人所共知的，但从杜凤治日记中又可以看到，杜凤治作为官场这个"利益共同体"的成员，对处理自己与这个共同体的关系时会自觉遵循某些规则：他为其他官员求情、缓颊、谋职、请托，既是为编织、巩固自己的官场关系网，但有时又是颇为自觉的行动。例如，杜凤治资助一位年已八十岁、生活无着的佐杂"沈老人"，不可能获得任何直接回报和好处。但从杜凤治日记看，他做得颇为真诚。从很多地方可以看出，杜凤治对官场共同体利益和规则的维护、坚持，不下于遵守王法。例如，杜凤治为一些年老、多病、无能的官员求差求缺，其主要理由往往是，如果这个人没有差、缺就过不下去了，甚至会性命不保。但是，这样的人任差、任职是否对得起朝廷，是否对百姓有害，杜凤治就不管了。

官员们彼此争权夺利，但遇到官民纠纷之类的事情时又会抱团，甚至维护自己的官场竞争对手。从督抚到九品芝麻官，在维护官场整体利益与脸面的问题上都有不同程度的自觉性。这种情况，对平民百姓当然不好，对朝廷肯定也不利，但无法改变。

燕京书评：以州县官员为例，在哪个州或县任职，经济收益会明显不同，因此有优缺、有苦缺。从任职者的角度出发，他们肯定更愿意任优缺，不愿意任苦缺。当任职者的意愿和督抚、巡抚不一致，或者肥缺的竞争者太多时，有哪些因素决定了最后的结果？这一互动的过程是怎样的？

邱捷：这也是清朝制度设计脱离实际造成弊端的一个例子。如果每个官员的收入主要来自俸禄与养廉（银），无须自筹大部分公务开支，无须按"规则"向上司馈送，官职相同待遇即相近，缺分就不会存在那么明显的优、苦差别。但是，因为所有官员都必须设法寻找法外收入，所以缺分的优、苦与官员利益的关系就很重大了。优缺、苦缺之分，主要看有无亏累以及有无获取较多法外收入的机会。例如，肇庆知府是著名优缺，因为辖下有个黄江厘厂，每年可收"公礼"五六万两。但与肇庆知府同城的肇罗道员，却只是一个平缺甚至是苦缺，收入远低于其下属肇庆知府；管治肇庆府城的高要知县是著名苦缺，因为历史上留下很多亏空要后任流摊。

缺分的优、苦很复杂。据杜凤治日记记载，连布政使都搞不清楚缺分的优、苦，要经常请杜凤治来询问、讨论。缺分的优劣不同，对有委任官员权力的总督、巡抚、布政使就是寻租的大好机会。官员能否得缺、能否得优缺，由很多因素决定。例如，北京是否有高官极力过问，但一般而言，主要由总督、巡抚、布政使决定，尤其是督、抚。但具体情况不尽相同，督、抚中谁更有权因人而异。有些强势的布政使如杨庆麟，在官员委任过程中，实际权力会比一般布政使大。每个官缺的委任，几乎背后都有博弈。

皇权下县，更多依靠士绅掌控的公局

燕京书评：此前有一些学者提出过，古代社会是"皇权不下县"，意思是皇权只延伸到县一级，县一级以下主要是士绅主导下的村民自治。对此观点，张德美的《皇权下县：秦汉以来基层制度研究》、胡恒的《皇权不下县？：清代县辖政区与基层社会治理》均对此作出了回应。我读完《晚清官场镜像：杜凤治日记研究》之后也感觉，"皇权不下县"这一说法大可商榷，你怎么看？

邱捷："皇权不下县"，并不是说皇权到不了县以下的镇、乡、村。任何一个皇朝，来自土地所有者的赋税都是财政收入的主要来源，如果"皇权不下县"，赋税如何收得上来？"皇权不下县"的意思，是指在县以下没有朝廷所设立的政权机构，最基层的政权只设立在州县一级。但不少学者对此提出异议，胡恒的书名在"皇权不下县"后面加了个问号，他对佐杂在县以下区域的权力机构做了出色的研究，为讨论"皇权如何下县"问题提供了新思路、新观点。例如，广东，尤其是广州府的几个大县，设立的巡检司特别多，因而也是胡先生特别关注的区域。

我在《晚清官场镜像：杜凤治日记研究》中并未对"皇权不下县"问题做专门研究，更不打算同研究这个问题的学者商榷。我只是把杜凤治日记中有关这个问题的记载爬梳整理，希望提供一些新资料。从杜凤治日记看，巡检等佐杂有"分防"的辖区，主要职责偏重于维护治安，但对考试、征收等州县主要政务基本不沾边。研究本问题的学者都关注佐杂的司法权力，而杜凤治为我们提供了大量案例。按照清朝典章制度，佐杂没有听讼的权责，但州县官无法处理全部案件，不得不容隐、默许甚至委托佐杂审案。这也是清朝典章制度设计脱离实际的又一个例证。行使司法权力时有很多牟利机会，所以州县官与佐杂上下级之间，既有合作、分权，也有矛盾、博弈。

综合各种情况来看，广东多数州县，政权机构角度的"皇权下县"，大致上有如下几个途径：一是州县官直接派书吏、差役或幕客、官亲、家丁下乡代表州县官行使权力，其间得到地保等职役人员的协助；二是佐杂在一定区域行使权力；三是经州县官授权、由士绅掌控的乡村基层权力"公局"。不过，"公局"与今天"村民自治"的概念不宜比附，因为局绅不可能是普通"村民"，多数情况下也不由村民推举、不代表村民，大概是士绅内部推举，再由州县官认可、任命，有时甚至是州县官直接任命。州县官与公局的文书往来，基本参照上下级衙署的做法；士绅谒见州县官，也参照小官见大官的礼仪，同样要给州县官的管门家丁"门包"。公局有坐局办事的局绅，有征收、缉捕、拘传、羁押、调解、初审等权责，有直接掌握的武力，是"典章制度所无但实际存在"而运作的县以下的乡村基层权力机构。从杜凤治日记以及我看到的其他史料看，晚清广东"皇权下县"更多依靠的是士绅掌控的公局。

燕京书评：秦代至清代被称为帝制时代，对于这一时期乡村社会的生活，存在着两种观点：一种认为，宗法制下的农村温情脉脉，鳏寡孤独有宗族照顾，宗族祠堂可以让儿童入塾就读，村庄事务集体处理……还有一种观点认为，在宗法制下，普通民众既受到皇权和官权的压迫，同时也受到士绅和宗族的压榨，因此生活艰难。《晚清官场镜像：杜凤治日记研究》主要通过州县官员杜凤治的日记而展开，其中有很多内容涉及衙役、书吏、局绅等人对底层平民的压榨和盘剥,而征粮的浮收和多征现象非常严重。那么,同光时期广东乡村平民的生活状况究竟如何?生活质量和生活水平大致是什么情况?

邱捷: 从上古到晚清,乡村社会都不可能温情脉脉,因为生产力极其低下,生活资料普遍缺乏,不可能保证全体社会成员都过上温饱生活。宗法制主要是维持乡村社会的稳定,保证宗族上层可以养尊处优,做不到满足一般人生活的基本需要。处于下层的城乡居民生活,多数是十分艰难的,甚至是很悲惨的。杜凤治不甚关心和记载一般庶民的衣食住行,但对中下层士绅的生活有不少记载,包括他自己。

在得官任缺之前,杜凤治虽有举人功名、大挑知县官衔,但本人也仅能糊口,亲属就衣食不继了。在杜凤治日记中,他写了不少穷得叮当响的下层士绅与长期无差无缺的穷官、苦官。官绅中尚有如此多难得温饱的人,一般庶民更可想而知。官员、士绅未必时时事事都横暴地对一般庶民压迫剥削,但也不可能予以多少关照和救助;如果不盘剥下层民众,官绅也不可能有较优的生活。官绅剥削一般民众,任由他们自生自灭,大概是当时社会生活的常态。

古代民众供养管理,编制外人员多于正式编制

燕京书评:《晚清官场镜像:杜凤治日记研究》显示,广宁县编制内的衙役不超过100人,南海县稍多,这些衙役每年6两银子的"工食",本人糊口都不够,其酬劳主要靠法外方式取得(第213页)。可以想见,每个县近2000名或数千名衙役,他们必然会以损害和压榨平民来牟利,因为羊毛出在羊身上。此事的实质,是否可以说这种成本转移和权力寻租导致了更大的危害(包括社会成本、经济成本等)?

邱捷: 这也是清代制度不切实际的又一个例证。尽管清朝各级政府不向民众提供今人所说的公共服务,但仅仅为完成纯属官衙事务的征粮、缉捕、拘传、看守等,这几十名衙役绝对做不过来。至于省城广州,"编制内"的衙役更是远远不够。怎么办?只有撇开典章制度,自行设法增加衙役数量。在

当时，城乡都有大批无田可耕、无业可就的人群，编外衙役不怕没有来源，何况当上衙役后不管是否编制内都可以借助官权欺压庶民、敲诈勒索。从杜凤治日记看，"编制内"的衙役是总役、头役，他们会招收很多"编制外"的帮役以完成衙署的公务；还有一种"三小子"，是临时依附于衙役、没有任何名分的人物，也经常临时参与一些公务。即使是南海县"编制内"的衙役，每年也只有几两"工食"，任何人都不可能靠这点银子养活自己；而帮役、"三小子"等，更是分文没有。

可以说，朝廷与官府基本上不向衙役支付"工资"或"生活费"，他们得自己想办法。但是，这种状况对衙役们更有利，因为可以理直气壮地采用各种手段牟财。衙役只要出动，不论是催粮、拘传、勘验、调查还是缉捕，所到之处无不向一切可以敲诈的人索贿。但凡涉及官司，不论原告、被告，甚至是受害事主，无不要向衙役纳贿，否则就要吃苦头。衙役最希望出现大案、重案，因为可以广为株连，勒索更多人，获取更多钱财。杜凤治日记里记录了几个刑事案的受害者，因候审被暂时羁押，衙役把他们与疑犯一样捆绑、虐待以勒索钱财。包庇赌博、妓馆更是衙役收入的经常性来源。有些衙役比州县官还富有，如南海县头役刘标竟是承包闱姓（一种猜买科举考试中式者姓氏的赌博）的广信堂的为首者，而承包闱姓要向官府缴交40万元银钱，由此可见刘标富有的程度。

当然，多数衙役不可能像刘标那样富有，但他们基本没有合法的收入，却有以执行公务之名敲诈勒索的权力。衙役充任时要向州县官缴交"充费"，平日还要送礼纳贿，也就是说要向州县官分享自己的非法收入。书吏、衙役的奉送，是州县官法外收入的重要来源。因此，州县官对衙役的各种非法行为多数会默许、纵容。

燕京书评：如你所说，除了官员以外，每个州县数以千计的吏役实际是由百姓供养；此外，局绅等人也鱼肉百姓。从百姓负担来看，清朝的行政成本极高。这种情况，清朝统治者和高官们肯定知道。那么，在君主制和当时的情况下，他们有意愿和能力改变这一局面吗？是否可以说帝制本身导致了这一态势？

邱捷：网络流传一些网文，针对现实中"由百姓供养"的人太多而主张要大幅减少，往往以各个朝代"由百姓供养"的人远远少于今日作为论据。今天限制、减少"由百姓供养"的人员是必须的，但认为历朝"由百姓供养"的人远少于今日则不符合事实。那些网文的作者只根据典章制度所载的数字计算某朝代"由百姓供养"的官吏、衙役，却不知道有数十倍甚至数百倍的"编外"人员同样要"由百姓供养"。一个州县，除了"编制内"的几个官员、几十个书吏与衙役之外，还有上司不定期派到州县、多如牛毛的委员，以及额外书吏、衙役，加上"三小子"，每个州县官都不可能知道具体数字。各个公局的局绅，加上其中的局勇、团练等，还有地保、街正之类，都无不要"由百姓供养"。这些法外、编外的人员，加起来数量极大。

执行政务成本之高，可用杜凤治征收钱粮做例子。例如，广宁县，每年额定正银7000多两、米8000多石，但多数年份不能足额征到。广宁其时人口有30余万人，表面看这个征收额摊到每个居民头上很有限，但业户实际上的付出要比这个数额不知大多少倍。杜凤治下乡催征，动辄是上百人的队伍，连同原先在乡的书吏、粮差，人数更多，而这些人都靠额外浮收、敲诈勒索作为收入来源。因此，龚自珍所说"国赋三升民一斗"，远不能反映国赋定额与"民"实际付出的比例，但任何皇帝与任何官员都无法改变这种情况。

替罪销案：古代"神探"是不可能存在的

燕京书评：《晚清官场镜像：杜凤治日记研究》写了杜凤治多个审案的案例，这些案例让我感觉到清朝的法制不仅只为巩固清朝统治秩序服务，与现代意义上的法治格格不入，而且杜凤治和其他官员在司法实践中好像也并未严格依据《大清律例》判案，还经常不顾案情真相。例如，士绅罗文来强奸侄媳案，杜凤治也拒绝认定强奸案情，只是罚款了事，受害者罗绮林夫妇最终只能忍气吞声。另外，很多官司打下来，控辩双方都最终双输；有时，杜凤治还会自掏腰包补贴贫穷的当事人。杜凤治对各个案件的做法似乎差别很大，其中有没有内在的逻辑？

邱捷：杜凤治日记记录了数以百计的审判案例，我觉得其是研究清朝法制有价值的新史料。最有价值的点是，杜凤治日记不仅反映了州县官如何审案，而且反映了他们为何如此审案。今日审案强调以事实为依据，以法律为准绳，而清朝时官员也会以类似语言来标榜。对于杜凤治审案时是否"依法"，很难简单评判。杜凤治身为知县，审案当然必须依据《大清律例》；但如何"依据"，如何审定案情，就有很多讲究。

例如，你提到的罗文来被控强奸侄媳案，从杜凤治日记看，杜凤治猜得出强奸一事属实。按照《大清律例》，强奸侄媳是死罪。杜凤治信奉纲常伦理，对这种禽兽之行是深恶痛绝的；但他却没有深究此案，原因何在？富人涉及奸案是索贿的大好机会，但在杜凤治日记中看不出有无纳贿。撇开无法证实的行贿情节看此案，杜凤治不深究强奸情节的思路是可以梳理出来的，但以当时的刑侦技术要认定奸案是否真的发生过极为困难。杜凤治曾谕令罗氏族绅查复，但族绅如何能够查得清楚？何况，谁都不愿意为这种事出头负责，所以罗氏族绅迟迟不回复。同时，如果罗文来的罪名落实并被定死罪，对杜凤治而言其实并无好处，因为在此后的审讯环节罗文来必定翻供，案件反复就有可能被官场对头利用；就算没有其他波折，按程序把此案层层上报，其间的麻烦和费用也不少。

对罗氏宗族而言，叔父强奸侄媳的案件会让全族蒙羞，罗姓族绅肯定不愿意。受害者罗绮林夫妇显然是弱势庶民，罗绮林是通过姐夫、杜凤治的门生黄宪书才得以立案的，如果杜凤治过于打压受害人，会损害自己在士绅中的威信。但认定强奸罪名成立，是否对罗绮林夫妇就最有利呢？其实也未必。因为杜凤治只是负责初审，不能最后定案，后面还有多重审讯环节，所以罗绮林夫妇最终未必能申冤。罗文来一旦翻供，罗绮林夫妇就必须继续参与诉讼，会长期被羁押候审，羁押期间衣食费用全得自行承担，还必然会被衙役虐待、勒索，同时青年妇女在公堂上一再被讯问奸案细节无异于进一步受辱，而且富人罗文来还可以搞出其他花样和风波。杜凤治认为，不认定强奸的事实，罗文来就不必重判，罗氏家族面子可以保全，罗绮林夫妇也可以免受更多损害、屈辱，自己更可避免麻烦和损失。于是，杜凤治就不顾案情，绕过王法大事化小，把强奸大案办成风化轻案，罚罗文来一笔银两了事。

杜凤治日记没有记载如何安抚罗绮林夫妇，但他在大事化小地处置其他奸案时通常会判疑犯给予受害者一定补偿，此案估计也是如此，只是没有记载而已。罗文来即使没有行贿，那笔高额的罚银其实也会直接或间接地成为杜凤治的收入（因为州县官的账房是公私不分的，罚款用于公务就等于节省了杜凤治的开支）。其他案件处理的思路和逻辑，与此案也大致相通。杜凤治首先考虑的是会不会危及自己在官场上的地位，会不会给自己增添麻烦和开支，同时也考虑当地士绅的看法，有时也适当地为当事人着想。因此，在杜凤治看来，大事化小是绕过王法的最佳办法，也对自己最有利。由此看来，很多州县官也是如此办案的。

燕京书评：在缉捕过程中，杜凤治除了带领大队衙役下乡，更主要的是利用当地士绅捉拿案犯。在此过程中，杜凤治采用了很多非法手段，如扣押士绅或其他无辜者勒令宗族或村庄交出案犯，焚烧房屋，甚至滥杀无辜等。此外，由于一些法规和制度脱离实际（《晚清官场镜像：杜凤治日记研究》，第280页），杜凤治将一些无法侦破的案件安插到一些已经被判斩首的罪犯身上，然后销案；而杜凤治的上级，也支持他的这种做法。那么，州县官员执法犯法，用掩耳盗铃的办法规避盗案处分并得到上级官员帮助，其内在机理是什么？

邱捷：一些影视作品中的古代"神探"，在历史上应该不可能存在。从杜凤治日记我们可以知道，晚清衙役侦破案件无非靠查访、购线（指征求破案的眼线）等笨办法，审问疑犯靠刑讯逼供，与千百年前差不多。杜凤治日记没有提及过衙役有办案技术、体能技击的培训，没有提及衙役有专业考核。因为充任衙役必须向州县官缴交"公礼"，而衙役又可以借权牟利，所以"役名"甚至是一宗财产，可以抵押、转让。其实，衙役并没有多少侦破案件、缉捕盗匪的能力。

杜凤治在南海任上说过，从未见衙役捉拿过著匪、要匪、真匪，这是气头上的话，或者过甚其词，但肯定不是毫无根据。勒令宗族、公局"交匪"

是杜凤治缉捕最简单、最常用的做法，但真正的盗匪岂是那么容易被拘捕、被交出的？盗匪只要离开本州县，衙役、武营就很难跨境追捕，何况盗匪还可以逃到港澳、南洋？因此，被交、被捕、被杀的，多数只是稍有犯法的人，甚至是无辜者。清朝制度规定，州县官对盗劫案必须定期破获，否则就要受处分。即使在今天也不可能保证所有抢案都能破获，何况在清朝？我相信，绝大部分盗案都是破不了的，其他案件也基本如是。所以，官场上下都想了很多办法规避处分，如"借盗销案"，即让已定案的盗匪承认未破的劫案是他们做的，然后销案。对于盗案三参、四参，也是清朝典章制度僵化、脱离现实的例证。官员们不会公然违背典章制度，但总能找到种种掩耳盗铃的办法绕过典章制度。这都是公开的秘密，也是清朝政治制度运作的常态。

燕京书评： 在催征钱粮的过程中，杜凤治可谓无所不用其极，采取了很多手段惩罚、威逼士绅和其他业户。一些不欠钱粮的士绅和业户受到牵连，也被作为人质催征粮纳。在此过程中，引发了一些被政治社会学学者于建嵘描述的"抗争性政治"。在县官为征粮引发的抗争性政治中，怎样的情况下绅民会服从，怎样的情况下县官会让步？

邱捷： 在清朝，官、绅都属于统治阶层，利益有一致性，但在征收钱粮这个问题上又存在矛盾和冲突。在清朝，不管士绅与庶民，只要拥有田土就得纳粮。但由于各种原因，州县官很难搞清楚谁是真正的田土业主，所以征粮都很困难。通常，杜凤治会要求士绅带头缴纳，并催征本族、本村钱粮，其他州县官大体也这样做。士绅协助催征未必毫无回报，如可以提高自己在本族和当地的势力，可以把自己和亲属应纳的钱粮加到其他业户头上，甚至设法谋取其他利益。对于积极协助州县官征粮的士绅，州县官也会予以特别尊重，或者在县试时关照其子弟，或者默许他们的一些越权行为。但是，如果官吏、粮差催征过于严酷，也有可能激起当地士绅的集体抗争。在晚清广东，这种事发生过多次。因征粮而发生官绅冲突时，"民"通常会站在"绅"一边，而士绅会以上控、散布匿名揭帖、抗粮、罢考、闹考等办法对付州县官。

官绅冲突往往是因意外事件或其中一方误判而引发，一旦发生冲突，事情闹大,双方都会受罚受损。在多数情况下,上司会既罢免涉事官员,又严惩闹事士绅。所以,官绅都会尽量避免冲突,一旦冲突发生,稍微冷静下来时双方都会设法寻找"体制内"解决的办法。杜凤治初任广宁知县时士绅因抗粮而发起的闹考事件,就是一个例子。

"溺女婴"的恶俗普遍存在,一人之力难以改变

燕京书评:《晚清官场镜像:杜凤治日记研究》提到,很多商人赚了钱就捐一个有名无实的小官。在"士农工商"的"四民"社会之下,商人的社会地位最低。在同光年间,作为发达地区的广东,商人的社会地位处于什么样的情况?

邱捷:在传统社会的"四民"中,"商"排在后面,这是今人熟知的史实。但在晚清的广东,"商"的地位也不能一概而论。很多著名商人,因钦赐、捐纳、保举等获得相当高的官衔,他们的身份就既是富商也是大绅了。例如,杜凤治日记中经常出现的梁纶枢,是十三行商梁经国天宝行的传人,二品衔,省城士绅领袖人物,督抚都很给他面子;日记提到的梁氏家族成员梁同新、梁肇煌,都是翰林出身的高官。一般商人捐纳一个虚衔,更是普遍。其时,广东已形成一个人数不少的"绅商"阶层。

晚清是商人地位上升的一个关键时期,而光绪年间的变化尤其迅速。从杜凤治日记看,一般商人还是有点怕官,如杜凤治有时也以高压手段对待商人,但他对商人与对一般农民、手工业者的手段明显有区别。在省城,杜凤治对充任街正、街副的绅商相当客气,对以商人为主体的"街众"处置街道事务的惯例予以尊重。在审理靖远街码头产权案时,因为涉及很多商人,所以杜凤治显得颇为小心谨慎。到清末,由于经济、社会的变化,以及维新、革命运动的激荡,商人地位进一步提高,积极参与地方政治,因此胡汉民说其时商人已由"四民之末"变为"四民之首"。不过,这是杜凤治离粤二十年后的情况了。

燕京书评:杜凤治读过徐继畲的《瀛寰志略》,但遇上需要官员出席的活

动如祈雨时他照去不误。也就是说,杜凤治读过的书,并没有对他在现实中的行动产生影响。这一现象绝不仅仅出现在杜凤治一人身上,类似的官员和儒家士人应该不在少数。例如,民国期间,中华书局的创始人陆费逵还参加过扶乩。你如何看待这种现象?

邱捷:杜凤治读过《瀛寰志略》,接受了地球是圆的、月球围绕地球旋转等新知识;但定期拜祭、祈雨祈晴、救护月食等既是当时习俗,也是朝廷功令,他是官员就必须按照朝廷的典章制度做。大多数传统士大夫,并不信仰严格意义的宗教,但会以随众和实用主义的态度对待佛教、道教的神明。杜凤治也是如此。杜凤治对鬼神、风水等都不甚相信,但也经常拜祭,修坟也看风水,婚嫁、动土、接印总要择日;他对于命理似乎还下过一番功夫,所以很多人拿自己和家人的生辰八字请杜凤治推算命运。也许,没有固定宗教信仰的儒家士大夫,更容易接受风水、命理这种需要一定文化知识、貌似有些理论的迷信,可能也因而形成了某种文化传统,以至于近代、当代受过新式科学教育的中国读书人仍会相信某种神秘事物、神秘力量。

燕京书评:很多古代史学者都指出,帝制时期的中下层平民中普遍存在"溺女婴"的现象。《晚清官场镜像:杜凤治日记研究》也在多处提到了溺女婴,甚至杜凤治还采取行动给予生女婴的家庭一定补助。那么,溺女婴的现象在广东社会基层(尤其是乡村)是否普遍?其原因主要是没有养育能力吗?杜凤治采取的措施能够真正杜绝溺女婴吗?

邱捷:溺女婴的原因,肯定是由于生产力很低下一般人生计艰难、难以养育更多小孩。之所以溺女婴不溺男婴,则是出于重男轻女的观念,因为中国传统社会重视传宗接代,女儿日后却要出嫁别姓。因此,一旦恶俗形成,不那么艰困的家庭也有可能溺女婴了。

杜凤治日记说罗定这个恶俗很严重,他在其他州县任职时也没有写当地有无溺女婴之事,但肯定不会没有。作为接受儒家仁爱思想的士大夫,杜凤治反对溺女婴并为此尽力是很真诚的,他提出助育女婴并带头捐钱,士绅们不能不支持。但杜凤治能筹集到的助育女婴基金不到1000两银子,对人数几十万的罗定州无异于杯水车薪,而且后任的知州对此未必有积极性。杜凤治第二次罗定任上的记载很简略，看不出他的措施是否还在实行。另外，民国《罗定县志》对杜凤治助育女婴之事并无记载，"宦迹"部分也没有为杜凤治立传。这说明杜凤治助育女婴的措施很快就被遗忘，很可能在他离任后就已停止运作。因此，靠某个官员一人之力，不可能改变有深刻社会原因的恶俗。

（采写　张弘）

第四章

制度文明与王朝兴衰的思考

张峰屹：秦汉到清末政治至高无上，控制社会并制约文学

文学思想史，既要研究历代的"诗文评"，同时还要研究历代的文学作品，把两者结合并融会贯通起来，共同描述一个时期文学思想的状貌；而且文学思想史还要把文学创作和文学理论批评放到社会文化的生态之中去考察，也就是要深入考量文学（文学创作和文学理论批评）与政治状况、社会情状、文化思潮之间的深度关联。这样一来，由于研究对象和范围扩大了，需要综合考量的因素更多了，也就出现了如何处理这诸多因素之间思理关系的问题。也就是说，必须建立一种与研究文学史或文学批评史不同的方法和路径。因此，也就产生了文学思想史的研究理念和范畴，如"历史还原"和"文学创作倾向"、"士人心态"等，就形成了文学思想史"政局社会——文化思潮——士人心态——文学创作倾向——文学思想观念"的研究范式。

两汉四百年，文学思想走过了一个重大的发展变化历程，其间受到同时期政治状况的深刻影响。张峰屹教授的《东汉文学思想史》(《西汉文学思想史》续篇）通过翔实的文学文本与史实，为我们展示了两汉谶纬思想盛行、政治动荡中士人们的文学和精神世界。

张峰屹，南开大学文学院教授、博士生导师，《文学评论》编委、天津市中国古代文学学会会长、天津市文学学会理事等，并曾先后担任韩国国立济州大学客座教授，台湾淡江大学讲座教授等。主要研究中国文学思想史，发表学术论文五十余篇。出版著作有：《西汉文学思想史》《两汉经学与文学思想》《东汉文学思想史》等。

谶纬与文学观：从天文到人文

燕京书评：一直以来，我们觉得南朝是文学理论发展最为繁盛的一个时期；而两汉文学给人的印象就是与政治、谶纬相关，所以多少有些被忽视。但我们知道，一个知识领域的繁荣不可能是一蹴而就的。两汉留给了魏晋什么样的文学遗产呢？两汉的知识型士人们又是怎样将自己接收的知识转化为文艺创作思想的呢？

张峰屹：确实，很多人一谈到谶纬便嗤之以鼻，觉得实在与文学关联不大。但目前已有研究认为，谶纬佚文中也包含文学观念，主要分为两个方面：一是对谶纬佚文的某个片段论断做进一步的现代阐释；二是分梳谶纬某些文艺观念对后世文论（主要是《文心雕龙》）的影响。其实，谶纬并非只是充满了功能论的政治工具，其产生即是一个从天文到人文的过程。

关于文学艺术的缘起，谶纬一般归之于伏羲。伏羲法象天地而创制八卦，周文王因人之情实撰述卦爻辞，这个说法来自《易传》，尚无明显的谶纬思想特色。实际上，更能体现谶纬特色的是下面的叙说：

> 神龙负图出河，虙牺受之，以其文画八卦。（《中候握河纪》）
> 伏羲德洽上下，天应之以鸟兽文章，地应之龟书，伏羲则而象之，乃作《易》卦。（《礼含文嘉》）

这两句是说伏羲圣德彰著，天赐伏羲《河图》《洛书》，伏羲效法它创制了八卦。至于文字的诞生，谶纬云：

> 仓帝史皇氏，名颉姓侯刚。龙颜侈哆，四目灵光。实有睿德，生而能书。及受《河图》绿字，于是穷天地之变化。仰观奎星圆曲之势，俯察龟文鸟羽山川，指掌而创文字。（《春秋元命苞》）

仓颉仰观天象，俯察地文，又启悟于《河图》龟文，创造了文字。

八卦（象）和文字，是文学艺术的始基。剔除了神秘的包装之后，可以提炼出谶纬关于文艺发生的基本思路，那就是——由天文到人文。《尚书璇玑钤》所谓"尚者，上也，上天垂文象，布节度。书也，如天行也"，就清楚地阐释了这个思路。后来，刘勰《文心雕龙》述《原道》就是采取这个基本思路。那么，天文到人文是如何发生的呢？《易乾凿度》之说可以透漏各种玄机："物有始、有壮、有究，故三画而成乾。乾、坤并俱生，物有阴阳，因而重之，故六画而成卦。三画已下为地，四画已上为天，物感以动，类相应也。"所谓物感类应，就是从天文到人文自然过渡并紧密联结的思维基础；谶纬通过这个基本的思维方法把天、地、人联系起来，而文学艺术也是这样和天地发生联系并成为天地的表征。《诗含神雾》的"诗者，天地之心，君德之祖，百福之宗，万物之户也""集微撰著，上统元皇，下序四始，罗列五际"之说，就是在这个思路下讲述诗的本质和功用的。

更值得注意的是，谶纬讲述文艺的发生时，把情志放在了重要地位。例如：

> 诗者，天地之精，星辰之度，人心之操也。在事为诗，未发为谋，恬澹为心，思虑为志，故诗之为言志也。（《春秋说题辞》）

有很多类似的文献都认为内心情志发而为咏言就是诗。《元命苞》之"和盈于内，动发于外"、《叶图征》之"合人鬼之情，发于律吕"，也是说内心情志抒发于律吕即为乐。不难看出，谶纬把情志视为诗、乐诞生的渊源之一。

燕京书评：那么，谶纬中的情志和《诗经》中所说的情志来源一样吗？能不能看作"物感说"？

张峰屹：《春秋说题辞》把"人心之操"与"天地之精"并列以解诗，《元明苞》说虞、夏、商、周四乐源于"民乐"圣王之政，《叶图征》在"人鬼之情"前面冠以"稽天地之道"，它们的共同点都是说情志波动于外感，一言以蔽之，即"感而后思"。这个思想在汉代普遍存在，但是如果因此把这个思想

概括为"物感说"是不准确的,因为完整理解谶纬所属的心物想感关系,还需要看到另一个方面。例如:

> 凡天象之变异,皆本于人事之所感。故逆气成象,而妖星见焉。(《春秋元命苞》)
>
> 人合天气五行阴阳,极阴反阳。故应人行以灾不祥,在所以感之,萌应转旋,从逆舒心也。(《春秋感精符》)
>
> 阳偏,民怨征也,在所以感之者。(《春秋考异邮》)

所谓"天人感应",关键是在"人","本于人事之所感","在所以感之者"。人事是因,灾祥是果。谶纬中大量存在的"君王权贵如何则灾祥如果"一类叙说,都是证明。所以,本质来说,易学是一种阐释,而不是占卜预测方法。至于民间很流行的算卦,和谶纬是不一样的。很多读者觉得谶纬很神秘,有种让人敬而远之的感觉。其实,这是一种误解,易学中有很多对自然的细致观察值得研究。

因此,所谓"天人感应",谶纬实是更多强调"人感天"这个视角,以此作为其参政议政的主要思想和手段。当把这个基本思想落在文艺发生论上,谶纬在论说心物感应问题上,更多地强调"以心感物"。

19世纪法国学者丹纳（Hippolyte Adolphe Taine,1828—1893）,以家族（种族）、时代风俗、地理环境三大因素来解释文学艺术的特征,有云:"自然界有它的气候,气候的变化决定这种那种植物的出现。……精神文明的产物和动植物界的产物一样,只能用各自的环境来解释。"他从这种观点出发,分析"意大利文艺复兴时期的绘画""尼德兰的绘画""希腊的雕塑",指出特殊的地理环境铸成特殊的民族气质和风俗习惯,而气质、风俗的主要特征必然反映到文学艺术创造中并形成相应的特征。丹纳的研究在西方引起了很大关注和影响。实际上,我国两千年前的谶纬思潮就已经有关于"性情论"的内容,与上述见解（丹纳的见解）类似,不能不看作文学思想史上的重大贡献。

除此之外,今存谶纬佚文中还有一些论说文艺的散金碎玉般的简介都非常珍贵。例如，文艺想象论：

> 神守于心，游于目，穷于耳，往乎万里而至疾，故不得而不速。从胸臆之中而彻太极，援引无题，人神皆感，神明之应，音声相合。(《乐动声仪》)

从文艺构思、想象的角度看，这个叙说与后来陆机所谓"精骛八极，心游万仞。……观古今之须臾，抚四海于一瞬"(《文赋》)，刘勰所谓"寂然凝虑，思接千载；悄焉动容，视通万里"(《文心雕龙·神思》)，并无本质区别。如果再联系谶纬佚文本身的飞动想象色彩，就更可以确切地确认谶纬的这个思想。

燕京书评：汉赋可以说是汉朝文学留给我们的最大遗产，尽管大部分被认为是称颂之作，但还是影响了后世的文学，如南北朝的抒情小赋，逞才游艺的风潮。你认为两者之间有没有什么特别明显的相同之处，如在意象的使用上，或者是形式上？

张峰屹：的确，汉赋有不少颂世的著名作品，像《文选》"京都赋"类选入的《两都赋》《二京赋》等。在一般读者印象中，赋这种文体似乎就是颂世的——前些年某大报组织撰写"百城赋"系列，可能更加深了人们的这个"汉赋想象"。但实际上，这个感性的认知并不准确。两汉赋作的实际情形比较复杂，择其要者：历时而言，西汉赋更多具有讽谏精神，东汉赋才偏重颂扬（这与刘汉政权的跌宕失得有关），汉赋的创作旨趣是变化演进的；共时而言，两汉有散体赋，也有骚体赋，前者或讽或颂，后者多为抒情述志。所以，准确的认知应该是，颂世（或颂美、颂扬）是汉赋的创作旨趣之一。

讽谏或颂世的汉赋，基本是散体大赋；而那些抒情述志，甚或书写闲情逸致的汉赋，则往往是骚体赋和体制相对比较短小的散体赋。这些旨趣不一、形态各异的丰富多彩的赋作，两汉时期都是存在的。

至于说到汉赋对后代文学创作的影响，也并不是单向度的，同时也不只是颂世的汉赋发生了影响，其他各种汉赋都对后世文学发生了影响。这个问题太过复杂，关涉创作旨趣、文体特征、文学表现方式等多个方面，以及这诸多方面的承续衍变情形，需要做大量细致的对比分析，很难简单地讲清楚。

文学理论不可套用：历史研究要"同情理解"

燕京书评：你在这本书（《东汉文学思想史》）里面列举并分析了汉朝具有代表性的文学家参与政治的过程和生平，王充是其中非常独特的一个。他在官场上的时间并不多，很早便归田，可能是东汉历史上最反叛的一位文学家。他历来被人认为是较早的唯物主义者，极力反对当时最为流行的谶纬，标志性的文学思想是"疾虚妄"。那么，王充"疾"的"虚妄"是指什么？

张峰屹：我反复细读《论衡》并把它放到东汉前期的政治和思想文化语境中去做"同情理解"，感觉现代学人对王充思想的理解和阐释都不够准确。王充不是一个"反叛"的学者，而是"求实"的学者；他的思想不能用"唯物主义"这个现代词汇去定义，也不是一味地完全反对谶纬思想。王充思想的主要倾向或主要旨趣的确是"疾虚妄"，但是我们首先要弄清楚一个基本问题——王充所谓"虚妄"究竟是指什么？当然，我们绝不能用今天对"虚妄"的认知和理解，直接代入王充的思想体系。

我在这本《东汉文学思想史》里专设一章讨论王充，首先就是梳理王充的思想体系——弄清它的思想根基究竟在哪里，以及贯穿王充思想体系的思想逻辑到底是什么。在此基础上，重新提炼王充文学思想的主要因素，厘清其文学思想的构成和理论特色。极简略地说，王充思想的根基，可以借用《论衡·无形篇》的"用气为性，性成命定"八个字来说明，而我将之概括为"气命论"，而不是通行理解的"元气自然论"。王充的社会人生思想，都是建构在"气命"这个认知基础之上的。《论衡》中有一些具体思想的呈现，如王充在一般意义上批评谶纬荒诞无稽，可是他又借谶纬来歌颂刘汉王朝；他反对"九虚""三增"及鬼灵妖祥之说，可是他又充分肯定与三代圣王、刘汉帝臣相关的"吉验""验符"。如果以"唯物主义"的"元气自然论"为王充思想的基石，那么这类论说和见解看起来就是自相矛盾的。哲学史家当然可以以"王充思想也有不完善不统一之处"做轻易的解释，但这是不是对王充的曲解呢？如果我们能够做到"同情理解"，体会到"气命论"才是王充思想的根基，把上述看似矛盾的论说纳入其"用气为性，性成命定"的思想理路中去看待，那就并不矛盾而是顺理成章的了。

所以，我们读古书、解古人，首先要进入古人的思想世界，作"同情理解"；其次才能站在今天的知识和思想立场，做出今天的价值评判。就如王充，我们在中国思想史、哲学史一类著述或一些王充研究的专书中看到的，几乎都认为王充是"唯物主义"思想家，主张"元气自然论"。这样来描述王充及其思想，从思路说是以今例古，即用现代的思想观念去圈套古人的思想成果；从结论说则不甚准确，既没有厘清王充思想的内在机理，同时也无中生有地制造了王充的思想"矛盾"。这种认知和评价状况的形成，就是研究者未能进入王充及其时代的思想世界作"同情理解"的缘故。

关于王充的思想基石、思理逻辑及其重要思想观点的具体内涵，《东汉文学思想史》一书第四章有翔实论述，可以参看。

燕京书评：颜崑阳先生认同你"文化总体观"的学术进路，即肯认汉代文化从君臣上下主观层面而言，谶纬与政教、经学、文学一直维持交互渗透的关系，彼此牵和以融思致用。东汉君臣上下这种态度、观念，尽管当时有些士人表示反对，却是多数士人颇为普遍的"心态"，或者说是"文化意识形态"。另外，从知识性质的客观层面而言，这种谶纬与政教、经学、文学交互渗透，彼此牵合的知识，正是两汉这一历史时期所建构的"知识型"——描述和诠释才是第一要务。但是，颜先生也提出了对"文学自觉"一说的怀疑，而这个说法确实是任何一个文学系学生都在课本上学过的。你能不能跟我们讲讲如何看待这个问题？

张峰屹："中国文学自觉"的说法，是20世纪20年代日本学者铃木虎雄（1878—1963）在《魏晋南北朝时代的文学论》（1920年）一文、《中国诗论史》（1925年）一书中提出的。铃木虎雄认为，曹魏时代是"中国文学的自觉期"。之后，经过鲁迅《魏晋风度及文章与药及酒之关系》（1927年）一文（在广州的学术演讲）的重申，似乎成为大家默认的看法。直到近三十年以来，这个论题被重新检讨，有不少学者都加入讨论。若粗略区分，大抵有肯定、否定两类意见。

持肯定意见的学者，认可存在"中国文学自觉"的学术问题，他们的分歧在于中国文学"何时自觉"。其中，观点较多，既有赞同铃木虎雄"曹魏"说的，也有提出新见如"春秋"说、"战国末年"说、"西汉中期"说、"六朝"说、"唐代"说等。之所以有这些不同的意见，我以为大概源于不同学者判断"文学自觉"的标准不一致。

持否定意见的学者，则认为"中国文学自觉"是一个伪命题，也就是对中国文学而言并不存在这样一个问题，当然也就不必讨论。这部分学者认为，所谓"文学自觉"是西方的文学观念，它强调文学的抒情性、形象性、独特性，而这样的文学观念与中国文学的实际不相吻合，难以解释中国文学现象；如果摆脱这个西方文学观念的制限，那么中国文学的"言说"从来都是自觉的。这也就从根本上消解了"文学自觉"的命题。

我并没有参与讨论这个论题。在我看来，从史实和学理来讲，上述两类观点都能自圆其说，各自成理。问题的症结在于，这个争议背后的人类思维和言语的困境——这就是该当如何建立"名""实"关系。春秋伊始，古代贤达就思考解决"名""实"关系问题，先秦的形名学家以及孔子、老子、墨子、荀子等思想家都深刻表达过他们关于"名""实"的见解。"循名责实""按实定名"，使名实相符相契，这是基本原则。然而，思想原则容易确立，不容易的是言语表达实践。人们发现，任何一个"名"都很难实现对它所表述之"实"的"若合符契"的完足表达；但同时又不得不以"名"来表述"实"，此外别无他途。于是，先秦又出现了"言可尽意"，或"言不尽意"，或"言不尽意，立象以尽意"等多种见解。先秦学人没有形成一致的见解，迄今仍然没有可以解决的方案。如果想要论说"实"，就先要命"名"，否则无法称述；而一旦赋实以名，就必然会"名不副实"——犹如《老子》说"道可道，非常道；名可名，非常名"，佛家讲"说似一物即不中"——这就是我说的人类思维和言语的困境。

如果要讨论"中国文学自觉"的议题，首先必须明了"文学"或"中国文学"是什么；若不作出界定，这个论题便无法讨论。无论怎样界定"文学"或"中国文学"，它与历史上曾经存在过的文学事实相符相合吗？从绝对的意义上讲，迄今为止的任何一种文学理论著作，可以说都没有讲清楚什么是"文学"，"文学"的内涵外延也都不够明晰确切；它们所提供的"文学"的概念，无论怎样定义，用之于文学史实际都是捉襟见肘、漏洞百出的。同样，任何一种中国文学史著作，都未能毫不含糊地界定清楚何谓"中国文学"，也未能确切地划清"中国文学"的边界。何以如此？我认为这是不可能完成的任务。

然而，我们能够因为"名"势必不能符"实"，就不去讲述这个世界吗？同样，我们能够因为"文学"或"中国文学"难以定义，就不去讲述文学现象或中国文学吗？当然不能。那么，该怎么做呢？我以为，没有标准答案，各凭自己的学识和立场去做各自的表述就好；只要符合事实和学理并能独出己见，就都是有思想或学术价值的。

人类难以摆脱的一个"宿命"，就是我们必然会带着自己的价值观（认知倾向）去理解一切事物。换言之，认识任何一种事物，我们必然要建立关于这个事物的"名""实"关系或认知结构。区别仅在于，你带着这样的价值观去认知这个事物，他带着那样的价值观去认知同一事物。就"中国文学自觉"这个话题而言，如何建构中国文学的"历史事实"与"当代价值观念"两者的关系，或者说两者孰为轻重、孰为主导，可能是发生肯、否两种意见的关键所在。据我粗浅的理解，持肯定意见的学者，往往是以"当代价值观念"去观照"历史事实"，实现二者的"视界融合"；持否定意见的学者，强调不能以"当代价值观念"强加于古人，应该直接进入历史作切身体会，由此实现古今交集。必须重申的是，我以为这两种学术思想各有理据、各自成理，可以并存。就如前面所说，没有标准答案，各凭自己的学识和立场去做各自的研究就好。

经学与阐释的艺术：政治控制着社会的方方面面

燕京书评：你曾经有研究提到，多义的文本（过去的视界）同具有特定的先在认知结构的解释者（解释者的视界）之间思想的相对和互融，是形成解释差异的根源和本质所在。众所周知，经学是两汉时期的显学，而我觉得这有点像现在我们所说的阐释学。那么，两汉对文学的阐释经过了哪些阶段？在这些阶段的变化中有没有受到政治的影响？例如，王逸的"以诗释骚"，从班固的诗学到郑玄的诗学，我们能够注意到文学理论一直在变化。

张峰屹：是的，多年前我曾在一篇谈论解读《庄子》问题的论文中说到过这个见解。在回答问题之前，我先要辨明两个概念：第一，经学，即儒家经典的解读和旨意发挥，称之为"阐释"亦无不可，但是我以为称作"诠释"会更加准确一些。"阐"，偏向扩充发扬；"诠"，重在具细解说。对文本解读而言，"阐释"偏重强调解释者的权利（也比较西化），而"诠释"则偏重强调尊重经典文本。众所周知，汉代经学有古文经学和今文经学之别，尽管前者重文本、后者重大义，但无不是以切合经典文本为原则。其后历代经学思想的衍变，往往是以经典注疏的形式呈现，甚至像宋明"理学""心学"那样的思想发挥都无不紧扣"五经""四书"文本。所以，"注疏"是中国传统思想学术发展的根本途径和特色，历史上任何新的时代的新的思想，大抵都是通过对经典的解释实现的。第二，要区分"经学"和"文学"这两个概念——尽管在汉代这两个称名的含义大抵是等同的，但是我们今天要讨论历史思想文化问题，还是要厘清这两个概念才方便论说。

你所谓"两汉对文学的阐释"，实质就是汉代的文学思想。在我看来，两汉四百年，文学思想走过了一个重大的发展变化历程——如果极概括地说，就是从政教附庸走向了独立自主。这个衍变过程很漫长也很曲折，可以区分的发展阶段也可以有不同的认知。我在《西汉文学思想史》《东汉文学思想史》两部著作中将其各区分为三个历史时段，在描述各时段整体演进状貌的基础上详析了重要节点——各阶段具有发展演进标志性的文学思想成果，重点揭示它们的演进意义，整体上描述了两汉四百年文学思想的发展演变过程及其最终趋向。

两汉文学思想的演进历程，当然会受到同时期政治状况的影响。事实上，从秦汉到清末，文学和文学观念的演进变化都受到了政治的强力制约。这与秦汉到清末的政体有密切关系——高度集权（专制）的政治体制下，政治具有至高无上的权威，它控制着社会的方方面面。这也是我们研究一切历史问题尤其是历史人文问题时，必须把政局作为一个非常重要的因素予以考量的原因。至于政治对汉代文学思想发生了怎样的具体影响，如你这里所说的——从班固、王逸到郑玄的诗学思想演进，政治发挥了怎样的作用，不是能够简单说明的。为此，大家可以参看《西汉文学思想史》《东汉文学思想史》两本书。

燕京书评：经学大家皮锡瑞（1850—1908）认为，"郑玄之后，再无经学"。你怎么看待这个说法？我看到，你对《郑笺》(《毛诗传笺》)是持肯定态度的。

张峰屹：准确地说，皮锡瑞是认为"郑学盛而汉学衰"，因为郑玄混同了今古文经学，致使两汉经学"家法"亡不可考。清人普遍认为，两汉经学的标志性特征是特重家法、师法。郑玄破坏了谨严的"家法"，就导致"汉学"（汉代经学）衰颓。皮锡瑞的名著《经学历史》把经学的历史发展区分为开辟、流传、昌明、极盛、中衰、分立、统一、变古、积衰、复盛十个"时代"，前五个"时代"讲的是自孔子到东晋末的经学历史，后五个"时代"讲的是南北朝到清代的经学历史。具体到汉代经学，皮锡瑞主要把它定义在昌明、极盛两个"时代"；到东汉末的郑玄，"汉学"开始盛极而衰。

皮锡瑞描述经学历史，总的来说是比较客观准确的。皮锡瑞对经学发展演变总体风貌及其大势趋向的描述，把经学历史分为十个"时代"，对各个"时代"经学内涵和思想特征的论断，从经学史视角来看基本是精确而切实、合理的。同时，我们读皮锡瑞的《经学历史》也要充分注意一个前提，那就是皮氏是一位今文经学学者，他是站在今文经学的思想立场来撰写经学史的。因此，皮锡瑞的一些重要论断，如主张"孔子作《六经》""孔子以前不得有经",倡导"六经致用",认为"纬候足征",不太看好宋代侧重讲"性理"的经学等(可参见周予同先生的有关论述),都是站在今文经学立场做出的。这些重要观点,作为一种学术讨论,当然有它自身的思理逻辑,可成一家之言;但是,后世学者如果不拘于古文或今文经学的立场,而是就历史事实作客观考察,也可以做出自己的判断。

我在《东汉文学思想史》中有专章讨论郑玄《毛诗传笺》,无所谓肯定或否定,只是把《郑笺》看作一个研究东汉文学思想的重要对象,从文学思想史的视角分析提炼蕴含在其中的《诗》学思想。我以东汉后期的诗歌创作实际为参照,认为《郑笺》呈现的《诗》学思想,与同时代诗歌的创作实际并不同步,而是《诗大序》以来汉代功利《诗》学思想的重申。这种情形,当然源于《郑笺》是经学著作而不是文学理论著作。

燕京书评: 王逸的《楚辞章句》以《诗》释《骚》,这种做法对后世的经学家有多大的影响?他是如何解释《楚辞》中心和物的关系的?

张峰屹: 关于王逸《楚辞章句》以《诗》释《骚》的基本思路,我在《东汉文学思想史》中有专章论述。王逸对"心""物"关系的看法,从基本面貌说不出《诗大序》"在心为志,发言为诗,情动于中而形于言。……发乎情,止乎礼义"的思想原则。不过,王逸继承了班固以来的思想演进,在"发乎情,止乎礼义"的根本原则下,更多、更频繁地强调"情"的抒发,可以理解为班固、王逸比他们的前辈更加看重抒情主体一些——这在历史进程中,虽然不能算作"突破性"的思想进步,但总算是向前迈进了一步。我们研究文学思想史,应该看到这个思想进步,并给予恰当的肯定。

对于王逸对后世经学的影响,我没有研究;但我的一名博士生正在研究明代《楚辞》学课题,可能会涉及这个问题。我现在能说的是,王逸以《诗》释《骚》,与王逸的楚人身份、汉代经学的官学地位、东汉中期中衰的社会环境及其时士人出路的困境等复杂因素都有密切关系。这方方面面的社会、思想、文化背景在后世不会完全复现,所以像王逸这样的以《诗》释《骚》的思想现象也就不大可能再现。不过,后世承袭王逸把《离骚》称为"离骚经",确实仍比较普遍,如萧统《文选》、朱熹《楚辞集注》、洪兴祖《楚辞补注》、王夫之《楚辞通释》等都称"离骚经"。这说明，王逸的思想还是有一定的影响力。

燕京书评：文学理论和文学创作有时候会不一致，这种现象为何会出现以及在其他朝代的文学史中有出现过吗？

张峰屹：可以肯定，文学理论和文学创作不一致（或说不同步）的现象，在历史上很多时期都是存在的，如南北朝、唐代就都是如此（可以参看罗宗强教授《魏晋南北朝文学思想史》《隋唐五代文学思想史》）。就汉代而言，东汉时期这个现象比较明显，从整个中国文学思想史看也具有"原发性"，所以它很重要。至于不一致的原因，我在《东汉文学思想史》的结语中做了一些基本的分析，可以参看。

（采写　婆硕罗）

冯尔康：在中国古代社会，"君强"怎样造就了"民弱"

从秦代到清末的帝制中国，户籍管理对民众形成了人身控制，赋税和徭役在历代都是民众不能承受之重。"以孝治天下"实际上是一种柔性的控制，当"孝"的观念内化为民众的根本意识之后，民众就会甘当顺民，对皇权自觉服从。

冯尔康先生的著作《古人日常生活与社会风俗》和《清代社会日常生活》显示，在帝制中国，户籍管理和保甲制度对民众形成了无处可逃的人身控制，并且让民众不得不承受赋税和徭役。法律将谋反或危害皇权视为滔天大罪，所谓"十恶不赦"就是对民众最大的威慑。在国家机器的硬性镇压之外，皇权也实施了柔性的思想控制，如皇帝被尊为"君父"，将民众视为子民，以象征性的伦理关系掩盖统治者和被统治者之间天壤之别的阶层关系。

除此之外，历代皇帝莫不标榜自己"以孝治天下"，并且通过"举孝廉"等方式弘扬"孝"的观念。在家国同构的体制之下，它培养了民众对皇权的无限忠诚，以及对等级尊卑秩序的自觉服从，正如鲁迅对历史的反思："中国只有

冯尔康，1934年生于江苏，南开大学荣誉教授，中国社会史学会创会会长、中国谱牒学研究会副会长。主要研究中国古代史教学及清史、中国社会史、宗族史、徽学、清前期天主教史、史料学研究，出版著作有：《雍正传》《曹雪芹与〈红楼梦〉》《清史史料学》《中国古代的宗族与祠堂》《清代人物传记史料研究》《顾真斋文丛》《中国社会史概论》《乾嘉之际下层社会面貌：以嘉庆朝刑科题本档案史料为例》《18世纪以来中国家族的现代转向》《中国社会史研究》《清代人物三十题》《尝新集：康雍乾三帝与天主教在中国》《古人日常生活与社会风俗》《清代社会日常生活》，并主编有《中国社会结构的演变》《中国宗族史》《清代宗族史料选辑》等。

两个时代：一个是暂时坐稳了奴隶的朝代，一个是求做奴隶而不得的朝代。"

帝制时代的"民弱"主要体现在哪些方面？春秋战国时代的"为父绝君"，在秦代以后为何演变成"为君绝父"？

户籍和行政，对民众形成人身控制

燕京书评：萧公权先生的《中国乡村》和刘守刚的《财政中国三千年》显示，帝制时代的中国，统治者为了获得未定的税收并强制民众服徭役，无不严格控制户籍。这方面的具体情况是怎样的？

冯尔康：户籍管理，有利于形成人身控制。君主政体从中央到地方有着严密的管理系统，中央各部门管理职能就不必说了，单讲基层机构的县，如衙门里有负责各方面民政事务的官长与吏员。秦汉间县令为一县主官，下属有县丞、县尉，均为"长吏"；再下有斗食、佐史，为"少吏"；还有乡亭之官，三老、啬夫、游徼、亭长（刘邦做过）等。（《汉书》卷19上《百官公卿表上》）唐代实行九品官制，县有录事、司户、司法、仓督、典狱、问事、白直、市令、博士、助教，皆无品级，管理户口、司法、刑狱各项民政事务。（《旧唐书·职官表》）县以下没有行政机构，只有在军事、经济重地设有巡检司。但是，县以下有多种控制系统的"什五制度"（古代基层政权组织），宋代以降通常设置里正、粮长、保甲、乡约，使用职役人员协助政府管理民人，征收赋税。

至于户籍管理，县衙管理民人，其基础是户口管理，如明代登记户口叫作"大造黄册"，记录各家各户的人口（性别、年龄）和财产；特点是令民人附着于土地（乡里），用古代的语言是"死徙无出乡"，如在明代若要离开家乡一百里，就要向政府申请"路引"，否则就犯了"私渡关津罪"（《唐律疏议》《大明律》均有此条文），甚至就连科举考试也要在著籍地进行。民人著籍不得离开乡里，政府就方便向百姓收税，特别是令百姓出徭役，征收人口税。政府以户口多寡作为考核地方官政绩的一个标准，以督促地方官对民人加强管理，如西汉的黄霸、召信臣都因所治地方户口增殖而升官；对于户口管理不严的官吏，则予以惩罚。

县衙利用"什五制度"（组织）和职役实现赋役征纳，如宋代、明代实行富人充任职役协助政府收税。宋朝一般将农村主户分为五等，其中头等户是占有三顷至一百顷耕地的大田主，二、三等户是中小田主，由这三等户充当职役。职役有主管官物的衙前，课督赋役的里正、户长、乡书手，逐捕盗贼的耆长、弓手、壮丁，供州县官使令的承符、人力、手力、散从官，以及州曹、县曹孔目、押录、虞候等（《宋史》卷177《食货志》，第13册，第4395页）。其中，里长用一等户，户长用二等户（《宋史》卷177《食货志》，第13册，第4296页），弓手用二等户以上，散从官用三等户以上（《宋史》卷177《食货志》，第13册，第4313页）。衙前是从里长中拣充，当然既任衙前就不兼充里正。充当职役的人家本来就有钱财，一经职役在身又有一定的权势，成为"形势户"，虽然他们没有法定的特权，实际上能够免除徭役应承担的田亩税；但职役户本身的负担其实也很重，如衙前要到中央输送本州县税钱，路费自行负责，到京城主管官吏故意不收，以便勒索贿赂，这样很容易出现倾家荡产的情形。因此，并州知州韩琦说，"州县生民之苦，无重于里正、衙前"（《宋史》卷177《食货志》，第13册，第2497页）。明代实行里长制，规定每纳粮一万石左右的地方设为一个粮区，地方官选择丁、田多的人家当里长，中产之家充当的甲首排定民户服徭役的时间和秩序；选派田地多的民户充当粮长，由粮长催收和缴纳税粮。（《明宗录·太祖朝》卷68，洪武四年九月丁丑条）明太祖朱元璋说，明实行粮长制的原因——"教田多的大户管着粮少的小户"（《大诰续编·水灾不及赈济第八十五》）。然而，政府又不给他们特权，势必造成两种情况：一方面担任职役的人为非作歹、中饱钱粮，反使政府赋役不能如期上缴和民怨沸腾，与政府的治理愿望背道而驰；另一方面使奉法的职役者由富变穷，无法供役。职役制实行是政府处理其与田主富户关系的办法，寻找两者结合的方式，进而治理一般民户。

燕京书评：英国学者迈克尔·曼（Michael Mann）区分了两个层面的国家权力：其一是国家的专制权力，即国家精英可以在不必与市民社会各集团进行例行化、制度化讨价还价的前提下自行决定行动的范围；其二是国家的基础性权力,即国家能力——它指的是国家事实上渗透市民社会,在其统治的领域内有效贯彻其政治决策的能力。萧公权的《中国乡村》和胡恒的《皇权不下县?》都显示,皇权实际是一竿子插到底,只不过它的国家权力过大,导致国家能力不足。对此,你怎么看?

冯尔康:人们常说古代"政权不下县",容或使得不察其意者以为政府对民间的控制力度不大,其实不然。前述里正、粮长之外,还有保甲制、乡约制,从事治安、教化活动,还有官办或官民合办的"四邻结社"约束民人。

民间乡里组织是为祭祀而形成,其萌芽状态的"社,祭土而主阴气也","社,所以神地之道也"(《十三经注疏》本,下册,第1449页)。《礼记》所讲的"社"是祭祀土神的处所,古人意识中天为父、地为母,社事很重要。各种人都有这种祭祀,天子有"王社",诸侯有"侯社",自大夫至庶人有"置社"(《礼记》,《十三经注疏》本,下册,第1583页)。社,还是最基层的地方行政组织,每社二十五户,要进行户口登记,所以在齐国就将这种情形视为"书社"(《春秋左传注》,第4册,第1465页)。战国时代庶人必须参加祭社活动,如魏国李悝计算农民之家的收支,在开销方面有"社闾尝新春秋之祠,用钱三百"一项(《汉书》卷24上《食货志》,第4册,第1125页),这是说闾里之社从事社祭,一年春秋两次,闾里居民都要参加,所以才是必需的开支。这条材料说明,周代盛行的祭社、里社都不是民间的自发组织,参加活动与否带有强制性,但民间自发组织的社团却是由这里产生。秦汉之间的"社"仍如战国时代,里社、祭社合一。例如,后来成为丞相的陈平在民间为里社之宰,祭祀后分肉很平均,得到里人的称赞(《汉书》卷40《陈平传》,第7册,第2038页)。祭土神的社,宋以后官方在京城和州县皆有设立,春秋二祭。(《宋史》卷102《礼志五》,第8册,第2483页;《辽史》卷53《礼志》,第3册,第876页;《元史》卷76《祭祀志》,第6册,第1880页;《明史》卷49《礼志》,第6册,第1265页)明代甚至规定每里一百户立坛一所,祀土神、谷神(《明史》卷49《礼志》,第6册,第1269页);官办的社由各级官员主持,如宋代"京师春秋社祭,多差两制摄事"(魏泰:《东轩笔录》卷6,中华书局,1983年,第68页)。

徭役压榨劳动力，让民众不堪重负

燕京书评：就帝制时代民众与国家、民众与皇帝的关系而言，在国强民弱、君强民弱、官强民弱的权力格局中，民众只有义务，毫无权利和尊严可言——他们被牢牢控制，予取予夺。

冯尔康：皇帝为掌控百姓，特别重视户籍编审——户口登记，把掌握人口的多寡看作国家盛衰的标志。户籍登记中的"编户齐民"，标志民人对君主的人身依附关系的确立，民人必须对政府承担赋役，如汉代有田税、人口税（算赋、口赋）和徭役（更卒、正卒、徭戍）。汉文帝时，晁错讲到民间疾苦时说，"今农夫五口之家，其服役者，不下二人，其能耕者不过百亩"（《汉书》卷24上《食货志》，第4册，第1132页）。换言之，一个五口之家，要有两个人承担徭役。隋唐均田制下则有租（田税）、庸（徭役）、调（户税），民户同样有徭役负担。农民向政府缴纳土地税、人口税和服徭役是天经地义的不可推卸的负担。人口税和徭役是因人而承担，不管占有耕地多少均需承担，不像土地税是财产税，它是民人附属于政府的表现，属力役性质。（参见蒙文通：《中国历代农产量的扩大和赋役制度及学术思想的演变》，《四川大学学报》1957年第2期）

徭役极其沉重，尤其在君主专制社会前期。在汉代，农民的徭役负担远远高过田赋，其中一个家庭大约田赋占总支出的3.3%，人口税约占2%，徭役约占29%。"租庸调"制度下，仍然是力役沉重。已故学者蒙文通把君主时代赋役制度的变化分为四个阶段，其中两汉、东晋到唐分别为前两个阶段，都是以力役之征为主。（蒙文通：《中国历代农产量的扩大和赋税制度及学术思想的演变》，《四川大学学报》1957年第2期）我认为，蒙文通先生之说反映历史实际。力役重，说明农民对朝廷的人身依附性强，鲜明地显示出政府控制人民的实质，民间自主能力极弱。今天，我们参观秦始皇陵兵马俑，作为文化遗存、世界十大奇迹之一了不起，然而我们更应看到秦人在残暴统治和摧残下的应徭役之征。汉武帝茂陵，有修陵人的墓地四万平方米，收葬二万具尸骨，残酷至极，而埋在陵墓坑的都是应徭役征发的百姓。

徭役沉重引起逃亡、造反与君主难以兑现之"轻徭薄赋"许诺。徭役，不仅仅是百姓的沉重负担，更会造成残疾、死亡，如汉武帝茂陵那样的工程，而哪一个帝王的陵寝不造成应役民夫的死亡？"孟姜女哭倒长城"的故事，生动表现出民间对帝王征发徭役的血泪控诉。农民负担重，到不堪忍受时就会逃亡，就要躲避户口登记（脱漏户口）。早年，初中语文课本收有《诗经·魏风·硕鼠》一文，描写农人疾恨主人的残暴压榨，动不动表示"逝将去女，适彼乐土"，"适彼乐国"，"适彼乐郊"（《诗经》，《十三经注疏》本，上册，第359页），说明其很有离去的可能性。唐代的民人逃亡他乡，甚至自残肢体（令人悲催地自称"福手""福足"）以逃避兵役、差役，也有的逃到贵族官僚豪强门下以求荫庇，所有这些在严重的时候导致政府民户甚少，形成社会问题。司徒杜佑（735—812）在所纂《通典》中指出，唐高祖武德初年（618）到唐玄宗天宝末年（756）的一百三十八年和平环境中，户数与隋代建立十八年时（大业二年，606）的890万户相当，但本应当大大多出，而为何不多呢？原因是"法令不行，所在隐漏之盛也"。（《通典》卷7《食货·户口》，第41页）实际上，民人不只是隐漏户口，赋役严重到不堪忍受时就大逃亡、就造反。例如，唐武宗说："百姓输纳不办，多有逃亡。"（王溥：《唐会要》卷85《逃户》）唐懿宗时，右拾遗薛调讲："所在群盗，半是逃户。"（《资治通鉴》卷250，第9册，中华书局，1976年，第8093页）农民以逃亡躲避赋役。但"道高一尺魔高一丈"，政府采取很多办法控制人口：一是严格进行户口登记，把脱漏户口当作犯罪来加以禁止，并用法律来促其实现；二是清查户口，搜索民户，如隋朝进行"大索貌阅"，唐高祖于武德四年（621）下令"括天下户口"，唐玄宗于开元九年（721）命宇文融括户，结果搜出80余万户，每年多得税钱数百万。（《旧唐书》卷105《宇文融传》，第10册，第3218页）括户与逃亡，是农民与政府较量的一种方式；括户不时发生，表明农民逃亡与政府控制的严重性。例如，应役的戍卒陈胜、吴广深知到戍地也是死亡的命运，还不如造反，于是在大泽乡揭竿而起了；隋炀帝征辽，王薄唱出"无向辽东浪死歌"，揭开隋末造反的序幕。

唐代以前，徭役成为重大的社会不稳定因素，而统治者施行改革变力役之征为赋税之征，当然这有个变化的过程。例如，隋文帝开皇十年（590）定制"人年五十，免役收庸"（《隋书·高祖纪》），就是允许五十岁以上的役民可以不亲身去服力役，但必须出钱由政府雇人代他服役。隋朝制度丁男二十一岁至六十岁赋役，允许五十岁以上老民以"庸"代役，表示怜悯老年人，但二十一岁至四十九岁的丁男依然必须亲身应役。唐高祖在隋末大乱中起兵建立唐朝，深知力役造成社会问题的严重性，于武德二年（619）推出"租庸调法"，并宣布"百姓年五十者皆免课役"（《册府元龟》卷486，《邦计·户籍》），允许所有丁男以钱代役，这样"庸"就制度化了。自此，徭役问题的严重性降低了。其实，政府收入毫无减少，民人负担亦未减轻，只是不必亲身应役，减少了伤亡的可能，可以按照农时进行生产。对"折庸代役"的制度性考察，我曾作文《租庸调法的"庸"之制度化在于何时》（《历史研究》1983年第四期）。

燕京书评：提到徭役，我脑子里首先出现的就是杜甫《石壕吏》中的情形。对此，皇帝不可能不知情。

冯尔康：面对不断出现的因赋役繁重的百姓反抗运动，皇帝施加一些恩惠，如赐民爵、赐田、蠲除、赈济，表示实行"轻徭薄赋"政策以纾解民困。实际上，"轻徭薄赋"根本做不到，反而因财政紧张而额外加税，如明末的加派"三饷"（辽饷、剿饷、练饷）闹得民怨沸腾，李自成起义以"均田免粮"为旗号，宣称取消赋税以收揽人心。面对明朝的灭亡，清朝皇帝接受教训，表示永不增加农业税，于是在盐税、海关税以及卖官鬻爵的捐纳方面打主意。雍正年间实行"耗羡归公"和"养廉银"制度，"耗羡"实际没有取消，只是把明朝以来征纳无度的税外之税的"火耗银"纳入固定的税额，以防止官吏滥肆征敛；又实行"摊丁入亩"政策，将人口税纳入田亩征收，使人口税变为财产税。从清朝政府来讲，人口税没有丝毫减少，反而因从有产者征收更有保障。不过，朝廷从此不再编审户口，民人可以离开原籍到外地谋生，为手工业、商业发达的地区提供充足的劳动力；但是变相的徭役（募役，用很少的钱强迫民人受雇佣）仍然不少，作为皇帝的子民还得被迫应役。

乾隆五十八年（1793），英国使臣马戛尔尼（George Macartney，1737—

1806)来华,乘船前往天津大沽口,行驶至浙江宁波舟山,要求清朝官员派出领航员引领前行,于是宁波官员拘拿多人选取应役者。当时,英国人所见到的情景是:被抓者"大都不愿前往,容色之悲戚,见者亦为下泪。考验而后对以不合格一一遣去,则欢笑如释重负。……(有被拘来的二人,海上经历丰富,然已经商,向官员叩头,申述已经经商,应役不能养家,官长斥责)'此系公事,若辈胡得推诿,今限汝一点钟之内登船服役,迟则治汝抗命之罪',二人乃哭别妻孥,登上马戛尔尼乘坐的'狮子号'应役"。(马戛尔尼:《乾隆英使觐见记》,刘半农译,天津人民出版社,2006年,第9页)马戛尔尼使团从大沽口进京及返程从通州张家湾出发往广州,舟行于运河、赣江,有的河段水浅,陪同行程的官员就抓夫来拉纤,并且拷打他们拼命干活。英国人记载此种情形:"华官督令舟子前进,不任少歇。如或船上夫役不敷应用,则令兵丁至岸上捉人拉纤。此种拉纤之人均系穷苦百姓,捉来之后,每日仅予以六便士之工食,且令一路拉去,虽远之千里,倘不达目的地,绝不许其还乡,故一至夜分,纤夫即就黑暗中纷纷逃去。于是兵丁复至各村庄中捉人,有已经好睡者亦自床上拉去,倘不肯从则用鞭扑威吓之。"(《乾隆英使觐见记》,第164页)副使斯当东(Sir George Leonard Staunton,1737—1801)说,"余来中国,几无日不见华官笞责小民,一若此为华官日课中必有之职务……凡中国人受笞,必号哭求赦,声音绝惨"(《乾隆英使觐见记》,第38页)。随行的审计官约翰·巴罗(John Barrow)与斯当东有同样的感觉:"在中国旅行期间,我们难得一天看不到打板子。"(《马戛尔尼使团使华观感》,何高济、何毓宁译,商务印书馆,2013年,第344页)官员对民夫根本不当人对待,恶劣程度令人发指,是以英国人也看不下去。

稳定与强化王朝统治,法律控制和思想驯服双管齐下

燕京书评:我读过黄源盛教授关于中国古代法律史的著作,其中说到在古代的法律中反抗君主专制统治被视为最大的罪恶,会受到最严厉的处罚。这也是为了强制和震慑百姓甘当顺民吧?

冯尔康：历代法律，首先规定的是"八议"和"十恶"。"八议"，维护贵族官僚等级利益，如官员在执行任务中，民人设若侵犯他，罪刑加重。"十恶"，第一条是谋反，所谓"危社稷"——造反，反对朝廷；第二条谋大逆，具体指谋毁王朝的宗庙（如今天北京天安门东侧的劳动人民文化宫，即为清朝皇家的太庙，它象征着王朝的存在）、山陵、宫阙；第三条谋叛，指背叛本国；第四条恶逆，指潜从他国；第六条大不敬，指盗乘舆、服御物、玉玺；其他不赦之罪，指不道（第五条）、不孝（第七条）、不义（第九条）、内乱（第十条）等。"十恶"，主要针对反对王朝君主，严惩谋反者，十恶不赦，甚至大赦也不包括这类犯人，是所谓"常赦所不原"。法律首列"十恶"，警诫民人，就是《唐律疏议》所称的："五刑之中，十恶尤切，亏损名教，毁裂冠冕，特标篇首，以为明诫。""十恶"不赦的法律对民人心理的影响巨大，唯有服从，轻易不敢有违法行为，更不要说图谋造反了。

*燕京书评：*作为最高统治者，皇帝被称为君父，以伦理关系掩盖统治者和被统治者之间的关系。

冯尔康：第一，从称呼看皇帝与臣民宗法性关系，子民实质是蚁民。我们先看"君父""子民"的故事，而后很容易理解其含义了。关于皇帝以民为子，汉文帝时，淳于公之女缇萦求代父受刑，文帝因《诗经》中"恺悌君子，民之父母"的话，以肉刑治民，很是自责——"岂称为民父母之意哉"！因此，废除肉刑。(《史记》卷10《孝文纪》，第2册，第427页) 这说出了他是以"为民父母"自命的皇帝。大将军霍光以汉宣帝嗣承昭帝，云其"奉承祖宗，子万姓"。(《汉书》卷8《宣帝纪》，第1册，第238页) 所谓"子万姓"，就是皇帝以民为子，当然是民之父母了。汉元帝永光二年（前42）诏，民困吏残，"朕甚自耻。为民父母，若是之薄，谓百姓何！"遂赐三老、孝弟（悌）力田帛。(《汉书》卷8《元帝纪》，第1册，第289页) 皇帝将自身与百姓的关系比作父子（君父与子民），如同家人，拉近了距离，既可以改善治理，也使百姓感恩戴德，形成雍穆气象。

接下来，我们查一查"君父""子民"的词源。皇帝被臣民尊奉为"君父"，直接辖制民人的县官被称呼为"父母官"，道府以上地方官则称作"大公祖",黎民百姓自称"草民""细民""蚁民""小人"。《左传·僖公五年》:"重耳曰:君父之命不校。"这是尊国君为君父。《汉书·外戚传》第六十七下:"皇帝'圣德盛茂所以符合于皇天也'。"天之子,总理万民之事,是为万民之君父。至于直接牧民的县官会爱民如子,成为民之父母,则是以《礼记·大学》:"《诗》云:'乐只君子,民之父母。'民之所好好之,民之所恶恶之,此之谓民之父母。"道、府以上长官被尊称"大公祖",按照宗法制伦理宗亲长上的称谓是高、曾、祖、祢(父),因此道员、知府官阶比知县高,所以在称呼上也上了一个层次——由父升格为祖。"草民"的词源出自孔子《论语》:"君子之德风,小人之德草。草上之风,必偃。"有人解释为:"'小人'就像草,'君子之德'的'风'吹来,他们一定就会顺着倒下去,不能直起来。草民,随德政折腰,服服帖帖,恭顺小民。"笔者阅览清代三法司的档案文书,案件两造的小民的口供常常自称"蚁民",自知为人之轻贱如同蝼蚁,生命像蚂蚁一样的不值钱,倒是很洽合实际身份。"君父""子民"使得君主与臣民、地方官与百姓的关系抹上了一层"血缘关系",笼罩在"宗亲"关系之内,皇帝、百官、子民都应各守本分,子民与皇帝似乎处在温情脉脉的和谐气氛之中;其实,百姓真实的身份是蚁民、草民,直不起腰的"顺民"。

第二,君父的天职是对百姓行施教化。西汉大儒董仲舒解"王"字说:"古之造文者,三画而连其中谓之王。三画者,天地与人也,而连其中者通其道也。取天地与人之中以为贯而参通之,非王者孰能当是!"(《春秋繁露·王道通三》)造物主天与地赋予人的人生之道,要由人中之王来沟通、来教导,所以圣王的天职是行教化权,百姓必须听从连贯天、人之际的君主教诲,按教诲做人。

燕京书评:帝制时代的中国是家国同构,历代皇帝无不标榜"以孝治天下",这也是一种君主专制的柔化说辞吧?

冯尔康:君主实行"以孝治天下"政策,实际上是实现教化的手段。历朝政府实行"以孝治天下"政策,在民政、官制、教育、法律、伦理多个领域中落实;而孝道包含了孝亲、忠君、睦族的丰富内涵,君主讲求孝道的核心是"移孝作忠",借以稳定与强化王朝统治。

西汉政府实行"以孝治天下"的政策,办法是鼓励孝弟(悌),赐帛、赐民爵、免其徭役,令平民百姓获得特殊的荣誉。《汉书》记载,惠帝四年(前191),"举民孝弟(悌)力田者复其身",(颜)师古对此注解曰:"弟(悌)者,言能以顺道事其兄"(《汉书》卷2《惠帝纪》,第1册,第90页)。这就是政府让地方官荐举子孙孝敬父祖、弟弟顺从兄长而又致力于农事的民人——孝弟(悌)力田者,免除其劳役。少帝(吕后)元年(前187),特置孝弟(悌)力田二千石者一人,这种官爵秩很高,为的是让其"劝历天下,令各敦行务本"(《汉书》卷3《高后纪》,第1册,第96页)。可见,朝廷对举荐孝弟(悌)力田者是多么的重视。但是,地方官常常举不出孝弟(悌)力田之人,汉文帝对此甚为不满,十二年(前168)诏曰:"孝悌,天下之大顺也……今万家之县,云无应命,岂实人情?"于是,派遣谒者劳赐三老、孝者每人帛五匹,悌者、力田者二匹。并且按照户口多寡设置三老、孝悌力田名额,长吏届期必须举荐孝弟(悌)力田者。这就是颜师古所说的"增置其员,广教化也"(《汉书》卷4《文帝纪》,第1册,第124页)。

汉武帝深知子孙不能孝养父祖是贫困所致,乃于建元元年(前140)诏令免去九十岁老人子孙的徭役,以便其奉养老亲,诏曰:"今天下孝子顺孙愿自竭尽以承其亲,外迫公事,内乏资财,是以孝心缺焉,朕甚哀之。民年九十以上……为复子若孙,令得身率妻妾遂其供养之事"(《汉书》卷6《武帝纪》,第1册,第156页)。汉昭帝元凤元年(前80),"赐郡国所选有行义者涿郡韩福等五人帛,人五十匹,遣归,诏曰:'朕闵劳以官职之事,其务修孝弟(悌)以教乡里。'"(《汉书》卷7《昭帝纪》,第1册,第225页)汉宣帝地节三年(前67)诏曰:"朕既不逮,导民不明,反侧晨兴,念虑万方,不忘元元……传曰'孝弟(悌)也者,其为仁之本与!'其令郡国举孝弟(悌)、有行义闻于乡里者各一人"(《汉书》卷8《宣帝纪》,第1册,第250页)。汉宣帝甘露三年(前53)因新蔡有凤凰聚集之瑞,赐其长吏、三老、孝弟(悌)力田帛(《汉书》卷8《宣帝纪》,第1册,第272页)。初元元年(前48),汉元帝以即位下诏,赐三老、孝者帛五匹,弟(悌)者、力田三匹(《汉书》卷9《元帝纪》,第1册,第279页);初元五年(前44)星变,赐三老、孝者帛五匹,弟（悌）者、力田三匹（《汉书》卷9《元帝纪》，第1册，第296页）。汉成帝建始元年（前32），赐三老、孝弟（悌）力田帛（《汉书》卷10《成帝纪》，第1册，第303页）；绥和元年（前8）立太子，赐三老、孝弟（悌）力田帛（《汉书》卷10《成帝纪》，第1册，第328页）。汉哀帝即位，赐三老、孝弟（悌）力田帛（《汉书》卷11《哀帝纪》，第1册，第334页）。种种事实表明，西汉诸帝几乎都有赐复孝弟（悌）力田的举措，可谓不遗余力。汉宣帝还特别规定，免除有祖父母、父母丧事者的劳役，"自今诸有大父母、父母丧者勿徭事，使得收敛送终，尽其子道"，如此则可"导民以孝，则天下顺"（《汉书》卷8《宣帝纪》，第1册，第250页）。这里值得注意的是，不仅是父母丧免役，祖父母丧亦然，其意在扩大家庭成员范围，以利家族发展。

"以孝治天下"，既是说辞也是诱惑

燕京书评："以孝治天下"，在实施中也是恩威并济吧？

冯尔康：那是当然。一是举孝廉。这项政策出于董仲舒的建议，始行于汉武帝，此后历久相沿。《汉书·董仲舒传》："州郡举茂材孝廉，皆自仲舒发之。"（《汉书》卷56《董仲舒传》，第8册，第2525页）汉武帝元光元年（前134），"初令郡国举孝廉各一人"（《汉书》卷6《武帝纪》，第1册，第160页。［颜］师古曰："孝谓善事父母者，廉谓清洁有廉隅者。"）。孝廉，就是善事父母而又廉洁自矢的人。还有，在孝廉之外，别举类似孝廉的人。汉哀帝建平元年（前6），下令大司马、列侯、将军、中二千石、州牧、守、相"举孝弟（悌）惇厚能直言通政事，延于侧陋可亲民者，各一人"（《汉书》卷11《哀帝纪》，第1册，第338页）。这是让有能力的孝子顺孙出来做官，或供政府咨询。

二是设博士弟子员、孝经师，兴教化。汉武帝元朔五年（前124）诏："今礼坏乐崩，朕甚闵焉……太常其议博士弟子，崇乡党之化，以厉贤才焉。"（《汉书》卷6《武帝纪》，第1册，第171页）汉平帝元始三年（3），立学官，"乡曰庠，聚曰序。序、庠置孝经师一人"（《汉书》卷12《平帝纪》，第1册，第 355 页）。这是教育方面的建设，但其精神是培育孝弟（悌）人才，并通过这种制度向民间进行孝道的教化。

三是法律上的家族互隐与连坐。汉代法律，凡是"大逆不道，父母妻子同产皆弃市"（《汉书》卷 5《景帝纪》，第 1 册，第 142 页）。汉高祖九年（前 198）诏："敢反叛者，罪三族。"（《汉书》卷 1《高祖纪》，第 1 册，第 67 页）这三族是父族、母族、妻族，父族中包括父母、兄弟、妻子。同时，连坐法被严格实行。汉高祖十一年（前 196），淮阴侯韩信"夷三族"（《汉书》卷 1《高祖纪》，第 1 册，第 70 页）；梁王彭越"夷三族"（《汉书》卷 1《高祖纪》，第 1 册，第 72 页）。汉文帝后元年（前 163），"新垣平诈觉，谋反，夷三族"（《汉书》卷 4《文帝纪》，第 1 册，第 128 页）。汉文帝以父母、妻子、同产兄弟为三族，一度取消灭三族，新垣平之事，恢复"夷三族"之刑（《汉书》卷 23《刑法志》，第 4 册，第 1104 页）。汉宣帝开始实行互隐之法，地节四年（前 66）诏："父子之道，夫妇之道，天性也。虽有患祸，犹蒙死而存之，诚爱结于心，仁厚之至也，岂能违之哉！自今子首匿父母，妻匿夫，孙匿大父母，皆勿罪。其父母匿子，夫匿妻，大父母匿孙，罪殊死，皆上请廷尉以闻。"（《汉书》卷 8《宣帝纪》，第 1 册，第 251 页）这是指子孙、父子中有人犯罪，家族可以隐瞒不治包庇罪。法律的连坐和互隐，是承认家族成员的亲情和共同利益关系，有叛逆罪同遭殃，而一般罪行又可以互相包庇。这样的法律，使得家人、族人进一步产生认同感并凝聚在一起，有利于家族、宗族的形成和发展。

西汉实行的"以孝治天下"政策，也为历代沿用；后世的政府，不过是依据实际情况，实行的具体政策有些变化。清朝康熙皇帝向民间发出生活准则的"上谕十六条"，第二条是"笃宗族以昭雍睦"；雍正皇帝就此在《圣谕广训》做出解说，"立家庙以荐蒸尝，设家塾以课子弟，置义田以赡贫乏，修族谱以联疏远"，提出建设宗族的四项内容。康熙皇帝、雍正皇帝向民众灌输宗法、宗族思想，也是民间宗族所追求和实践的目标。一些宗族宣讲和翻印"上谕十六条"和《圣谕广训》。例如，湖南平江叶氏宗族《家训》（民国《平江叶氏族谱》卷一）："伏读《圣谕广训》十有六条，纲举目张，言言切至，何一非生民日用之资。今欲一道同风，宜于岁时会合，集族中父老子弟当堂听讲，而又恭录其尤关于宗族最为切近而易行者。每门刊布几条，使之家谕户晓，相与父诫其子，兄勉其弟。"这就是既宣讲《圣谕广训》，又录出关于宗族的内容各房刊刻，做到家喻户晓。据常建华的检索，至少有二十四种族谱刻印了《圣谕广训》。江苏华亭张照家族设立义庄，侍郎张照在奏折中声称：早年臣祖张淇，曾以己田一千亩作为义田，赡给族人，然恐义田不能经久保存，庆幸的是如今皇上颁布《圣谕广训》，号召"置义田以赡贫乏"，是以臣祖张淇"此举仰符圣主化民成俗之至意"，因而冒昧陈请，"将臣家义田官为查核，立册存案，载入县志，不得擅卖擅买，违者虽系臣之子孙，亦以盗卖官田论"。（《华亭张氏义庄条例》抄本，藏南开大学图书馆）张氏宗族建设义庄，在政府立案受到保护，是臣子与君父密切配合的产物——这是典型事例。

燕京书评："以孝治天下"，似乎也为民众提供了一个成为典范、使其阶层上升的机会。

冯尔康：皇帝"以孝治天下"，给百姓以巨大的诱惑。一个平民百姓，可能因孝义得到社会舆论的好评，但政治地位并未提高，而政府一旦表扬，不仅经济得到实惠，更重要的是社会地位相应提高。西汉陈留蔡氏家族的蔡勋被举为孝廉，到东汉蔡邕"与叔父、从弟同居，三世不分财，乡党高其义"（《后汉书》卷60下《蔡邕传》，第7册，第1980页）。这是前有政府的嘉奖，后有乡里的推重。西汉末南阳樊重"三世共财，子孙朝夕礼敬，常若公家……赀至巨万，而赈赡宗族，恩加乡闾……县中称美，推为三老"（《后汉书》卷32《樊宏传》，第4册，第1119页）。樊重因爱护族人和邻里，在家族像国君一样受人礼敬，在国家被授为三老。南豫州董阳三世同居，南朝宋文帝下诏表扬他家是"笃行董氏之闾"，并"蠲一门租布"（《南史》卷73《孝义上》，第6册，中华书局，1975年，第1799页）。这是既有荣誉又有免税的双重恩惠。河东县姚栖筠家族，自唐代至宋代二十几世同居共财，唐朝给予的鼓励是将其所居的乡改称"孝悌乡"，社称"节义社"，里称"钦爱里"。（宋人邵伯温《邵氏闻见录》卷17，中华书局，1983年，第189页）试想，原本只有官员可以享受免役、免赋的特权，平民若因孝弟（悌）力田免役、免赋，与官员就是同等的荣誉，这正是民人、民间宗族所追求的、所看重的。因此，

"以孝治天下"方针政策的实行,极大地促进了民人讲求孝道的热忱,成为民间开展宗族活动的动力。

"以孝治天下"方针的实行,最终得益的是皇帝,因为可以实现"移孝作忠"和"求忠臣于孝子之门",政权就稳固了。《国语·晋语一》:"孝、敬、忠、贞,君父之所安也。"有了子民的忠孝,君父就安心了。明清时期民间编纂家谱使用的"欧苏体",这种体例的创始人之一欧阳修(另一为苏洵),在所纂《欧阳氏谱图》序中写道:欧阳氏家风"以忠事君,以孝事亲,以廉为吏,以学立身"(《文忠公集》),将忠孝联系在一起。明太祖在讲到孝道时,除了要求子孙对父祖"冬温、夏清、晨省、昏定"的纯孝内容外,还有"事君以忠""莅官以敬""不犯国法"等条教(《大诰续编·明孝》),讲孝要以忠君为前提。清世宗论说科举以《孝经》命题的原因是:"庶士子咸知诵习而民间亦效本励行,即移孝作忠之道胥由乎此"(《上谕内阁》,雍正元年[1723]五月二十一日谕),号召民间把在家的行孝转移到做国家的忠臣顺民。南北朝以后,"先家后国"的观念在官方哲学中改正为"先国后家",逐渐取得民间认同。至此,我们来了解民人家国观念的确立:

民人家国观念的确立,体现对君王无限忠诚的伦理。在古代,民家供奉包括皇帝在内的"天地君亲师"牌位。"君"为五神之一,在父祖的"亲"之上。可见,君的地位之崇高。"君"和"亲"在人们心目中的地位、次序有一个变化过程,最开始是亲高于君。先秦时期,人们对处理家庭利益与国家利益关系的看法,如若"出仕"与"事亲"有了冲突,人们以事亲为重——就不出仕,而且出仕也是为得到俸禄以养亲,出发点也不在为国君而是为家庭。这就表明当时人们将家放在国之上。

家国利益的冲突、忠孝孰先孰后的问题,在历史上长期存在。例如,楚国的伍子胥因父亲、兄长蒙冤而投奔吴国,掌权后领兵蹂躏楚国、鞭尸楚平王(或云《史记》记载不实),显然是把家的利益放置在国之上。曹丕在做魏太子时,在一次聚会中询问官员:当国君、父亲同时生病,只有一丸药,是给君主服用,还是给父亲?众说不一。这表明此时人们并没有把国君看在家庭之上的共识。到了宋代,大约是两晋南北朝以来长期民族战争的影响,在汉人中家国先后论才基本统一，如岳飞的《满江红》和背刺"精忠报国"四字，在忠孝不能两全时将忠君（国家）放在首位，家庭置于其下。到了后世，民间乃有"君恩重于亲恩"的说法。洪秀全先世、广东嘉应州进士洪钟鸣作《原谱祖训续训》，专写"忠君"一条："君恩重于亲恩，谚云：'宁可终身无父，不可一日无君。'生当明圣省刑薄敛，敬先尊贤，永享太平。其敢忘诸！"（《洪氏族谱》，陈周棠校，浙江人民出版社，1982年，第20页）以忠君重于孝亲，所以要做顺民。

平民和身居九重的皇帝关系疏远，还谈什么忠道呢？例如，平江叶氏《家训》就以此教导族人："普天之下莫非王土，率土之滨莫非王臣，不必搢笏垂绅也，即此食旧德，服先畴，凡隶版图，悉归统属，皆所谓臣矣！"（民国《平江叶氏族谱》卷1《家训五条》）草泽小民也是在皇帝治理之下，既然是子民，当然就得尽忠。例如，武进高氏更进一步讲皇帝圣明，为民造福，所以尽忠有理：皇帝对天下所有臣民都有恩，一个小民能种田，有居处，安居乐业，就是因为皇帝"宵旰忧劳，为之兴利备患"，否则怎能坐享太平之福。（民国武进《毗陵高氏宗谱》卷1《家训》）这些训诫认为，君恩大于亲恩，先尽忠后尽孝，是天经地义之事，与中古以前的人还要讨论忠与孝孰先孰后的思想状况大不同了。族规认为忠君，不得议论朝廷得失，否则是做人不当，还会惹是生非。例如，直隶郎氏家规有可戒者十二则，其一不可是"妄议论"，"臣子安敢议君父，卑下安敢言高尊"。（《郎氏族谱》，《郎氏家规》）任邱边氏祖训有二禁：一为"不许谈朝廷政事，道听途说是无涵养之人也"；二为"禁谈县父母得失，招祸在此，且失忠厚之道"。（任邱《边氏族谱》，乾隆三十五年刻本）

做稳了奴隶和做奴隶而不得：专制社会"民弱"的本质

燕京书评：可以设想，一个现代人生活在帝制中国时代，君主专制的政治制度，利出一孔的经济制度，民间社会的宗法制，加上法律维护君主专制的法律制度，户籍控制造成的人身依附，由此形成君强民弱、官贵民贱，如

207

果排除忍无可忍且没有生路的极端情况而奋起反抗（做奴隶而不得）之外，似乎只能做顺民（做稳了奴隶）了吧？

冯尔康：顺民，表现在行动上是热忱地完纳赋役，所谓"田有租，身有佣，民分应尔。所有编折银两，依限报纳，米粒照征送完，庶免拖欠之罪"（《潜阳琅琊王氏三修宗谱》卷1《家箴》）。清江徐氏"谨遵国法"家训云："田畴赋税，国家岁有常供，务须及早完纳，以报君恩，方见遵王守法之实意。凡我族人，宜凛此为首训"（嘉庆江西清江《云溪徐氏族谱·宗训》）。纳粮当差是天理国法所应当承担的，是感戴天恩的表现；完粮是守法行为，如此才是顺民、良民。赋税是古代政府的经济基础，完粮是民户对政府的巨大支持。

民人生来就是为应差役纳钱粮的，在此之外能有自己意志的表达吗？对于能够拜祖宗、祭祀皇帝认可的神灵，信仰佛教、道教，这都是属于皇帝教化的事情；民间的"邪教"不行，外来的基督教不行，早先的四邻结社、后来的民间私办亦不能完全合法做到。西汉中叶以后，民间自行组织的"社"，当时叫作"私社"。据记载，私社是民间在三月、九月举行社的聚会，或者是十家、五家建立一个田社，而不是政府规定的二十五家为一社的社。但因其为民间自发组织，与官府方针不合，汉元帝建昭五年（前34）兖州刺史浩赏"禁民私所自立社"（《汉书》卷27中之下《五行志》及注及张曼曰、臣瓒曰，第5册，第1413页）。不过，官府禁止不可能起多大作用，后来私社得到发展，如唐朝出现邑会，引得唐高宗下诏禁止："春秋二社，本以祈农，如闻此外别为邑会。此后除二社外，不得聚集，有司严加禁止。"（《旧唐书》卷5《高宗纪》，第1册，第98页）事情到了皇帝禁止的程度，必定民间四邻结社在祭社之外又有发展。四邻结社的主要活动内容是祭社神，春秋两次集会祭祀。南北朝时社日，社民临时建屋于树下，先用牺牲祭神，然后分享胙肉。（《荆楚岁时记译注》，湖南人民出版社，1985年，第55页）祭祀时往往还有娱乐，奏乐唱歌，如《淮南子》所说："今夫穷鄙之社也，叩盆拊瓴，相和而歌，自以为乐矣。"（刘安等《淮南子》，《诸子集成》本，第7册，第108页）虽然乐器简陋，但人民自得其乐，这是社的一项功能。可见，民众是达观的，在贫苦中也能找到生活的乐趣，建立组织就是实现这种快乐的手段。

"社"的民间化与普遍化。宋辽起民间祀土神的社与官方的社稷完全分开,成为土地庙。敬土神的社,所在多有,"俗重社祭,里团结为会"(乾隆俞修《婺源县志》卷4《风俗》)。社的成员以邻里为范围,凡在村庄、集镇范围的民户无例外地参加,无所谓自愿与否。社有主事人社首,凡有文武生员的地方多半由他们出任,有土豪富人出头的,有里甲长兼任的,也有按户轮流充任的,也就是说平民百姓都可以充当。社基本上是服务性质,并没有多少权力,有人望和有能力就可以出来操办社事;但当地若有官绅,社首办事要征得他们的同意。由于社普遍到各乡村僻壤,社的组织者不可能完全是有功名的人,所以大部分落在平民身上。但是,大的活动就由有势力的人出面:"其所谓会首者,在城则府州县署之书吏衙役,在乡则地方保甲及游手好闲之徒。"(钱泳《履园丛话》下册,中华书局,1979年,第575页)

对于"社"的活动,皇帝认为男女混杂有伤风化,还有治安问题,常常禁止,但可以禁于一时,而不能长久,并无实际效果。这种"社"会,是传统社会民间难得的"半合法"组织。唯一被皇帝赞赏的民间组织是宗族,用以与"以孝治天下"政策相配合;佛教、道教是皇帝控制的,并非总是合法的,如历史上出现过有名的"三武灭佛",武则天的压抑道教。商人的行会,是为应官府差役成立的,并非商人谋图自身发展的组织。所以,古代社会的民人,除了宗族,基本没有自家意志的社会群体,哪里能够谈论什么权利。

民间毕竟还有"私社",还有秘密结社、秘密宗教,并且不时发动暴动,自然表明皇帝对民间的控制是有所限度的。不过,这只是强力控制网有空隙,但丝毫不会改变"君强民弱"的实际状况。

说到底,小民完钱粮、应差役、供养君主,还要对君主感恩戴德,庆幸有君上的管制才有家的存在。这种家国观念显现了"君强民弱"的实质。对于古代君主专制社会的"君强民弱",我们在明了实际情况之后会问老百姓为什么那样愚昧、那样甘当蚁民?那就来考察"君强民弱"的客观原因吧,而前面我已经说得很清楚了。

(采写 张弘)

玉木俊明：古代中国的衰落，没有意识到物流体系的重要性

中国的经济曾一度领先于世界，影响整个亚洲圈。但玉木俊明认为是朝贡贸易让中国衰落。在朝贡贸易中，商品由朝贡国运输，中国逐渐失去对商业流通网络的掌控。

生产往往能体现人类历史的进步，从石器时代到青铜器时代，到铁器时代，再到后来的工业、电气时代无不是如此。以往的历史依靠生产力进步给人类的各个时代划界。但有了生产就有商品，而商品需要在各个文化之间流通，人类不同文明由此连结起来。日本京都产业大学经济学部教授玉木俊明看到了商品物流体系对人类历史的重要作用，正如他在《物流改变世界历史》一书中写到的那样：罗马人继承迦太基的遗产，联通了地中海文明；汉萨同盟继承维京人的商业网络，进而影响了大航海时代；印度作为欧洲进入亚洲的重要通道，伊斯兰文明对欧洲的影响，以及离散民族如亚美尼亚、犹太商人对文化沟通的重要作用；等等。就这样，船只和马车载着各地特色的商品在不同文明之间穿梭，历史的发展和演变也动态地呈现了出来。从物流的角度看历史，能够对各个文明在历史进步与传承中的位置有一个更清晰的认识。

玉木俊明，1964年生于日本大阪市，京都产业大学经济学部教授。出版著作有：《近代欧洲的诞生》《欧洲霸权史》《海洋帝国兴隆史》《老师也不知道的世界史》《物流改变世界历史》等。

第四章　制度文明与王朝兴衰的思考

中国在世界物流体系中，但朝贡贸易"轻视"物流

燕京书评：你在《物流改变世界历史》第五章写到了"为何中国会因朝贡贸易而衰落"：中国周边藩属国"将金银、奴隶、畜产、原料送往中国"（第58页），但中国的"赏赐品"往往价值更高。不过，藩属国在朝贡时也会带来商人进行贸易。你如何评价朝贡贸易呢？

玉木俊明：传统上，中国实行朝贡贸易制度，可能是为了避免战争所带来的巨大负担。

早在唐代，中国就已开始实行朝贡贸易。到了宋代，朝贡贸易被取代，民间贸易得到发展。到了辽、金、元时期，民间贸易也依然在进行。明代，洪武帝朱元璋（1368—1398年在位）实行海禁政策，海外贸易和大型船只的建造都被禁止。（但到了永乐帝朱棣［1402—1424年在位］的时候，中国与海外的贸易再度活跃起来。）众所周知，从乾隆二十二年（1757）开始，仅有广州是与外国往来的贸易港口；而朝贡贸易依然持续进行，甚至一直持续到清代，只是没有明代时那么重要。

不言而喻，所谓的朝贡贸易体制，是由于中国对邻国拥有压倒性的经济实力才建立起来的。与朝贡品相比，中国赏赐的各种物品更有价值，正因为如此朝贡贸易才能成立。

但在朝贡贸易中，货物由朝贡国的船只运送，中国曾经拥有的流通网络逐渐交给了其他国家。特别是欧美列强入侵东亚后，中国的对外贸易特别依赖英国船。这样，中国经济也逐渐衰退。

燕京书评：你提到，中国明代的税制是"一条鞭法"，即将租税和徭役等都换算成白银征收，但当时中国的白银主要来自西班牙。这对中国造成了什么影响？

玉木俊明：中国的税制，在明代是"一条鞭法"，清代则变为"地丁银"制度。"一条鞭法"是指将租税和徭役换算成白银、缴纳白银的制度。"地丁银"制度是指将人头税摊派到土地税中，也是用白银缴纳税款的制度。

这些白银不是在中国国内铸造，而是从外国输入。就流通而言，此时的

211

中国经济已经出现了严重问题。白银从美洲大陆运往中国，使用的是西班牙帆船；白银的生产地是外国，运输者是外国人，而税制又依赖这些白银。对中国经济而言，这无疑是非常严重的问题。

1571年，西班牙在菲律宾建造马尼拉，在这里进行丝绸和白银的交换。对西班牙而言，通过马尼拉进入亚洲市场是其唯一的方法，因为欧洲以外的世界贸易，先是被葡萄牙人控制，接着被荷兰人控制。西班牙帆船的航行，意味着太平洋沿海贸易的诞生。到18世纪末，很多马尼拉生产的雪茄，途经阿卡普尔科被运到西属非洲。

现在的研究认为，西班牙帆船每年运输了200万比索的白银。这个数额非常巨大，葡属印度、荷兰东印度公司、英国东印度公司所运输的白银全部加起来也不过200万比索。当时，中国缴税所必需的白银的流通已经掌握在西班牙手中，而这是难以置信地对"物流"的轻视。

其时，中国经济比欧洲经济更富裕，但被纳入了以欧洲为中心的经济圈。如果没有西班牙帆船输入的白银，中国经济就难以运行。但从长远来看，这对中国经济非常不利。

燕京书评：《物流改变世界历史》一书中多次提到明朝永乐年间郑和下西洋，刺激了与东南亚的贸易往来。古代中国在亚洲商业网络中处于一种什么样的位置？

玉木俊明：中国是古代亚洲商业网络的中心。公元前221年，秦统一了中国，将货币统一为半两钱。因此，大范围的交易变得更为容易了，而半两钱将中国的广阔领土变成了单一货币圈，这完全可以与现在的欧元媲美。春秋战国时代开始的经济增长，得到了更加快速的发展。

此外，文字也被统一为篆书（小篆），甚至说小篆是亚洲世界的通用文字也毫不为过。由于小篆的引入，东亚世界甚至包括东南亚的一些地方，沟通变得非常容易。这是不能忽视的事实。可以说，中国构建起了整个古代亚洲的商业平台。

总之，因为秦始皇的政策，附加在商业活动上的各种费用大大降低了。中国的商品变成了在单一市场内流通，而这个单一市场是由国家权力建立起来的。国家干预市场，促进了商品的流动（物流）。对于如此大规模的经济政策，在当时的欧洲是难以想象的。中国率先在世界上形成了统一市场，而且这个商业圈远远超越了中国领土，扩大到了整个亚洲。从古代到近代，中国之所以能成为亚洲的经济中心，这是最主要的原因。

燕京书评：你在《物流改变世界历史》一书中写道，"葡萄牙商人将亚洲与新大陆联系在了一起"。为什么是葡萄牙人？"欧洲商人和亚洲商人的根本性区别"（第85页）是指什么？

玉木俊明：葡萄牙是最早来到亚洲的欧洲人，而随之而来的变化是使用文件来签订合同。例如，意大利的犹太商人与印度的印度教徒进行贸易时，就使用了葡萄牙语的合同。这是因为欧洲发展了契约体制。它也是欧洲与亚洲交易者之间的根本区别。

连结世界历史的文明，跨文化贸易掌握经济控制权

燕京书评：印度曾被伊斯兰统治，其后又有英国人的殖民，在贸易中一直十分活跃，它在地理位置上有什么特殊性？作为连结欧亚贸易的枢纽，它在历史上扮演了怎样一种角色？

玉木俊明：欧洲商人需要经过印度才能进入亚洲，印度是连结欧洲和亚洲的关键。

此外，印度还向欧洲出口手工编织的棉织品。英国工业革命的发生，就是因为机器生产的棉织品成功替代了印度棉的进口。

关于英国工业革命，要稍微多说几句。其实，纺织品生产中必不可少的印染技术，也是从印度传入欧洲的；但它不是印度人传入的，而是经亚美尼亚人之手传入欧洲的。

亚美尼亚人对近代世界经济的流通发挥了重要作用。欧洲商人在与亚洲进行交易时，往往需要经过亚美尼亚人之手。

亚美尼亚人可能不是在印度，而是在伊朗学习的棉花印染技术。亚美尼亚人将他们在伊朗生产的棉布销往法国、近东和东欧，还将印度古吉拉特生

产的棉布销往伊朗、班塔姆和马尼拉。

在欧洲和亚洲的广大地区，不能没有亚美尼亚人的商业和金融服务。亚美尼亚商人不仅移居美索不达米亚、印度和印度尼西亚，而且还移居欧洲的威尼斯、里窝那（Livorno，又译为利伏诺，意大利西岸城市）和阿姆斯特丹，他们在欧洲的丝绸和染料贸易中处于非常重要的地位。

欧洲的印染工不像印度那样靠手工印染，而是用铜板和辊筒印染。毋庸置疑，这是一项重大的技术突破。与印度不同的是，欧洲一直缺乏印染工人。但是，欧洲在纸张和铜版印刷方面有大量经验，蚀刻法就是其中之一；不仅如此，他们也在使用印刷机进行大量印染方面取得了成功。

印染，英文print，顾名思义，使用印刷机在棉织品上印染，和在纸上印刷基本上是相同的技术。古腾堡发明的铅活字印刷术就曾在棉织品印染中发挥作用。

众所周知，工业革命使纺织和织布的工序实现了机械化，但漏掉了印染工序。然而，大量制造棉织品，就必须大幅提高印染即印花的效率。很快，印染工序也实现了机械化。

正是由于纺织、织布和印染这三道工序都实现了机械化，英国棉纺织制造的成本大为下降，在与印度棉织品的价格竞争中获胜，从而使得英国最终得以成为"世界工厂"。

可以说，作为贸易据点的印度，具有催生英国工业革命的经济实力。

燕京书评： 阿拉伯帝国阿拔斯王朝（Abbasid Dynasty，古代中国史书中称"黑衣大食"）时期（8世纪中期至13世纪中期）是伊斯兰文明的鼎盛时期，也刚好是中世纪欧洲文明的衰落时期。伊斯兰文明连结了东西方的文化，如阿拉伯数字就诞生于伊斯兰文明参与的文化传播中。这一时期的伊斯兰文明在文化传播和东西方贸易发展中有什么样的影响？

玉木俊明： 欧洲从伊斯兰文明学到了很多东西。基于这些知识，欧洲才得以开始称霸世界的时代。航海技术可能也是欧洲向伊斯兰文明学来的，是穆斯林们连结了东西方文化。

762年，巴格达成为阿拔斯王朝的新首都。这座城市的建立，标志着长距离贸易路线的完成。具体来说，这与维京人有关。维京人沿着连接波罗的海、黑海和里海的大江向东方移动，毛皮和奴隶从北方运来，在伏尔加河沿岸的各个市场进行售卖；作为回馈，香料、丝绸、武器、盔甲特别是银币，从近东、中亚流向波罗的海和北海沿岸。巴格达的建都使得中东和北欧成了一个商业圈。

穆罕默德于610年创立了伊斯兰教，在其逝世之后是正统哈里发时代（632—661年）。在这个时代，如果不属于阿拉伯人，即使信伊斯兰教也需要支付人头税和地租。但到了阿拔斯王朝时期，伊斯兰王朝有了飞跃式的发展。正统哈里发时代和倭马亚王朝是"阿拉伯人"的伊斯兰王朝，但阿拔斯王朝否定了阿拉伯人的特权，只要是穆斯林都不必缴纳人头税。阿拔斯王朝不再是阿拉伯人的王朝，而是穆斯林的王朝。这就是所谓的"阿拔斯革命"（又称呼罗珊起义）。

于是，地中海成了囊括多个异文化的贸易圈的一部分，中亚到欧洲的世界变成了一个广阔的商业空间。由于伊斯兰势力的崛起，地中海网络可能更加扩大了。阿拔斯王朝是一个从中亚到西班牙的广阔帝国，欧洲只是这个网络的一部分。

燕京书评：罗马继承了迦太基的物流体系，正是通过迦太基开拓的航道，罗马才能统一地中海。同样，你在《物流改变世界历史》中也提到，汉萨同盟可能继承了维京人的商业网络（第44页）。可见，物流体系的继承也是文明传承的一种。这样的继承是怎样实现的？

玉木俊明：我认为罗马从迦太基引进了字母，汉萨同盟则获得了维京人的造船技术。这种技术最终传到了地中海，为大航海时代做出了贡献。

腓尼基人以东地中海南岸为根据地发展地中海贸易。他们的输出品中，最初只有被称为"黎巴嫩杉"的杉材。其后，腓尼基人将黎巴嫩杉作为造船材料开始了贸易。

腓尼基人的贸易路线已经到达整个地中海地区。在其全盛时期，腓尼基人到达西非，然后穿越红海，抵达印度洋。现在的研究认为，公元前1000年左右，腓尼基人曾航行到了东南亚。或许，古罗马人也是沿着这条航线航行到了东南亚。另外，虽然没有确凿证据，但据说是从红海穿过非洲东部，围绕好望角绕非洲一周。即便是与古罗马相比，腓尼基人的贸易网络也是非常广阔的，而古罗马人可能继承了腓尼基人建构的商业网络。

对地中海物流的控制，是腓尼基人崛起的最主要原因。从公元前12世纪开始，腓尼基人几乎垄断了地中海的物流，并拥有多个殖民城市。因此，地中海物流被逐渐统一起来。腓尼基人所开辟的航路，可能也被后来的罗马人、穆斯林商人、意大利商人、荷兰商人、英国商人使用。地中海商业是从腓尼基人开始的。

现在，考古发掘出土了维京人建造的各种城市遗址。例如，位于斯德哥尔摩以西约29千米的比约克岛上的比尔卡、位于日德兰半岛连接处的海泽比、英国的约克、爱尔兰海的都柏林、法国的鲁昂等都是著名的城市聚落，它们甚至在后来也被用作交易据点。

至少从商业圈来看，汉萨同盟是维京人的后继者。

维京人使用的船被称为"龙首长船"，它们吃水较浅，船身细长，也不使用钉子。但汉萨同盟兴起、维京人衰落的原因，是由于汉萨同盟使用的是柯克船。柯克船从船首到船尾具有城郭那样的上部构造，非常坚固。与之相比，龙首长船船舷较低，在战斗中非常不利。

柯克船船底平坦，更适合在海面平稳、海水较浅的弗里西亚（德国、荷兰的北海沿岸）、石勒苏益格（横跨德国和丹麦）的海湾航行。

汉萨同盟的中心城市是吕贝克。波罗的海与北海的贸易，在12世纪以后都是通过吕贝克进行。准确地说，波罗的海与北海两海之间的商品运输，是通过吕贝克—汉堡之间的陆路进行的。

吕贝克作为流通据点的时代，在15世纪末被终结。从这时开始，荷兰利用发达的航海技术成功穿越了位于斯堪的纳维亚半岛和丹麦谢兰岛之间的航海险隘厄勒海峡，开辟了海上航路，从而成为波罗的海贸易的霸主。

燕京书评： 被迫"流散"的民族如亚美尼亚人、塞法迪犹太人，反倒成了沟通各文明至关重要的商人。在中国，有很多亚美尼亚人留下的痕迹，如19世纪奥万涅斯·拉扎里昂将《圣经》译成中文。同时，我们知道，犹太人在很多国家的生存仍然很艰难。"流散"民族商人的历史处境如何?

玉木俊明:这些民族虽然分散了,但商业网络反而得到了加强。他们不得不与各种民族进行贸易,为此开发了跨文化贸易所必需的商业技术。

关于这一点,菲利普·柯丁(Philip D.Curtin)的代表观点很有参考价值。柯丁使用"跨文化贸易"这一术语,描绘了从古代美索不达米亚到20世纪的历史;还暗示"流散"之民可能是历史发展的推手。

商业活动扩大,新的贸易对象就会出现。"跨文化贸易"就是指由于商业空间的扩大,宗教、教派甚至不同文化商人之间的贸易增加。如果商业活动活跃,跨文化贸易圈就会扩大。

根据柯丁的说法,商人以外邦人的身份移居到离他们出生地很远的城市。通常情况下,他们会移居到具有重要地位的中心城市,而不是边境地区。定居下来的外国商人,努力学习当地的语言、习惯、生活方式,最终成为跨文化贸易的中介,而且他们也会努力推动移居地区与原出生地区人们之间的贸易。因此,有越是流散商业就越蓬勃发展的矛盾。

到了这个阶段,"流散"之民可分为迁徙之后定居的商人和在两地间反复来往的商人。与此同时,最初的单一居留地,变成了多个居留地,相互之间连在一起。在原来的共同体之外,建立居留地的交易者会逐渐增加他们的居留地,从而形成贸易网络——它被称为"贸易离散共同体"。

按照柯丁的说法,贸易圈就这样扩大了。在这个贸易圈内,大概能够获得较为相同的信息,商业惯例也被统一。在某些情况下,即使教派或宗教不同,商人也会积极进行交易。

在欧洲商业史的研究中,在柯丁之前,人们一般认为商人原则上只与同一教派进行交易。但在柯丁的研究之后,我们知道不同教派、宗教之间也有交易。随着欧洲人贸易区域的扩大,跨文化贸易也增加了。显然,欧洲商业史研究的范式发生了变化,跨文化贸易的研究无疑成了欧美历史学界的主要路径之一。

燕京书评:腓特烈大帝(Friedrich Ⅱ,腓特烈二世,1740—1786年在位)时期的普鲁士有一项重要的政策是大量种植马铃薯,这很大程度上解决了农民的饥饿问题，让普鲁士国力更盛。物流和商品的传播是怎样影响欧洲的力量格局的？

玉木俊明：内河贸易的发展，可能为德国经济的增长做出了巨大贡献。当时，在现在的欧洲，出现了田园和城市连为一片的景象。

18世纪，汉堡是欧洲拥有制糖厂最多的城市。砂糖从法国殖民地、西印度群岛的圣多明戈（今海地）运往波尔多，然后被运到汉堡，加工成成品后被运往欧洲各地。

普鲁士皇帝腓特烈二世在濒临奥得河、与今波兰接壤的斯德丁（Stettin，德语，今波兰什切青[Szczecin，波兰语]）建造了制糖厂——这是普鲁士的殖产兴业政策，德国建造了多个制糖厂。

燕京书评：海权是世界近代史的重要关注点。你在《物流改变世界历史》一书中提到海路和陆路贸易并不排斥（陆路运输尤其在运送奢侈品上还一直很重要），从什么时候开始压倒性的海上力量成了国家繁荣的一个重要因素的？

玉木俊明：丹麦历史学家尼尔斯·斯滕斯戈尔认为，在17世纪20年代，英国东印度公司让欧、亚之间的贸易形式从陆上大篷车路线变为海上路线，并称其为"运输革命"。但实际上，此后大篷车队仍在使用，陆上路线也并非不被使用。

在亚洲，在17世纪末，印度的中央权力弱化，权力中心开始向海岸地区转移。对于在海岸地区贸易的欧洲人来说，这是一个与亚洲商人建立联系的好机会。到了17世纪下半叶，印度苏拉特的海上贸易得到发展。18世纪初期，过去大部分通过陆上路线运输的商品，则改由海上路线运输。

明显的表现是，因为蒸汽船的普及，1851—1875年的贸易流通量剧增。特别是英国船被用于世界各地，运输世界各地的商品，使得世界各地的生活水平也大大提高了。

世界各地的各种货物，通过欧洲船特别是英国船运往世界各地。

英国实行自由贸易政策。因此，所有生产商包括热带殖民地都顺应了全球化的需求，殖民地的产品被运输到更多的地区。

1880年，位于加勒比海的英属牙买加的最大砂糖市场，不再是英国的伦敦和利物浦，而是美国的芝加哥和波士顿。爪哇岛是荷兰的殖民地，但该岛出口的可可大部分被美国人消费了。在自由主义经济中，殖民地并不是必须向宗主国出口产品；几乎没有殖民地的德国，从各国的殖民地进口产品。到了19世纪末，世界真正实现了一体化，许多国家在远离本国的地方消费。

荷兰人是世界上最喜欢喝咖啡的人，但咖啡的主要生产国是巴西。从1913年世界的咖啡消费量来看，如果将一年的人均咖啡消费量进行高低排序，分别是荷兰人、丹麦人、瑞典人、古巴人、美国人、法国人和德国人。在咖啡方面，不能明确看出殖民地和宗主国之间的经济联系。

另外，即便是在传统上喜欢喝茶的日本人中，喝咖啡的人的比例也在增加。全球化使世界人民的消费变得多样，世界各地都能看到相似的食品，这个时代已经有了类似现代社会供应链之类的东西了。

随着咖啡、茶以及可可等在欧美国家的大量消费，人们关于远离产地的地域意识日渐淡薄，虽说来自遥远的外国，但那些产品并没有什么贵重之处。那些产品是在大众市场购买的，或者说就像在巴黎看到的那样，在咖啡馆随处都能喝咖啡。消费水平的上升，导致商品的无国籍化。大众市场的产生，正是因为人们的收入水平上升。

燕京书评：你在《物流改变世界历史》一书中从物流史的角度来看世界史，这种角度能带来什么样的新发现？

玉木俊明：《物流改变世界历史》从物流而不是从生产来进行研究，弄清楚了商品如何送达消费者这一事情。

经济史研究长期以"生产"为中心，但本书的研究视角与之不同，不同于以往的经济史研究。制造的好产品并非都能畅销，即便现在也是如此；而产品推向市场和生产优质产品完全是两回事。近些年来，历史学界误认为好的产品就是畅销的产品，这存在很大问题。生产好的产品当然重要，但我将研究重心放在销售这些好产品的商人身上。准确地说，他们不是零售商，而是批发商。因此，他们掌握了流通环节，就掌握了经济的控制权。需要强调的是，他们并非生产者。

燕京书评：近代史上，陆地帝国和海洋帝国有几次交锋，但几乎都以海洋帝国的胜利为结果。陆地帝国是如何慢慢衰落的？

玉木俊明：海洋网络更为广阔，可以运输更多的物资。因此，海洋帝国更为富有，内陆帝国则逐渐衰落。

燕京书评：康德说："商业精神与战争无法共存，而且或迟或早将制服每个民族。"你对此怎么看？

玉木俊明：我认为康德的这一说法并不正确，因为即便某个国家处于战争状态，商人也可以暂时转移到其他国家继续从事商业活动。

（采写　宗祁　翻译　苏俊林）

仲伟民：19世纪的中国危机，不再是历代王朝的简单循环

"从就座正餐的第三个小时喝茶，其间要安坐以便于消化，茶后步行一小时，然后学习到晚餐时间。"1745年，一位生活在英国达勒姆郡附近，名叫拉尔夫·格雷的英国居民在日记中记录了自己典型的一天。由此可以看出，英国社会对茶叶的消费在18世纪就已经非常普及。到了19世纪，英国则独占全世界茶叶输出额的50%。19世纪末，英国人均茶叶年度消费5~6磅，至20世纪30年代接近10磅。与其他同类消费品比较，茶叶的消费10倍于咖啡，3倍于可可。

然而，从18世纪开始到整个19世纪，在中国民众中日益盛行的进口消费品却是鸦片。19世纪初，有记载称："嘉庆初食者甚少，不二十年，蔓延天下，自士大夫以至贩竖走卒，群而趋之，靡然而不返。"（梁廷枏《夷氛闻记》，中华书局，1959年，第8页）卜正民在《维米尔的帽子》中写道："鸦片的'极乐世界'乃是在19世纪的一波全球化大浪潮之中，许多中国人所选择进入之地……鸦片长驱直入中国社会各个阶层，以强逼手段促成一场更为骚动不安的文化互化，直至今日，那场文化互化仍叫中国人引以为辱，仍是中国受西方列强侵逼的永久象征。"

为何生产自中国的茶叶会成为英国的"饮料之王"？为什么源自海外的鸦片会成为19世纪中国社会的"祸根"？这两个问题中存在多少必然，又存

仲伟民，1963年生于山东宁阳，清华大学历史系教授、博士生导师，《清华大学学报》常务副主编。主要研究方向为中国社会经济史、史学理论、学术评价，发表学术论文多篇。出版著作有：《宋神宗》、《近代前夜的王朝》（合著）、《茶叶与鸦片：十九世纪经济全球化中的中国》、《直面人文学术危机》等。

在多少偶然？如何思考和看待这两个问题，比答案更重要。

在《茶叶与鸦片：十九世纪经济全球化中的中国》一书中，仲伟民教授通过对19世纪的茶叶贸易和鸦片贸易的比较研究，探讨中国在19世纪全球化危机中的处境，以及中国从传统社会走向近代社会的艰难历程。从这两种微小但关键的全球化商品入手，观察19世纪中英两国截然不同的历史走向，或许可以为我们提供一个别样的视角，重新审视19世纪经济全球化进程中的中国。

19世纪中国茶叶大量出口，但在国际贸易中处于被动地位

燕京书评：为什么以茶叶和鸦片这两种商品入手解读19世纪经济全球化过程中的中国？

仲伟民：我个人的专业研究方向是中国社会经济史，重点又研究晚清这一时期。当时，我读了一些全球化和全球史的诸多著作，一开始是想探究成瘾性消费品在近代社会中的作用，但最后发现这个题目太大，就把目光缩小到了茶叶和鸦片这两种商品上了。

在19世纪中国的对外经济贸易中，这两种商品所起的作用非常特殊。首先，茶叶是中国19世纪出口最多的商品。在19世纪70年代到90年代，茶叶出口量巨大，有些年份占到一半以上。其次，与此同时，中国进口最多的商品却是鸦片，为了购买鸦片几乎耗费了全部白银。

这两种商品一进一出，形成鲜明对比，侧面反映了19世纪中英两国截然不同的历史走向。正是在19世纪，英国完成了工业化，是"日不落帝国"最为昌盛的时候；而19世纪的中国却由盛转衰，国家和个人都陷入苦难，遭受列强的侵略、签订各种不平等条约，等等。我认为通过研究这两种商品，可以为我们提供一个新的视角，重新认识19世纪经济全球化进程中的中国。

燕京书评：在整个19世纪，中国茶叶出口增长迅猛，茶叶在很多年份都占据中国出口货物的第一位，而中国几乎是茶叶的唯一生产国和提供国。但到了19世纪后期（1886年以后），中国茶叶的出口总量虽然没有减少，但出

口值占世界茶叶出口的比例却逐年降低，到了 20 世纪初在茶叶的国际贸易中已不再具有竞争力。为什么会有这样的转变？

仲伟民： 中国茶叶出口之所以大起大落，主要原因是中国市场一直处于被动状态，即中国茶叶出口多少完全由需求方决定，一旦需求方发生变化，茶叶的出口量和销售价格就会发生变化。

对英国来说，从 18 世纪初期开始，一直到 19 世纪后期，茶叶就一直是英国从中国进口的首要货物。在印度茶和斯里兰卡的锡兰茶出口到英国以前，中国是英国茶叶唯一的供应国。在大多数年份中，英国东印度公司购买的茶叶都占从中国进口货值的 50% 以上，而且增长势头迅猛：1765—1774 年升至 71%，1785—1794 年又升至 85%，进入 18 世纪后则达 90% 以上，在 1825—1833 年的许多年中竟然占公司进口中国货物的 100%。但这种情况到 19 世纪后期发生了根本性的变化，越来越多的英国消费者由原来只饮用中国茶转而喜欢印度茶和锡兰茶，甚至中国茶在英国成了一种"充数之物"。

从出口量上看，中国茶叶出口在 1886 年达到历史最高峰后便迅速下滑，但其实中国茶叶在国际市场上的危险处境早在 19 世纪 70 年代就暴露无遗了，印度和斯里兰卡的红茶在英国已成为中国茶叶的竞争对手，中国茶叶在英国的市场份额被印度茶和锡兰茶所挤占。由于在这个阶段中国出口俄国的茶叶量值增长迅速，因此直到 1886 年中国茶叶的这一危机情况才显现出来。

燕京书评： 中国的茶叶为什么竞争不过印度和斯里兰卡的茶叶？

仲伟民： 这主要是因为中国茶叶生产和管理方式落后，茶叶的质量不稳定、后期加工水平低，所以越到后期越满足不了英国、美国以及俄国对茶叶数量和质量上的要求。在"五口通商"之前，外国商人是通过广州十三行进行商品贸易，但在《南京条约》（1842 年）签订后，英国商人逐渐可以到内地收购茶叶。从最基层的茶农手上收上来的茶叶要经手很多中间的茶商和茶栈，即小茶商从茶农手中收购茶叶，然后再卖给大茶商，大茶商再把茶叶运到城市里，卖给从事进出口贸易的大茶商，这些商人再把茶叶卖给英国人。在层层收购的过程中，茶叶的质量很容易出现问题，如茶农可能会掺假、染色、以次充好，等等。这种情况到后来越来越多，直接影响英国商人的利益，于是引起他们的不满。

当时，相对于其他商品，茶税明显偏高，中国茶叶在国际茶叶市场上逐渐失去了竞争力。1875年，英国领事麦华佗（Sir Walter Henry Medhurst, 1823—1885）在报告中以绿茶为例，指出中国绿茶的内地税至少约达出口税的2倍，或约等于条约规定的转口税额的3倍。如从江西婺源运一担茶叶到150英里（约241.4公里）外的九江，除了应纳的土地税外，还要缴纳一笔货物税、一笔济贫税和一笔转口税，总数达4两银子。同时，各地茶税情况复杂，名目繁多，越是偏远的地区茶税负担可能越重，再加上高昂的运费，茶商承担的风险非常大；高税收导致高价格，中国茶叶不仅质量竞争不过印度和锡兰茶，而且价格还高出很多。

当时的中国国内社会比较混乱，长达十几年的太平天国运动，其主要活动范围在中国南方，尤其是长江中下游地区，几乎与中国产茶区相重叠，直接造成了茶叶收成大幅减产和城市信贷紧张，严重影响了茶叶出口贸易。

但1840—1860年期间，世界各国对中国茶叶的需求迅速上升。英国国内茶叶的需求量越来越大，大到从事中英贸易的商人几乎全做茶叶贸易，但即便如此都难以供应英国以及欧洲大陆的茶叶消费。然而，中国的茶叶市场又靠不住，于是一些英国商人开始在殖民地印度和斯里兰卡试种茶叶，尝试了几十年才试种成功。由于英国先进的种植和管理技术，茶叶的产量和质量都很好，便可以提供稳定的供应。所以，印度和斯里兰卡的茶叶后来居上，逐渐取代了中国茶叶在国际市场上的位置。

燕京书评：茶叶的大量出口对国内茶叶的扩大生产有影响吗，或者说对当时中国的经济有带动作用吗？

仲伟民：19世纪，中国茶叶的出口变化，其实对中国整体的经济影响不大。茶叶是一种农作物，主要靠小农经营方式扩大生产，加工技术简单，生产环节少，不像同时期发展起来的纺织业会关联到资金、劳动力以及技术等多方面的发展。例如，棉纺织业的生产链条更复杂、更长，环节更多，自然更容易带动经济的发展。

当时，英国已经发明了一些加工茶叶的机器，他们也很想把这些机器推广到中国，以提高茶叶的产量和质量。可是，这些机器在中国极不受欢迎，在福建、湖南、湖北等地，很多机器都被人砸坏。因为引进机器会导致茶园减少雇佣劳动力，冲击传统茶叶手工加工行业，所以引起当地农民强烈的不满。

作为"货币"的鸦片与作为"商品"的白银

燕京书评：直到1858年中英签订《通商章程善后条约》，清政府才公开鸦片弛禁的事实，而在此之前长达一个多世纪，向中国进口鸦片都是非法的。英国商人是如何用鸦片逆转对华贸易逆差的？

仲伟民：从18世纪开始，英国为了购买中国茶叶需要大量资金，可是英国的工业品在中国没有销路，因为中国的市场不对外开放，而且中国人普遍贫困，没有购买能力。同时，中国人的鸦片消费量很大，销路极好。于是，英国商人为了获得购买茶叶的资金，只能从事鸦片贸易。但当时的英国政府，明令禁止东印度公司和国家许可的商人进行鸦片贸易，他们也认为鸦片贸易是不合法的、不道德的。

所以，当时从印度贩卖鸦片到中国的都是"散商"群体。最近出了一本书——《史密斯先生到中国：三个苏格兰人与不列颠全球帝国的崛起》（江苏人民出版社，2022年），就讲述了18世纪的三个同叫史密斯的苏格兰"散商"在亚洲进行的私人商业活动，从微观的角度展示了大英帝国在全球扩张的内部运作和全球贸易网络的形成。有两位史密斯都从事鸦片的走私，其中还牵扯到金融史的内容，就是白银虽然在中国的价值很高，但在欧洲大陆并不是硬通货，所以这些商人把鸦片卖掉后会把白银存在广州东印度公司的账户上换成汇票，一个原因是保险，另一个是有部分利息。东印度公司则用这笔钱购买中国的茶叶，然后运回英国销售赚取利润。这些"散商"通常可以在一年后直接从东印度公司在英国伦敦的财库兑现汇票。

燕京书评：从当时全球的金融市场看，白银并不是"硬通货"？

仲伟民：从 19 世纪后期开始，欧洲逐渐从银本位向金本位过渡，所以银的价格是持续下跌的，它的购买力也逐渐下降；可在中国则相反，银的价格却持续上升。所以，后来越来越贬值的白银便大量涌入中国，而大量的黄金和一些真正有价值的商品则大量流出，这导致了中国财富的流失。从长远的历史发展来看，白银的大量涌入对中国经济造成了巨大损失，而这也说明在 19 世纪经济全球化的过程中中国的反应非常迟钝。

燕京书评：英国"散商"通过鸦片贸易换来的白银，实际上是为了购买中国的茶叶，而不是积累财富？

仲伟民：对，我们往往把白银当成一种货币，其实在 19 世纪后期它逐渐变成半货币半商品的一个状态。

燕京书评：对于鸦片贸易，中国从 1860 年以前的禁烟政策，到 1860 年以后的弛禁政策，再到中国完全自产自销鸦片，为何在 19 世纪消费能力低下的中国鸦片却会有这么大的市场？

仲伟民：对于这个问题，我曾经写过一篇文章专门论述过，就是在 19 世纪这个漫长的过程中并不仅仅是成千上万的中国人染上了鸦片瘾，其实清朝政府乃至当时中国的经济和社会都深深患上了鸦片瘾，我把它称为"帝国鸦片依赖症"。我们以往总是习惯于将英国以及英属殖民地作为鸦片贸易的最大获益者，而把中国作为鸦片经济的受害者，虽然受害是一定的，但吊诡的是中国政府也同时从鸦片经济中获得了实际利益和支持，甚至成为政府赖以生存的基本手段之一。

在鸦片战争前，清政府虽然采取禁烟政策，但完全禁止不了鸦片走私。1839 年，林则徐虎门销烟，虽然暂时打击了鸦片走私，但实际上禁烟运动是失败的。1842 年，鸦片战争失败，中英签署《南京条约》，清政府既不敢把禁止鸦片贸易写入条约中，又没有实力阻止非法的鸦片走私，因此鸦片贸易更加兴旺发达。

"五口通商"之后，清政府在鸦片政策上更为混乱。在第二次鸦片战争过程中，清政府一方面要应对英法联军，另一方面在南边打太平天国，国内的经济状况非常差。于是，到了 1858 年，中英签订《通商章程善后条约》后，鸦片贸易合法化，这其实不仅满足了英国商人的利益，也满足了清政府征收鸦片税以缓解财政危机的目的。

在这样的一个过程中，国内对鸦片的敌视心态也慢慢转变了。很多人主张，既然禁止不了鸦片，不如放开鸦片、罂粟的种植，还可以增加收入。实际上，不光一般人这么想，后来连林则徐、李鸿章都这么想。

对于民众来说，种植鸦片也有更高的经济回报。种植鸦片的收益往往是种植一般粮食作物的 5～10 倍以上，也能够给家庭带来较高的收益。同时，鸦片的种植、加工简单，男女老少都能完成，所以后来越来越多的农民自发种植罂粟、加工鸦片。

从国家层面上看，清政府的税收也增加了，所以官员们也倾向于鸦片合法化。到了 1876 年之后，《烟台条约》明文规定鸦片贸易合法化，老百姓也可以合法种植罂粟、加工鸦片了，只要缴税即可。到了 19 世纪 70 年代后期，中国就从进口鸦片变为自产自销了，这也为后来因为种植罂粟而大量占用耕地，从而导致粮食减产及可能带来的饥荒埋下了祸根。

与此同时，鸦片贸易还带动了地区经济的发展。以上海为例，自 1843 年开埠后，很快成为进口鸦片的重要口岸。到了 19 世纪后半期，上海经济发展对鸦片贸易的依赖度非常高。美国学者林达·库克·约翰逊（Linda Cooke Johnson）说过："尽管鸦片对整个经济来说是有害的，但鸦片销售实际上推动了本地经济，在上海银行的发展中发挥了重要作用。本地银行向短期借贷的鸦片商人收取高额利息，反过来又利用鸦片借贷发行银行货币，以便在银两短缺时期取代硬通货，这为港口的货币流通做出了贡献，没有这些纸币的话，整个地区的贸易和经济都会陷入停滞的局面。"也就是说，鸦片已不仅仅是一种消费品了，而在很多时候开始充当了一般等价物的作用。

最后我们看到，不仅中国经济上依赖于鸦片，而且普通民众的日常生产和生活也逐渐离不开鸦片，甚至鸦片"在促进农村经济转型、增加地方的财政收入、抵御'洋药'的侵蚀，实现进口替代、发展及强化区域经济等方面"都起到了重要作用。我们只有深刻理解了这一点，才能真正认识为何鸦片毒害中国人如此之深、之久。

清朝的"闭关自守"政策，让老百姓付出了巨大代价

燕京书评：在《茶叶与鸦片：十九世纪经济全球化中的中国》一书中，你认为清政府在第一次鸦片战争前实行的"广州制度"对中国商人危害更大。为什么这么说呢？

仲伟民："广州制度"实行了一百多年，到1842年才彻底被打破，因为对于清政府来说"政治正确"是最重要的，就是严禁中国人和外国人打交道。这种制度只对政府限制海外贸易有利，对广州十三行的少数商人有利。

燕京书评：清朝时期，民间对海外贸易的需求大吗？

仲伟民：对东南沿海的老百姓来说，进行海外贸易是他们生活必需的手段，尤其是像福建这样的地方自然条件很差，三分之二以上全是山地，根本不能从事农业生产。所以，从很早开始，东南沿海地区，尤其是福建、广东一带，很多人是靠海外贸易为生的。

当时，东印度公司的史料上就有记载，说东南海域海盗很多，其实这些海盗大部分都是从事走私贸易的商人，实际上都是普通老百姓。正是因为当时清政府不允许沿海地区从事海外贸易，所以后来才出现那么多海盗和走私商人，而这些人其实就是老百姓，他们是为了生活才冒着各种危险进行航海贸易。

燕京书评：所以，清朝的"闭关自守"政策对百姓的影响还是很大的。

仲伟民：清朝的"闭关自守"政策不能从表面上理解，而应该更为深入地看，因为清政府的统治阶层——满洲人入主中原后安全感特别差，对海洋也有一种天生的惧怕心理，尤其害怕内陆百姓勾结海外势力推翻他们。

清朝康熙年间有一个迁界政策实行了五十年，就是为了要消灭东南海域的海上势力，包括当时郑成功的势力。这个政策严苛到什么程度？它规定了一个濒海范围（从濒海三十里左右，到濒海四十里、五十里乃至到二三百里），设立界碑，乃至修建界墙，强制处在这个范围内的沿海居民内迁。沿海地区一般都是中国经济和贸易最发达的地区，有了迁界政策这个规定之后，靠近海岸线的地区严禁老百姓居住且都要迁到内地来，一旦发现就严惩。这

个政策太恶劣了，造成了整个沿海地区的老百姓流离失所，生活极为困难。这也是后来清朝政府实行闭关政策的一个底子。

19 世纪的中国危机，不再是历代王朝危机的简单循环

燕京书评： 在《茶叶与鸦片：十九世纪经济全球化中的中国》一书的"余论"中，你认为将 1840 年定为中国近代化的起点不太合理。为什么？

仲伟民： 1840 年被定为中国古代与近代的分界点是我们的主流叙事，教科书都这么写。但从实际情况看，1840 年之后的二十年，也就是从 1840—1860 年，中国社会的变化非常小，这二十年中国不仅没有进步，也没有向西方学习，甚至在经济上还倒退了，对外界的了解也大大倒退。

第一次鸦片战争以后，清政府并没有更为开放，而是重新关上了大门，结果导致在第二次鸦片战争的时候，我们的认识和对外界的了解甚至还没有第一次鸦片战争的认识多。

燕京书评： 为什么会倒退呢？理论上来说，"五口通商"不是应该更开放，与外界的接触更多吗？

仲伟民： 当时，清政府认为和英国人签订条约后事情就解决了，所以即便开放了"五口通商"，可是清政府对外国商人的限制依然非常严。另外，清政府对国内的商人也有很多限制，不允许与外界交流，不允许和外国人做生意，等等。从整个中国社会经济的发展来看，1840—1860 年这二十年也几乎没有丝毫进步。

所以，蒋廷黻先生在研究中国近代历史的时候，反复说中国人白白浪费了二十年的光阴，我想他是有感而发的。同时，这一时期的中国从上到下都没有想了解外界的冲动。翻阅这段时期的史料，我个人发现了很多史料细节，发现时人对外界的了解甚至比第一次鸦片战争前还要少、还要退步。

我认为，如果要为中国古代和近代划分界限的话，定为 1860 年更为合理，因为第二次鸦片战争的失败才真正对中国人造成冲击，完全打破了中国人原来的天下观。打破的标志，不仅是英法联军攻克北京，皇帝、皇太后仓

皇出逃，这在清朝历史上是史无前例的，而且英法联军打到北京以后，西方列强迫使清政府签订条约，允许英法在北京设置大使馆，这也完全颠覆了清朝的世界观。在此之前，外"夷"与我"华夏"是不可能平起平坐的，而西方列强在华驻使对清政府和中国人的冲击是巨大的，所谓"夷夏之大变""三千年未有之变局"。这段历史特别重要，如果没有这个冲击，中国人不会意识到要改革、要学习西方，后来就不可能有洋务运动、出现所谓"同治中兴"。

燕京书评：你在《茶叶与鸦片：十九世纪经济全球化中的中国》一书中说到，19世纪中国的危机已经不是王朝危机的简单循环，而是有了新的内涵。这里的新内涵指的是"外来因素"吗？

仲伟民：对。晚清时期与此前最大的不同是，中国与外部世界的关系发生了根本性变化。太平天国之后，清政府之所以能有所谓"同治中兴"是因为得到了列强的支持，列强觉得在太平天国和清政府之间清政府更可靠。当然，列强也得益于清政府对外立场的转变，可以在华谋取更多利益。所以，这个时期中国的发展已经不完全取决于自己，而是取决于外界的力量。

研究19世纪的中国历史，需要有全球史的视角

燕京书评：李伯重老师认为，你的这本书（《茶叶与鸦片：十九世纪经济全球化中的中国》）属于全球史研究。全球史跟以往的世界史有什么区别？

仲伟民：全球史实际是尝试用一种新的方式重新撰写世界史。传统的世界史是一种板块结构，分成欧洲史、美洲史、亚洲史，然后亚洲史里面又分成中国史、日本史、东南亚史，等等。全球史却要打破这种传统的板块式叙事，通过连结、交流和互动来重新撰写历史。

全球史会通过某些具体的问题去书写历史。例如，通过美洲农作物在全世界的传播、疾病在全世界的流行、白银贸易对世界经济的影响来书写人类发展的历史，包括我个人是从"茶叶与鸦片"的角度以全球史视野来重新观察19世纪中国的社会和经济。

燕京书评：中国在近代全球化过程中充当了什么样的角色？

仲伟民：在全球化的过程当中，中国始终处在被动的角色中，是被以欧美为核心的列强拖着走的，实际上我们是不情愿的。所以，我们才很无奈地说，19世纪的中国进入了半封建半殖民的境地。

可是，全球化一旦开始，就不是情不情愿的问题了。当时，以西方为主导的经济全球化，商人逐利，以及殖民扩张是无所不用其极的。所以，越早意识到这一点的国家，就越有可能主动地参与到全球化的进程中，发展得更快一些。

日本是个典型的例子。19世纪五六十年代，日本在1854年开国以后已经非常清醒地认识到，如果不向欧美学习，不和欧美连成一体，自己将来就只有灭亡的命运。当然，19世纪的中国也为日本提供了一个反例。日本人"脱亚入欧"是很成功的，现在的"西方七国首脑会议"中就有日本。日本怎么就成为西方国家的一员呢？这是很有意思的事情。日本成为西方国家的一员，不光是20世纪之后的变化，实际上从19世纪中期开始日本就已经有这个意识了。事实上，这个"西方"，实际就是现代化的同义语。

燕京书评：全球史研究需要注意些什么？

仲伟民：全球史研究还是要分时代的。我认为全球化或者说全球史，应该从大航海时代算起。所以，研究15世纪以后的历史，全球史的方法就非常的有效；可是要研究15世纪全球化以前的历史，运用全球史的方法就比较受限，因为那个时候全人类的互动还很少。

对于中国来说，进入全球化的时间比西方要晚两三百年，西方在进行大规模的殖民、扩张以及工业化、商业化发展的时期，中国则走向了封闭和落后。我们说"互动"是双向的，而在19世纪之前只有西方单方面的对华往来，外国商人只能在广州十三行进行对华贸易，中国和西方是没有"互动"的。至于中国真正融入全球化的进程，我认为是在19世纪以后。所以，对于中国史来说，全球史研究对19世纪之后的中国更为适用。

（采写　陈杨）

第五章

剩余历史与人群代言的探究

许宏：二里头最重要的意义，不在于确认夏代

在很长一段时间，考古学似乎是象牙塔里的学问，高深莫测，离公众很遥远。考古学者的著述最主要的是考古报告，读者仅限于考古学同行和历史研究者。考古学者一头扎进考古工地，整理自己的研究成果，不与公众相往来。尽管每年的"十大考古新发现"也有媒体报道，但考古学作为一门学科，颇有崖岸自高、孤芳自赏的姿态。与此同时，包括岳南在内的一些作家所写的考古发现类纪实著作，尽管也有一批读者瞩目，但专业的考古学者很少直接面向公众写作或交流。

作为社科院考古所二里头考古队前队长（1999—2019）的许宏改变了这一现象，他在专业的考古报告之外，以深厚的学术积累和长达三十余年的考古发掘经验，直接写作面向公众的普及型著作，如此前出版的《最早的中国：二里头文明的崛起》《何以中国：公元前2000年的中原图景》《大都无城：中国古都的动态解读》《东亚青铜潮：前甲骨文时代的千年变局》等著作都备受好评。此外，许宏还开通了微博、视频号等，长期与公众直接交流。

许宏的著作《发现与推理》是其"考古纪事本末"系列之一，隐含着他作为一位资深考古人的学科反思：考古，需不需要有想象力，以及在多大程

许宏，1963年生，辽宁盖州人。中国社会科学院考古研究所研究员，中国社会科学院研究生院考古系教授、博士生导师。曾任社会科学院考古研究所夏商周考古研究室主任，二里头考古队队长，长期从事中国早期城市、早期国家和早期文明的考古学研究。出版著作有：《先秦城邑考古》《最早的中国：二里头文明的崛起》《何以中国：公元前2000年的中原图景》《大都无城：中国古都的动态解读》《东亚青铜潮：前甲骨文时代的千年变局》《发现与推理》《三星堆之惑》《最早的帝国：二里岗文明冲击波》《城的中国史》等，并主编有《二里头1999—2006》（全5册）、《二里头考古六十年》等。

度上运用想象力？假如没有想象力，很多考古发现便无从谈起；然而，过度解读甚至误读，又往往差之毫厘、谬以千里。考古学者该如何与无言的地下遗迹进行对话？这不仅依托于文物的发现，考古学者自身的专业敏感与推理能力也很重要。书中追述了几场重大考古事件的始末，不仅以亲历者的视角呈现出考古现场的复杂性和魅力，也对几则著名的考古"悬案"重新展开考察，以专业者的慎思明辨澄清了其中的是是非非，提炼出极具启发性的学术思考。

中国考古学诞生百年：从阳春白雪到公众考古

燕京书评：在你之前，很少有考古学者以专业为背景，写作一些普及型的考古研究性著作，但你的《最早的中国：二里头文明的崛起》《何以中国：公元前2000年的中原图景》《大都无城：中国古都的动态解读》等引发了读者的很多好评，而这本《发现与推理》（考古纪事本末一）也让人读起来津津有味。我感觉，你写这类著作，其潜在意味似乎是倡导一种理性、客观地认识中华文明、认识中国历史的态度。你具体是怎么想的？

许宏：一些出版人说，现在跟考古相关的书有三大类。第一类是阳春白雪，像我主编的《二里头1999—2006》，五大本卖2000元（人民币），印上1000套出头，全球范围内就不用再重印了。这种书跟公众没有关系，但它是考古人安身立命之本。第二类是把各种中国考古大发现攒起来的书。第三类介于二者之间，就是像我这样田野考古一线的考古人撰写的考古发现背后的故事。这类书虽然不多，但从社会效应来说好像很看好，好多出版人都希望能出这样的书。

我自己认为，写这一类书是时代的产物。你之前也采访过考古学界一些老先生，我们是站在他们的肩膀上的。包括我在内的一些学者认为，中国考古学处于一个剧烈的转型期，除了学科内部的若干变化外，那就是从象牙塔学问转向面对公众。这在我个人身上具有典型性。1996年，《读书》杂志主编汪晖组织李零、陈平原、葛兆光、陈星灿等人搞过一个笔谈，讨论"考古学与人文知识问题"。我们现在的（中国社会科学院考古所）所长陈星灿先生发表的那篇文章，其题目就是《公众需要什么样的考古学》，我当时深以为是。他们几位学者共同提出了对以前考古学的不满，因为以前的考古学跟公众渐行渐远。

今天，中国考古学已经诞生百年。在百年前，考古学是作为一门显学出现的，因为它诞生于古史辨和"西风东渐"的氛围下，在故纸堆里已经没法进行文化溯源的工作了。当时，我们需要解答的大问题是：我是谁？我是怎么来的？中国是怎么来的？中国考古学，恰恰是在那个时候应运而生的。考古学本来首先应该回答公众特别关注的问题，但在后来这几十年我们花了大量的功夫在做这种解读"无字地书"——就是如何来做话语转换的工作，即如何土中找土，做土遗址发掘研究，而我们的前辈那几十年（包括我们在内）都在这个探索过程中。这样就给人一种感觉，我们和我们的前辈逐渐钻进了象牙塔中。

随着国家和社会经济的发展，衣食足然后知礼节，全民的文化素养普遍提升（当然这是一个任重道远的过程，现在还相当的不够）。在这种情况下，我们就需要面向公众的考古学。但是，我当时就认为，这并不是所有考古工作者都需要考虑的问题，只要一部分人考虑就可以——像我这样执着于田野，在学术风格上严谨到偏于保守的考古人好像不在其中。尽管以前我是一个怀有作家梦的文学青年，但严肃的学科专业训练把这点文学色彩几乎消弭殆尽，因为考古报告编写是八股，不允许用过多的形容词和带有文学色彩的文字，而我的文学偏好就被压抑了。

随着我1999年被任命为二里头考古队队长，加上大的社会形势下公众考古开始萌芽，我作为一个考古人越来越浓重的社会责任感被唤起。在2008年，中国社会科学院研究生院成立30周年之际组织出版了一套书，其中的《三十年三十人之激扬文字（思想社会卷）》收录了我的笔谈《发掘最早的"中国"》，不料受到好评。考古学本来特别专精，是象牙塔的学问，能够得到人文社会科学领域学者的认可，这多少有些出乎意料。考古学搞的这些东西，和其他兄弟学科一样；如果再提高一个层次的话，大家做的都是人学，是关于人的学问。古今一理,大家考虑的问题相同,这给了我信心。

与此同时,科学出版社文物考古分社的社长闫向东先生也找我约稿。他是考古专业毕业,我们本来有关于学术的合作项目。他积极地鼓动我,写面向公众的考古学图书,希望搞成一个"考古队长讲故事"系列。我说,我安身立命的资本是写考古报告,这些东西我不太感兴趣,也没有时间和精力。但他说,这不矛盾,可以相辅相成。然后,我说有没有样书可以借鉴,但他说没有,你写出来就是样书。

从2007年到2009年,我就写了《最早的中国》,而科学出版社还把它作为中华人民共和国成立60周年的献礼书。尽管如此,这本书形式上是生动活泼的,但我作为学者,学术态度上是严谨甚至是偏于保守的。就这样,我一发而不可收,就这么写下来了。我从中意识到,自己有一定的话语转换能力,能够把阳春白雪的东西讲明白。当然,《最早的中国》比较青涩,后来这几本也偏学术。例如,《大都无城:中国古都的动态解读》,我原本都没敢想,居然被"华文好书"评为"评委会特别奖",其获奖理由大致是说都邑布局虽然是一个小侧面,但牵动了中国历史的大脉动。这个评价让我觉得外边天地很广阔,后来就逐渐出圈了。

2008年,我到美国UCLA(加州大学洛杉矶分校)罗泰(Lotharvon Falkenhausen)教授那儿做了三个月的访问学者。2009年回来,从元旦开始我就玩起了博客,这样就又开了一个窗口,跟公众一起来谈考古。

作为一个严肃的考古人,我希望把真实的一面,包括考古人的思考,考古究竟是做什么的等方面的东西告诉大家。虽然你(读者)暂时不懂,暂时读起来有些难度,但这都是很正常的,可我不能媚俗,我要把其中的逻辑甚至常识、学理或者推导过程呈现出来,得告诉你考古人究竟是在怎么最大限度地迫近历史的真实,我们的长处、缺陷和不足在哪儿,我们能够说清楚什么,不能够说清楚什么。我希望从这个角度来跟大家交流。在微博上,平时大家就说,许老师的微博是知识帖。当然,我发的肯定是知识帖,知道的我会马上回答你,不大清楚的我查一下资料,会告诉你这个东西应该怎么看,甚至告诉你出处,这些东西都是靠谱的。但是,我还觉得有点不足,我说我那岂止是知识帖，那是思想帖，充满着我对学术的精神和方法。其实，我一直在谈的是思想问题。

"搅局者"许宏：二里头与夏都之间的是非争议

燕京书评：你从1999年到2019年任社科院考古所二里头考古队队长，你不赞同地方政府直接以"二里头夏都遗址博物馆"命名，认为"夏都"这两个字带有极大的不确定性。从学术的角度来说，立论、命名必须严谨，但地方政府出于历史文化资源和旅游等因素的考虑采用了现在的命名。如果实事求是，它可能存在怎样的风险？

许宏：按理说，我在微博上有100多万粉丝，现在一直能坚持发声，我一直遵循的原则就是限于学术问题，但是你也知道现在的社会思潮。以前，我们说上大学愿意学考古叫"上了贼船，躲进避风港"；但现在根本谈不上，任何历史都是当代史，甚至现在你也意识到了考古学过热。作为一个严谨的考古人，我实际上更多的不是欣慰、不是高兴，而是觉得在这种过热的过程中是不是应该有一定的冷思考。

关于二里头博物馆的命名，国家文物局在回复河南省有关部门的批文中，不建议在遗址博物馆的馆名中出现"夏都"字样，而我在微博中也转发了，理由就是我们所谓的"夏"，应该是狭义史学范畴的概念，但我们现在只能把它作为一种推论、假说或者可能性，它带有一定的不确定性，是属于需要探索的问题。如果把一个不确定性的概念放在一个非常明确的博物馆馆名中，是不是需要慎重？正如作为全国重点文物保护单位的二里头，我们不能把它定名为"夏都斟鄩遗址"一样。它的定名，应该反映其真实属性，而我们现在能够确认的其最本真的性质就是青铜时代的王都。

以前，我还称赞过三星堆遗址博物馆的命名。作家岳南先生在他的书里披露了一些细节，为了三星堆这个命名，大家持续争论是不是把"蜀文化"加在命名中？但最后决定不加，三星堆就是三星堆，三星堆是独一无二的，三星堆是不是和蜀文化能挂上钩需要进一步讨论。夏和二里头，是同样的问题。现在，媒体上有人有意无意地曲解我的意思，事实上我没有在任何场合否定过夏的存在；我认为，这是一个既不能证真又不能证伪的问题，是甲骨文那样当时的、带有自证性的文书材料出来之前不可能解决的问题。在这种情况下，二里头就是唯一一个非常大气的名称，不能因为我们的公众暂时不知道二里头是什么就用其他的称呼来替代。诸如良渚能够申遗，一个最大的特点是完全依靠考古人的努力，没有任何古代文献的依托，得到了国际学界的认可。二里头，同样是这一问题。但良渚偏早，它是纯史前的，像二里头和三星堆都进入了所谓的原史（proto-history）时代。这个时代在后世文献中有些扑朔迷离的记载，属于追述，这就更增加了问题的复杂性。按我的一个不倒翁的说法，在上古史和考古学领域，到目前为止，我们不能排除任何假说所代表的可能性。二里头极有可能是夏，最有可能是夏——现在我还这么认为，这是最能自圆其说的一个观点；但是，我们现在还不能说肯定就是夏，这是我和有些学者在学理认知上的不同。

至于你说的这种风险，我觉得在文化人中意识到这个问题非常难得，而这种人非常少。很多人不认为有什么风险。如果我们在汉字文化圈或者是简体汉字文化圈里边自说自话，你想怎么说就怎么说；如果认为我们中华文明是全球文明的一个组成部分，还是要和国际学术界对话，那么这些问题是不是就应该有一个大家都能认可的认知体系和话语平台？现在，二里头在申遗，看看我们怎么运作，我们有没有足够的文化自信能够用"夏"这样一个概念给二里头来申遗并获得成功。这是一块试金石。但我们知道，考古学现在说不清楚的，肯定比能说清楚的要多得多。如果什么东西都能说清楚，那不管是多大的权威和"大咖"，都要打一个大大的问号。这些明摆着是常识性的问题，是普通的学理问题，但有学者就认为现在大概95%的学者都已经认可了，怎么居然还有像许宏这样的"搅局者"呢？

1977年的登封告成遗址发掘现场在中国考古学史上可谓浓墨重彩的一笔。以前学界一般认为，二里头是商汤亳都，但邹衡先生（1927—2005，考古学家，商周和新石器时代考古专家，北京大学考古文博学院教授）在会上横空出世，成为一匹黑马——他提出，二里头应该是夏。因此，北京大学孙庆伟教授在他近年的学术史著作中,专门用了一个小节描写"搅局者邹衡"。邹衡先生提出二里头是夏,但当时大家都接受不了,群起而攻之。在后来"夏商周断代工程"中,邹衡先生则得意于他的观点成为多数派了。那么,"真理往往掌握在少数人手里",这句老话过时了吗?

现在,"搅局者"就是许宏。所谓的共识和主流意见,究竟在多大程度上更接近于历史真实?从徐旭生先生1959年发现二里头开始,到邹衡先生1977年提出二里头是夏,再到20世纪90年代末期"夏商周断代工程"又不太认同邹衡先生的意见,因为邹衡先生认为只有二里头才是夏。但后来的碳十四测定结果显示,二里头文化的上限大约是公元前1750年,不够夏的年数,而夏的始年被定为公元前2070年,那就是龙山时代晚期了。那么,这些所谓共识和主流意见,不是一直在"三十年河东,三十年河西"吗?难道现在最新的共识和主流观点,就更接近于历史的真实吗?在这种情况下,我这种不认可能够定论的声音成了少数派。我说观史需要距离感,都留给历史吧。二三百年之后,大家再想一想许宏当时是怎么说的,看一看许宏白纸黑字怎么写的。所以,我说我不在乎当代人怎么看我,隔一段时间大家再看——这是我在学术上的文化自信。

"夏商周断代工程":政治没有干预学术,引发争议而不定论是进步

燕京书评:你是"夏商周断代工程"的参与者,2001年《夏商周断代工程1996—2000年阶段成果报告(简本)》面世之后,在世界学术范围内都引发了巨大争论以及很多的批评,详细的报告一直没有出版。作为考古学者和参与者,你怎么看待这一现象?

许宏:按理说,这是个很简单的问题。人文社会科学的问题,不可能靠着一个"工程"在短时间之内"毕其功于一役",而且"夏商周断代工程"在结题的时候,也说我们这是最优解,而不是唯一解。当然,有一些人认为,最优解也是你们这几个人认为的最优解,不是我的最优解。根本原因在于"夏商周断代工程"探索夏商王朝的时间基点是武王伐纣,而围绕"武王伐

纣"这个历史事件究竟发生在哪一年,就有44种观点,年代相差112年。

所以,有学者就说,"夏商周断代工程"结题之日,就是全面"内战"爆发之时——这是当时的预测。我倒是比较乐观,觉得可以正面来看这个问题。我认为,这恰恰是我们学界和社会的重大进步。早年郭沫若先生以国家领导人之尊,他的"战国封建说"占领了教科书,其他学者基本上不要再讲话了;但现在国家博物馆的"古代中国陈列"展序就开宗明义地说,我们不采纳"夏商周断代工程"年表,仍然是夏约公元前21世纪到公元前17世纪;而对岸的宝岛台湾,前几年"中央研究院"请我去参加第四届汉学大会,当时台北故宫博物院有"敬天格物"玉器大展,我看到那个序厅里边"夏商周断代工程"年表非常醒目。这不是非常好的百花齐放和百家争鸣吗?

对我们来说,"夏商周断代工程"当然是个好事,历史学界及考古学界以前根本没有得到过这样的支持,现在政府拿1000多万元来做这个攻关项目,这是经费上的支持。大家以前的研究都是各自为政,现在学科划分越来越细,说好听点是学科碎片化,说句不好听的话就是鸡零狗碎。"中央研究院"历史语言研究所是搞民族学的、搞语言学的、搞人类学的、搞考古学的、搞历史文献学的……大家都是同事,只要在一个单位,就会有更多的交流和沟通。但是,现在连我们中国社会科学院考古研究所和古代史研究所,连北大的考古文博学院和历史系,基本上都是各做各的研究。在这种情况下,能够以国家之力把各个领域的精英聚拢在一起,然后给经费让他们来"争吵",这在当时是一件好事。我觉得,那些老先生非常难得,大家为一个学术问题激烈争论,到最后年代测定这一块,5个数据跟50个数据当然不一样了,去掉一个最高分,去掉一个最低分,那肯定更接近于真实,这都是有益的。我作为参与者,那时大概就相当于排长这一级吧,是具体干活的——最初参加偃师商城的发掘,后来才被调到二里头当队长。对于有些质疑,我也敢说,"夏商周断代工程"在学术上、结论上没有来自领导层的干预,都是专家们研究的结果。我认为,政治没有干预学术,而是让参与的学者放开了说,这完全可以肯定。

至于你说的详细成果报告,我们圈内叫"繁本",二十多年还没出,这其中有原因。很遗憾的是,"夏商周断代工程"的四位首席科学家已经有两位驾鹤西去了,而"夏商周断代工程"办公室也基本上停止工作了。繁本没出来是非常正常的事儿,因为在简本之后,首席科学家之间关于相关问题就有不同意见,这也是非常正常的事。对此,我们有同事就开玩笑说,让20多个学者一个人出一本书,各抒己见,不就行了嘛。这本来非常正常,非常合适,但一旦是国家级工程就得有个说法。这就像我刚才说的,在上古史和考古学领域,许多问题具有不可验证性,暂时解决不了。所以说,就该是有一份材料说一分话,疑则疑之,不疑则无当代之学问。要是有这样一个理念或者是最基本的科学原则,就不会对这些问题产生过度的不理解。考古的路还远,有待于我们进一步探究。

二里头姓"夏"还是姓"商":狭义史学的族属概念有待考古检验

燕京书评:《发现与推理》用三篇文章讲述了偃师商城的发掘和命名,以及围绕这一考古发掘产生的学术争论。正如你所述,一些学术外的因素卷入了争论。很多人认为,偃师商城是商代的"西亳"。你认为,郑州商城为主都城,偃师商城是"军事色彩浓厚且具有仓储转运功能的次级中心或辅都、副都"。"西亳"说引用的文献记载与考古发掘对应,而你的立论似乎完全以考古发掘为依据。这是否意味着这两种推理方法你更青睐于后一种(考古学本身的自证),为什么?

许宏:从研究取向、研究方法和学术理念上来看,对于上古史的探究,基本上有三种类型。第一种是以文献为本位,梳理延续了两千多年的历史文献,这个工作到目前为止都有必要继续做,因为理解和认知在不断更新,新的文献也还在出土,战国简牍还有关于夏商的记载。第二种是考古学诞生之后,把文献和考古材料相结合,就是我们所谓的对号入座式研究,或者叫殷墟的传统之一。由于我们有丰富的文献典籍,后来形成了"证经补史"的情怀和研究方法,蔚为大观。第三种是考古本位,属于少数派,我是其中的一员。我认同罗泰先生介绍的西方学者的研究思路,总结起来应该叫"分进合击"。历史文献学和考古学，先各自做好自己的本职工作和本体研究，然后在材料丰富的基础上慎重整合，而不宜轻易地做对号入座式的比附。

我一直在强调，从《最早的中国：二里头文明的崛起》到《何以中国：公元前 2000 年的中原图景》再到《大都无城：中国古都的动态解读》都是考古人写史，这意味着"屁股决定脑袋"，因为我肯定是从我考古人的角度来考虑问题的。也就是说，如果你还认考古学是一级学科，还认它具有相对的独立性，而我们解译的是"无字地书"，那么请允许我在没有当时文字材料的基础上，运用一整套解译方法和逻辑推导过程，从我们的角度先做好扎实的工作，而不是一头陷到狭义史学范畴的概念里面。

例如，说到夏和先商，你得跟我说是哪位先生口中的夏和先商，你要说清是邹衡先生的夏还是李伯谦先生的夏，那是完全不同的概念；你要说先商，是张光直先生的先商，还是邹衡先生的先商，那差别大了。所以说，狭义史学范畴的概念具有极强的相对性和不确定性。但是，"二里头文化""下七垣文化"是唯一的、排他的，都不宜过早地用"夏文化""先商文化"等概念来替代。考古学文化是已知的"实"的存在，而狭义史学的族属概念则是我们的一种解读和阐释，相比之下是"虚"的、有待于检验的，所以我们即便给它对号入座、穿衣戴帽，也是一种偏于主观的推论和假说而已。我一直坚持这样的理念。

在这种情况下，"郑亳说"和"西亳说"形成了两大阵营，甚至有学者还认为是两大学派，说"郑亳说"（认为郑州商城是商代的亳都）的大本营是在北京大学，"西亳说"的大本营在中国社会科学院考古研究所，而主战场在河南。硬把它上升到学派的高度，我是接受不了的。什么是学派？学派是思想层面的概念，而"郑亳说"和"西亳说"都是可知论，两者都认为在当时的文字出现之前就可以对号入座，把没有文字的考古遗存跟古代文献中的某个国族对应上，不同的只是两者认为哪一条文献可信而其他那些不可信。相对来说，我才是两方真正的对立面，是有条件的不可知论者。也就是说，在像殷墟甲骨文那样带有自证性的当时的文书材料出来之前，这一问题是不可知的。如果认为中国社会科学院考古所是"西亳说"的大本营，那么我就是一个"叛徒"。日本NHK的记者就曾经问我说，"许老师，日本的杂志说中国社会科学院考古研究所认为偃师商城是西亳，这个表述对吗？"我说不对，你得说中国社会科学院考古研究所的哪位学者认为偃师商城是西亳，我就不认为它是。一个单位，也就是一个研究机构或大学是由不同的人组成的，学术观点只能是学者个人来秉持的，怎么能是一个单位的人都是一样的学术观点呢？

我担任二里头考古队队长之初就有人问，你作为二里头第三任队长，怎么看二里头的性质问题？我说，第一任老队长赵芝荃先生一开始完全接受徐旭生先生的观点，认为二里头的晚期是商，后来赵先生的观点就接近于邹衡先生了。有人认为，这是赵芝荃先生向北京大学"投降"了。我的前任郑光先生从赵芝荃先生那里接手继续执掌二里头，他坚信二里头第二期开始就是商了，所以二里头的主体是商都。有人说，赵芝荃先生是"投降派"，郑光先生属于"死硬派"，以不变应万变。我作为二里头第三任考古队长，我说我不知道，于是有人就开玩笑说"你们是九斤老太，一代不如一代"。我说对，这恰恰是中国考古学学科走向理性、走向成熟的表征和缩影，我们已经不执着于二里头姓夏还是姓商这个问题了。我的提法是，暂时不知道二里头姓夏姓商，并不妨碍我们对二里头在中国文明史上地位的认知。什么是最主要的？我在《发现与推理》一书里边介绍了不少，有那么多"中国之最"在二里头被集中发现；我作为二里头第三任队长，这二十年那些"不动产"方面的重大突破，那才是二里头真正的历史意义和价值所在。

回到偃师商城，如果加以比较，偃师商城没法跟郑州商城比；如果要是说商王朝有一个主都的话，只能是郑州商城。我作为一个考古人，就是要从考古材料出发来做这样的思考。我一方面对赵芝荃先生充满敬意——我是薪火相传者，是他的学生，他对我极好，很欣赏我——在偃师商城和二里头这两大都邑上继承了他的衣钵，但在学术观点层面上，在学术认知上，"我爱我师，我更爱真理"。

考古学是门残酷的学科：研究对象类似车祸现场和命案现场

燕京书评：你曾经引用苏秉琦先生的话，"你想到什么，才能挖到什么"。在《发现与推理》一书中，你谈到你在二里头的考古发掘中也利用了想象和推理，并且在后面的发掘中得到了证实。如果以你数十年的考古发掘和研究工作来看，发现、推理和想象这三者是什么关系？

许宏：我前面说过，我之前是一个文学青年，但现在我已经接受不了写虚构作品了。我觉得考古更有魅力，考古有两大美：第一大美是发现之美，第二大美是思辨之美。考古学是一门残酷的学科，新的考古发现在不断完善、订正甚至颠覆我们既有的认知，而这就衍生出考古的第二大美，即思辨之美。所以，我深深地尝到了思辨之美、思辨之乐。

像我这种严谨到偏于保守的学者，按理说应该跟想象无关，但是我又爱把考古学这门行当比喻为侦探。因为我们的研究对象跟车祸现场和命案现场非常相像，呈现在我们面前的是一些断片、支离破碎的东西，如果你不用逻辑推导，甚至一定的想象力的话，你就没法把这些材料串联成一个证据链。在这种情况下，思辨、推理非常重要，考古必须得有这些方法才能深入一步。如果你把所有的东西完全没有逻辑线索地介绍给学界、公众，那给人家的还是碎片，让人什么都看不懂。但是，我们要明白，考古遗存可以说是一种真实存在，一块陶片或一个房址是实的，一旦进入推理和想象、阐释和复原，就进入了"仁者见仁、智者见智"的"虚"的层面。

我前面已经说了，我们不能排除任何一种推理假说所代表的可能性，而可能性和可能性之间是不排他的。也就是说，文物是不会说话的，得由我们考古人来代言。按照著名考古学家张忠培先生的说法，我们考古人就是要"代死人说话，把死人说活"。但是，每个人代死人说的话都不一样，这就是我一直在强调的——我们的研究和阐释具有相对性。作为一个靠谱的考古人，就一定要自警、自省、自惕。在某些层面上，有些问题考古根本解决不了，因为我们的学科是有局限性的。我历来强调，无论是一个人还是一个学科，当他认识到自身不足的时候，才是这个人或者这个学科走向成熟的标志。如果没有这种敬畏之心和自知之明，认为你什么问题都能解决，那你本身就有问题。在我的研究思考中，我还是能够把发现、想象、推理有机地结合在一起的。

（采写　张弘）

许宏：中国早期文明具有自身特色，中央集权的"流"比较清楚

尽管司马迁的《史记》和其他古代典籍记载了夏代的存在，但迄今为止夏代一直无法成为信史。按照中国社会科学院考古研究所二里头考古队前队长许宏的说法，夏王朝是我们的一种情结，被看作华夏族群的"成丁礼"，我们企图把战国到汉代人追忆中存在一千多年的"夏"变成信史（faithful-history）。在许宏看来，这些宝贵的文化遗产很重要，但到目前为止，还是非物质文化遗产。

中国人习惯的说法是"五千年文明"，人们希望通过考古这一被国际学术界公认的手段将夏代坐实，同时证明我们所说的"五千年文明"并非虚言。对此，许宏认为，我们当然希望通过自身的努力把非物质文化遗产的"非"字去掉，使非物质文化遗产成为真正的物质文化遗产，但是这个过程需要有扎实的内证性文书类的证据。就二里头遗址本身的重要性而言，它的意义也不仅仅在于证实夏代的存在。

对于中华文明的早期形态研究而言，考古视域下的二里头文化分期和属性，以及更深层次的中华文明形成的历史成因等问题都是至关重要的。

夏王朝还处于传说时代：二里头不能证实或证伪夏的存在

燕京书评：对于二里头四期的文化，现在有各种划分，如有人认为一、二期属于夏代晚期，三、四期属于商代早期，等等。你自己立论非常谨慎，认为要找到甲骨文那样的自证性文字证据，才能证实夏代的存在。如果以后的考古发掘找不到甲骨文这样的自证性文字材料证据，那么夏代存在是否就无法

第五章　剩余历史与人群代言的探究

确证？

许宏：已有学者尖锐地指出，我们所说的考古学文化，尽管标榜是囊括相关遗存组合的全部，包括动产和不动产。但不容否认，在具体操作上，基本上是以盆盆罐罐那些日用陶器，尤其是炊器为中心来确认一种考古学文化的。也就是说，考古学文化只是一堆东西的组合，而这堆东西与其背后的人群在主观认同层面形成的族群和政治集团究竟是怎样的一种对应关系，就是极为复杂的问题。

在大的学理和大的逻辑上，历史人类学家王明珂先生等早就已经指出这类问题了，形而下的器物和形而上的族群认同两者之间能不能画等号，比附是不是成立都存在很大的问题。中国考古学学科内部研究范式的转型，就是从注重文化史的研究转型为社会考古的研究。这句话什么意思呢？就是说，我们从注重盆盆罐罐这些物的分期和文化谱系，转变到对当时整个社会做全方位的研究，从注重动产到开始注重不动产，尤其注重背景关系的研究。考古学肯定是研究物的，但与其说考古学研究物，不如说考古学主要是研究物背后的背景关系，这是一个重大的进步。所以，我的两代前任——二里头考古队之前的队长赵芝荃先生和郑光先生，在我接手二里头之前的四十年里做出了重要的成绩。第一，他们两代人建构起了扎实细腻的以陶器分期为基础的文化谱系框架，这得到了学界的公认，是以后我们所有研究的基础——我们要感恩他们。第二，他们的团队发掘了一号宫殿、二号宫殿、铸铜作坊和若干出土青铜器和玉器的贵族墓，奠定了二里头在中国文明史上的重要历史地位。这是他们的两大业绩。

但是，从不动产的角度、从社会考古角度全方位来看都邑布局，这些问题的研究是我带领的团队从1999年开始着手的。当然，这根本不是我个人的聪明才智，而是整个学科发展到了这个阶段，大家在共同思考大遗址的发掘研究该怎么做。一代人有一代人的念想，还没有进入资深学者法眼的那些更为重要的东西，如人地关系、聚落形态、生产生计、社会结构等，这才是我们这一代人的使命。我跟随徐苹芳先生做城市考古，对三千多年前的中国早期城邑、城市的发展有了一个"通"的感觉；历史给了我这样一个解剖二里头都邑这只麻雀的机会,让我掌握了这样一个大遗址,并又适逢中国考古学的学科转型期,才有了这样的认知。

如果这么看的话,我们的研究重点和二里头本身的重要性,岂止在于夏呀!夏王朝是我们的一种情结,被看作华夏族群的"成丁礼",我们企图把这个"夏"存在一千多年之后战国到汉代人的追忆变成信史。我一直说,这些宝贵的文化遗产很重要,但到目前为止,这还是非物质文化遗产。作为考古人,我们当然希望通过自身的努力把"非"字去掉,使它成为真正的物质文化遗产。但是,那需要跨过不可逾越的门槛。如果要确认文献中具体的古代国家和族群,那就必须有扎实的内证性文书类的证据,但那是可遇而不可求的。我不能说为了找这样的文字,别的探索工作什么都不干了。在二里头还没出现文字之前,这二十多年难道我们无所作为吗?什么是考古学的强项?什么是二里头作为历史文化遗产的真正价值?我在2019年就主动辞去了队长职务,在大会上向大家告别时说:我相信在年轻学者手中,二里头考古必将展现出新的辉煌。但今后完全可能仍然没有发现文字;在没有发现文字的情况下,二里头仍然能展示新的辉煌。这就是我大体上的认知。

二里头陶片上一些单个的刻画符号,大部分学者不认为那是文字,因为只要不是复数的文书,就无法表现内容甚至思想。我个人也不认为那是文字,但我又相信像二里头这么复杂的社会实体应该有文字,只不过我们还没有发现而已。要稍做订正的是,"证实夏代的存在"之类表述,不是二里头考古人能够解决的问题。二里头即便发现了内证性的文书材料,也只是可能把这群不会说话的遗存和古代文献所载国族对应了起来,解决大家关心的二里头究竟姓夏或姓商的问题,但不能排除其他遗存属于夏的可能性,不能证实或证伪夏代的存在。夏,大概率是存在的,但它是否已是后世文献中描述的与商周一样的庞大王朝,还是要存疑的。

曾有网友问:"孩子问起夏,该如何回答?"我当时的回复是:"夏王朝,还处于传说时代,我们是从比它晚千年以上的东周到汉晋时代人的追述中知道夏的。一般认为,考古学上的中原龙山文化和二里头文化可能是夏王朝的遗存。这个问题,还没有定论。"这么表述,能让孩子们及其家长明白吗?

第五章　剩余历史与人群代言的探究

燕京书评：很多人纠结于夏代是否存在，其深层的心理或许在于中国是一个文明古国，习惯的说法是我们有五千年文明，但现在能够确认的大约只有三千七百多年，因此希望坐实夏代，既可以让五千年文明的说法当之无愧，也能够印证司马迁《史记》以及其他典籍的记载。作为考古学者，你怎么看这件事？

许宏：我们有这样的证史情结，如对曹操墓的追捧，这都可以理解。但是，一般说五千年的文明古国，像《易中天中华史》从三千七百年开始说起就引起了许多人的"不适"，然后有人问我该怎么看。我说，作为一个靠谱的考古人，我要告诉你易中天先生这是实说而非胡说，他是吸纳了包括本人在内的考古人的研究成果，把二里头这个广域王权国家——在东亚大陆上第一次出现的核心文化——这样一个大的政治实体作为中华文明史的开端。

这根本就不是一个对错正误的问题，大家都是推论和阐释而已。例如，我把二里头作为最早的中国、中原中心的开端，但偏于历史文献学的学者，也可能说西周才奠定了中国的版图，这根本就不矛盾。狭义历史学界的学者认为考古学者还有点冒进，但在考古界更多的人认为我偏于保守。考古学者把中国文明的最早形成放到龙山时代、放到陶寺古国、放到尧舜禹这类传说中的人物身上，甚至提早到一万年前的农业起源都没有问题，甚至提早到几万年的旧石器时代也没有问题，但是那有意义吗？什么叫"中国"，非常复杂。这是个概念界定的问题，历史的、地理的、族属的、文化的、国家层面的概念，"中国"是变动不居的，如果我们认可"中国"是一个历史事物的话，那么它一定有一个从无到有、从小到大的过程。所以，我把对二里头的认知，把"最早的中国"形容为一个生命体的婴儿呱呱坠地，那么你认为二里头之前的陶寺、龙山甚至仰韶时代是最早中国的形成，那就相当于母腹中的胚胎成型，甚至精子和卵子的碰撞，更甚至你认为父方和母方任何一方的出生才是新生命体诞生的前提都没有问题。

中国早期文明具有自身特色：既不是纯土生土长，又不是完全外来

燕京书评：你认为，中华文明探源工程的最新测年结果显示，二里头文化的绝对年代是公元前1750—公元前1520年。专家对三星堆遗址六个坑的73份炭屑样品使用碳十四年代检测方法进行了分析，对年代分布区间进行了初步判定：推断三星堆4号坑约公元前1200年—公元前1000年，属于商代晚期。考虑到文化传播的时间差，三星堆文化的上限大致相当于二里头文化晚期甚至末期，也就是不早于公元前1600年。你也认为，欧亚青铜潮的传播在五千年前就是全球化；三星堆出土的面具、金杖、青铜神树则显示，三星堆文化还受到中原以外的文明影响。这是否意味着，流传至今的中华文化，从诞生发展至今本身就是多重因素结合的结果？如果如此，那么它的核心主体是如何建构起来的？

许宏：我对三星堆的相关问题做过一些解答，这些问题在我那几本已经出版的小书里，尤其是在《东亚青铜潮：前甲骨文时代的千年变局》里都涉及了。我一直在讲，中国从来没有自外于世界，我们本来就是人类的一个组成部分。说一句不大好听的话，不能认为全人类之外还有一群更聪明的中国人——这不是明摆着的事吗？欧亚大陆，根本就没有足以阻隔人类活动的自然天险。要知道，连旧石器时代的人——几万年前的人都能走出非洲，然后以一年4～5公里的速度扩散。欧亚大陆西部，当战车和青铜发明之后，扩散速度就更快，可以达到一年100公里左右吧。工业革命之后，先有火车再有飞机，整个文明的发展是加速度的。在这种情况下，什么东西是我们完全在极度闭塞的情况下独立自主发明的呢？这本身就是一个问题。

我还强调，全球史的研究只能上溯到五六十年前，之前无论我们的"天朝上国"加"蛮夷戎狄论"还是"欧洲中心论"都是区域史，把地球和人类当成一个整体认知才有多少年的时间啊？历史为什么一直要重写，就因为基本材料和基本史观都在变。例如，从龙山时代到殷墟时代上千年的时间里，小麦、绵羊、黄牛、车和用马驾车的习俗、用骨头占卜的习俗、像殷墟大规模杀殉的习俗、"亚"字形的四个大斜坡墓道等，都从来没有在中原见到，甚

至连甲骨文我们都没能在中原地区找到确切的直接的线索。这些东西有一些是传来的，有一些可能受到了哪种发明理念、思想方面的刺激，然后我们的先辈又因地制宜地创生出了一些新的文明形态。外来因素的影响和刺激，在世界各地都很正常，没有哪个地方非常纯净。如果你特别纯，如果一种文明不是"杂种"，早就退出历史舞台成为夭折的木乃伊了——这个概念必须要有。

随着改革开放，我们的文化自信越来越强。2018 年 5 月 28 日，在国务院新闻办公室召开的"中华文明探源工程"新闻发布会上，就有这样的结论："中华文明在自身发展过程中，广泛吸收了外来文明的影响，源自西亚、中亚等地区的小麦栽培技术，黄牛和绵羊等家畜的饲养，以及青铜冶铸技术，逐步融入中华文明之中，并改造生发出崭新的面貌。"这是非常合适的。文明的传播，与其说像流水，不如说是像病毒或基因，它在复制的同时产生变异，可以变得面目全非。例如，诸如高精尖的辉煌灿烂的中国古代青铜文明，我们致力于找源头，但除了中原，其他地方的青铜器体现出来的意识形态、思想观念和形式都不一样。中国的青铜文明是怎么来的？它是由外来的青铜冶铸技术和我们几千年玩泥巴用模子来做陶器的传统相结合，又跟我们祖先崇拜的宗法制度这套行为、价值观和意识形态相结合，这才产生了一个独一无二、屹立于世界青铜文明之林的中国青铜文明。我认为，中国文明，既不是纯土生土长，又不是完全外来。一方水土养一方人，任何历史悲喜剧都是在地理这个大舞台上上演的，它植根于这块土地，受到外来文明的影响，然后才生发出具有我们自身特色的早期文明。

中央集权政府的形成：赈灾、治水、防御北边的需求

燕京书评：你认为，"二里头是东亚历史上最早的核心文化，最早的广域王权国家，其影响远远突破了它所处的地理单元，华夏文明由'多元的邦国'进入'一体的王朝'"。从你研究的时间段来看，从邦国到王国，从春秋战国到秦朝大一统，是否可以说从长时间段来看中华文化处于不断的融合之中？

那么，这种文化融合的驱动力是什么？

许宏：按理说，这个问题已经超出了考古人有一分材料说一分话的范畴了，但我一直在思考这样的问题，可以简单谈一谈。文化确实有一个不断融合的过程。整个东亚大陆的地理态势，在五百年前的大航海时代来临之前，它的东部沿海几乎可以说就是个死胡同，虽有一般的渔民交流，但渔民之间这种交流没有影响整个大的政治态势和格局；后来形成了"大中国"范畴的四大边疆——新疆、西藏、内蒙古和东北地区，它们才是早期中国"改革开放"的前沿阵地，尤其是大西北地区。我们研究的早期中国可称为"小中国"，后来秦汉帝国的基本版图恰好是适合于农耕的地带。从地形大势上，可以把早期中国的生存环境看成一个大盆地。这个大盆地的中间，没有像阿尔卑斯山那样的大型山脉阻隔，这就导致华北大平原和华中大平原几乎是连成一体的，这是一个总的大态势：东南是海，西、北是高原、戈壁、山脉，相对独立，内部又便于交流。在这种情况下，地广人稀，当然是各自发展，基本上没有什么来往，有来往也没有太多的利害冲突。

当人口增多，人与人之间的冲突到了不可避免的情况下，才能逐渐有一些避免鱼死网破的规范，导致比较复杂的社会结构甚至国家诞生发展起来了，最后像二里头这样所谓广域王权国家也出现了。我在《大都无城》里认同美国著名学者贝格利（Robert W. Bagley）教授的"二里岗帝国"这一提法，后来经过殷墟时代，有了西周大分封，直到秦汉帝国的一体一统化，有一个从多元到一体并一点一点兼并融合的过程。

我认为，黄仁宇先生说得非常有道理，但他的视野只是历史时期——从东周到秦汉以后。他说，赈灾、治水和防御北边，构成了整个中国古代史的一个主旋律；而赈灾、治水和防御北边，又是由季风、黄土、黄河和农牧交汇地带这些大的气候和地理因素决定的。最初，秦帝国是怎么来的呢？天下思变，人心思定。季风和寒流交汇正好合适的风调雨顺这种情况非常少见，碰着非常厉害的降雨就是大涝，没碰着可能就是大旱，就要赈灾。治水那就不用说了，黄河、长江你在上游我在下游，我没粮食跟你借你不借，但我要把你灭了、你要属于我的话，这事不就好办了？此外，从事畜牧和游牧的人群一直在南下,就导致农耕定居族群跟他们有冲突。在这种内外压力的情况下,我们不得不说中央集权具有历史的合理性。尽管我们现在评价起来还会有一些不同的声音,但要意识到我们的政体实际上是一个历史的延续,它是一点点走到今天的,不可能超越地理地缘和大的历史人文框架,这是个大问题。我还认可哲学家赵汀阳先生的比喻,即后来中原形成了一个巨大的漩涡。吸纳外边的族群进来,这就是融合的驱动力,它就形成了一个文明漩涡的涡心。当然,这个问题非常复杂,作为考古人我就不敢再多说了。

燕京书评:《大都无城》在解释其原因时沿用了儒家的正统阐释,所谓天子志在四方的博大胸襟和宣示教化的威仪。有读者认为,上古华夏游牧民族入主中原,既然是游牧出身,他们住的是帐幕(蒙古包),首领走到哪里哪里就是都(ordos),永久性高大坚固的建筑只是他们祭祀祖先的坛庙和先王陵墓——那里除了少量守陵人居住外,别无更多居民。简言之,只有以游牧民族的视角才能完美诠释"大都无城"的真实内涵。你怎么看?

许宏:我首先要订正这位读者朋友的说法,要知道远距离游牧的前提是骑马,而游牧族群出现在东亚大陆北部不早于春秋甚至战国时期,在那之前只能是半农半牧的畜牧族群。从这一点讲,"游牧"的概念就限定了历史上限,它根本不可能到二里头时期,连二里岗、殷墟都谈不上,那是东周甚至汉代以后的概念。

还有,就是所谓中原定居农耕方式这种同化作用,即便像蒙古族群,到了元朝蒙古人进来,它一开始还想把中原变成草场,但很短一段时间之后就不得不恢复原来的农业。为什么?根本不可能有一帮人,包括拓跋鲜卑和满族,到了中原地区还横行和沿袭在草原居无定所那种生活方式,你只能华夏化,前提是定居农耕。我们刚才说到中国地理和历史大势,就是一旦进入定居农耕区,还搞游牧那一套是根本不现实的,你只能改,要不你就走。

我在文献上是引用了中国社会科学院冯时教授"大都无城墉"的提法,因为上古王国国力强盛,国君要宣示教化,所以根本不用一个城圈把自己圈围起来。一方水土养一方人,我们所处的这样一个定居农耕"盆地"中间,只能萌生出所谓儒家的东西,以少数族群游牧的思想长期主导是不可能的,而且没有考古学的证据。

关于北方少数族群入主中原后对都邑营建的影响，我推荐过北京大学李孝聪教授的研究。我在《大都无城》中论及"后大都无城时代"有三大特征：一个是城郭齐备；一个是纵贯全城的大中轴线；一个是严格意义上的里坊制度。这些显得中规中矩的都邑格局，人们原来以为纯粹是我们中原农耕族群的东西；但李孝聪先生认为，这其实是马上民族如拓跋鲜卑到元代蒙古族、清代满族等少数族群入主中原之后才普遍形成的。它的功能：第一，严防死守，加强戒备，加强管理；第二，用中原的礼制来教化、统治、管理华夏族群。这才导致后"大都无城时代"大家比较熟悉的都邑规制的形成。这是太有意思的事。此前的"大都无城"没有太多的章法，反而是华夏定居农耕族群的一种文化自信——这是我的一种解读。

古代中国的专制传统："源"扑朔迷离，"流"比较清楚

燕京书评：综合刘泽华先生对中国政治思想史的研究，以及白钢先生对中国政治制度史的研究，中国的君主专制制度和等级制在商代就已经形成。那么，从已有的考古学发现和研究来看，这里面是否有一条明显的发展脉络（先秦）？

许宏：这个问题的追究，就等于从信史时代进入了原史时代。可以理解的是，如果没有能显现当时的制度和思想层面的文书材料，很难做确切的追究，这是我们的一个难处。你说的专制制度和等级制度，如殷墟集团专制到什么程度？它有没有一定原始民主的遗存？我们的学者做历史文献学，甚至认为春秋时代都有原始民主制度的孑遗。有学者说，商已经有分封制的萌芽，但我们看到的扩张基本上是和当地不太相容的，它确实不像西周王朝那样在各地基本上采取一种怀柔政策，允许商遗民和当地原住居民共存。周王朝采取这样的怀柔制度和政策，因为它是小邦，没有足够的能力来控制广大的领土。所以，周王朝的政策策略才奠定了后来中国的基础，这非常难得。

到晚商有甲骨文，但甲骨文太少，内容也非常有局限性。追溯到二里岗

时期，连文字都极为罕见。说二里岗属于商，这已是考古人的推断；到了二里头，就更不好说了。我们从都邑具有明确的规划性、对青铜礼器生产和使用的独占、控制和影响范围已经开始超越地理单元等来推断，二里头是中国最早的广域王权国家，等级制肯定有了，但是否属于君主专制还不好说，没有材料证据。这就是说，任何东西到了溯源的时候，就开始有朦胧、模糊和说不清楚的地方，这就要体谅、理解我们考古人了。

燕京书评：魏特夫（Karl August Wittfogel，1896—1988）的《东方专制主义》一书认为，东西方社会是两个完全不同的社会形态，东方社会的形成和发展与治水密不可分。大规模水利工程的建设和管理，必须建立一个遍及全国的组织。"因此，控制这一组织的人总是巧妙地准备行使最高统治权力"，君主专制便由此形成，而中国正是这一特征的集中反映。此书出版之后，曾经在中国学术界引发广泛讨论，从考古学研究角度，你怎么看待魏特夫的观点？

许宏：你的这些问题越来越超出我的研究范围，但我还是愿意稍微说一说。从考古发现上看，魏特夫把因果关系弄反了。传说大禹治水成功了，很有可能是因为长期降水期结束正好水退了，就变成了大禹治水的功绩。这实际上跟当时的地理和气候有很大关系，已有环境考古的专家撰文从气候环境变化的角度提出类似的解释。在一般的情况下，发洪水时，民众迁徙到较高的地方就可以了，以当时的人力、物力来看没有大规模治水的能力，甚至没有大规模治水的需求。所以，大禹治水有待进一步探究。

在考古发现上，我们现在没有发现在东周时代以前大规模水利工程导致一个专制政府产生的证据。我前面说到黄仁宇先生所说赈灾、治水和防御北边是导致中央集权产生并加以强固的原因所在，有了中央集权，才有利于建造大规模的水利工程。从东周时期到秦汉，恰恰就可以验证这个问题。

可以说，"源"这方面扑朔迷离；但是，"流"那方面比较清楚。

（采写　张弘）

沈卫荣、安海燕：元代宫廷所修"演揲儿"，不是俗世的情色与淫戏

沈卫荣、安海燕的《从演揲儿法中拯救历史：元代宫廷藏传密教史研究》一书显示，13 世纪初蒙古的崛起及其对欧亚广大地区的征服和统治，一方面改变了世界，另一方面也使蒙古民族脱离了自身原先的萨满信仰，皈依藏传佛教。然而，长久以来，藏传佛教在元朝宫廷内外传播的详情却鲜为人知。由于种种历史原因，传统汉族士人既对藏传密教缺乏基本了解，同时又热衷将其情色/色情化，甚至相信野史，在正史中将藏传密教塑造为一种类似于房中术的"妖术"和"鬼教"。这种将藏传佛教乃至整个藏族社会严重萨满化、色情化的倾向一直延续到当代，甚至影响到西方世界。

沈卫荣、安海燕利用近年发现的大量汉译藏传密教文献，通过将其与相应的藏文、西夏文、畏兀儿文等民族语言文献进行文本对勘和深入研究，试图将"演揲儿法"等藏传佛教词汇置于其本来的语言、历史、文化和宗教语境中来理解，恢复元朝宫廷所传藏传密教仪轨的真实面貌，最终揭开藏传佛教在元代中国传播历史的真相。

沈卫荣，1962 年生于江苏无锡，南京大学历史系学士、硕士，德国波恩大学中亚语言文化系博士，清华大学人文社会科学高等研究所、清华大学中文系教授。主要研究领域为西域语文、历史，特别是西藏历史、藏传佛教和汉藏佛学的比较研究，曾历任哈佛大学印度梵文研究系合作研究员、德国洪堡大学中亚系代理教授、日本京都大学文学部外国人共同研究员、普林斯顿高等研究院研究员、德国柏林高等研究院研究员等。出版著作有：《西藏佛教历史的语文学研究》《寻找香格里拉》《想象西藏：跨文化视野中的和尚、活佛、喇嘛和密教》《文本与历史：藏传佛教历史叙事的形成和汉藏佛学研究的建构》《藏传佛教在西域和中原的传播——〈大乘要道密集〉研究初编》《从演揲儿法中拯救历史：元代宫廷藏传密教史研究》等。

总是带着"背景书"先入为主地探索世界，从而造成跨文化误解

燕京书评：很多读者此前对"演揲儿法"比较陌生，在我的理解里，"幻轮"或者说"法轮"是一个比较容易进入的点。你能不能从幻轮进行切入介绍一下"演揲儿法"？

沈卫荣、安海燕：所谓"演揲儿法"，元末野史《庚申外史》说为"能使人身之气或消或胀，或伸或缩"的"运气之术"，实际指的就是藏传密教中的幻轮修法。"演揲儿"是梵文词 Yantra 之回鹘（畏兀儿）语形式 Yantür 的音译，与之对应的藏文作 'khrul 'khor，或 'phrul 'khor，可直译为"幻轮""机轮""旋轮""乱轮"等。幻轮是一种类似于古代汉地"导引法"的瑜伽修习法，西方人称之为 Magic Movement，为藏传佛教各派所修习。幻轮修法有两类：一类是调节身脉的幻轮，即通过一系列的肢体动作，间或配合简单的呼吸法或经过练习的瓶式呼吸法使得身脉保持活力，为进一步的修习打好基础；另一类是调节气息的幻轮，通过打开体内各处脉结，维持脉管中气息的畅通，借此配合气、脉、明点的修习，达到更高的证悟。关于幻轮修法的效用，可参照玛尔巴译师所造《胜乐耳传之拙火与方便道之幻轮》开篇的这段文字来理解："解开脉结除障妙肯綮，消除身体疾病无遗漏，认明心识智慧之自性。施予神通功德无保留，只为变成大乐明点身。"

燕京书评：在"演揲儿法"的传播过程中，汉人在理解的时候确实加入了过多的色情想象，包括马可·波罗也将这种印象带到了西方世界，唐寅在《僧尼孽海》中也将"秘密大喜乐法"与《素女经》结合在一起演绎。如何理解这种交错的文化现象？

沈卫荣、安海燕：对于这种跨文化的误解现象，可以用意大利波罗那大学教授艾柯（Umberto Eco）提出的"背景书"理论来理解。艾柯认为，人类总是带着一些背景书来游历和探索这个世界，即我们总是带着来自我们自己的文化传统和背景知识，先入为主地去探索这个世界；在我们游历这个世界之前，我们已经知道我们要发现什么、见到什么。

元朝士人以及唐寅之所以大肆渲染藏传佛教的色情成分，主要是基于他

们根深蒂固的儒家伦理和对异族的抵抗心理,后者对元朝士人的影响尤甚。元朝士人处于外族统治之下,而其蒙古皇帝在个人文化心理层面并没有接受汉族士人用以安身立命的儒家文化,反而更加喜欢西藏喇嘛所传的佛法;元朝还出了一个江南释教总统河西僧人杨琏真迦,他曾发掘南宋皇帝陵寝,甚至把宋理宗的头盖骨做成藏传佛教的法器。这些都让汉族士人对西藏喇嘛充满了痛恨,自然对西藏喇嘛所传的佛法没有好感。

元人对元顺帝(元朝的最后一位皇帝)修"双修法""秘密大喜乐法"的色情化记载成了唐寅认识藏传佛教的背景书,而为了说明藏传佛教的荒淫他又必须借助汉人的房中术经典来比附,则房中术又成了他理解藏传佛教的另一背景书。马可·波罗等人游记中对西藏的污名化成了此后乃至今日众多西方人理解西藏的背景知识,而他关于西藏妇女不守贞操以能取悦于众多的男人为荣,以及西藏人残忍、狡诈等说法,也是带着此前一些从欧洲来到蒙古宫廷的方济各会传教士留下的背景书。

大众倾向于从道德和权力认识宗教,并不关心教义是否符合真理

燕京书评:宗教仪轨有其特定的思想基础和文本依据,而幻轮修法因其传播过程中有更多的图像而流传更广,这让人想到基督教的新教改革,是否对于所有的宗教来说,都含有这么一种困境,即表面简单化、世俗的易于理解的部分容易传播,而大众对于内核的理解耐心不大,导致最后宗教教旨遇到了被歪曲的风险?

沈卫荣、安海燕:首先,与非图像类的宗教文本相比,不论是在藏地还是汉地,幻轮修法并未因为其有更多的图像因素而流传更广,流传最广、数量最大的依然是文字类文本。在汉地,目前我们所见西夏、元、明、清时期翻译、汇集的汉文的藏传密教的文字文本占了绝大多数,除了唐卡、绘画等佛教艺术作品,带有图像的修习文本仅有明代成书、清代重新写绘的《宫廷瑜伽》(《究竟定》)一种。

其次,就大众的理解而言,确如你所言,大众更倾向于从各自所属社会

的伦理道德、文化传统,甚至是世俗权力来认识某一种宗教,而不关心、探究其教义是否符合真理。受这种认知模式和环境的影响,即便是中国土生土长的道教,也发展出了被民众接受、被官方认可的"正道"以及被他们批判、排斥的"妖道"两种分野。对来自异域的宗教,除了世俗的伦理道德和权力,民众更从儒家文化本位出发,持着对"非我族类"的天然反感,对其充满了种种误解和歪曲。早期的佛教,后来传入的藏传佛教和天主教都曾被称为"妖道""邪道",其仪式被叫作"妖术""邪术"。

燕京书评:中国一直是一个无严格意义的宗教的国家,所以有读者不能很好地理解国师/上师的角色。那么,国师在西夏和元代朝廷中的地位和作用有何异同?

沈卫荣、安海燕:不能说中国是一个无严格意义的宗教的国家,宗教特别是佛教在中国历史上有很重要的地位和作用。从西夏开始,历经元、明、清三代,藏传佛教一直是于朝廷占主导地位的佛教传统,藏传佛教僧人不但在宗教领域而且也在政治和社会生活领域内扮演了重要的角色。事实上,在元代,不是国师,而是帝师,在其宗教和政治生活中有着特别重要的意义。

元代的帝师由萨思迦款氏家族的上师世袭担任,帝师制度开始于首任帝师八思巴上师(1235—1280)。八思巴上师是藏传佛教萨思迦派的第五世祖,自小随其叔父萨思迦班智达于凉州朝觐蒙古王子阔端,后成为元世祖忽必烈汗的灌顶上师;待元朝建立之后,他先后被封为国师、帝师,成为元代地位最高的宗教领袖。元代的帝师不只是一个纯粹的宗教职务,还是一个拥有巨大世俗权力的政治职务。作为元朝仅次于中书省、枢密院和御史台的中央行政机构宣政院的院使,帝师秩副一品,是统领西番和全国释教的最高中央长官。作为宗教和精神领袖,帝师也具有非常重大的影响力,元朝曾在全国各行省设帝师庙供人供奉和祭祀,确立了帝师及其所代表的藏传佛教于元全国之宗教文化生活中至高无上的地位。

一直到20世纪80年代,人们普遍以为元朝的帝师制度是中国历史上的一个特例。然而,随着西夏佛教史研究的不断深入,人们发现西夏时代就已经有了多位帝师的存在,而且他们也都是来自西番的藏传佛教高僧。但是,由于缺乏更加具体的历史文献资料，我们对西夏的帝师制度的了解仅局限于知道几位帝师的名字和他们的来历，却无法更深地了解他们究竟于西夏的政治和宗教事务中扮演了什么样的角色。不过，显然西夏的帝师既不像元代帝师一样出自同一个教派和同一个家族，也没有担任宗教以外的其他政治职责，所以很难说元代的帝师制度是对西夏旧制的继承。值得一提的是，明代前期藏传佛教在中央朝廷和内地的传播甚至比元朝时更加广泛，明朝皇帝特别是永乐皇帝朱棣曾授封大量番僧以法王、教王和国师等称号，后者的宗教和社会影响力也很大，特别是对乌斯藏地区地方贵族政治的瓦解给予了强有力的推动，但法王和国师等称号都不包括在明朝正规的官僚制度之内，不像元朝的帝师是十分显赫的朝廷命官。

无上瑜伽密对身的理解，不同于医学上的身体观

燕京书评：无上瑜伽部的修持对象分粗色身和微细身两种，并且粗细的两种语词有对应之处，身微化于脉，语微化为风，意微化为明点，圆满次第修持的对象和基础即是由脉、风、明点组成。这属不属于身体观的描述？

沈卫荣、安海燕：可以将其理解为无上瑜伽密对身的理解，但它们主要是从观想的角度建立，不同于医学上的身体观。佛教将人的行为和意志总摄为身、语、意三者，此即为粗色身。密教依此三者而说修行，指将凡夫的身、语、意三业净化成证悟境界的身、语、意三密。身、语、意是依身而存在的，故就广义而言身、语、意的修法都可以看成是身的修习。以修身或曰炼身作为证悟的途径，是密教的特色。

修粗色身，修身即持特定的身姿和手印，修语便是颂咒，修意是观想本尊及其坛城；修细微身，就是修脉、风（气）、明点，此为无上瑜伽部所独有，有一系列非常细致入微的修习方法，"演揲儿法"或幻轮修法即属这一范畴。密教以身的净化作为修行的依凭，其理论基础是"风心无二"（心气无二，风识无二）的观点，即风息和心识功能相同，只是显示为两种相。密教续典和论师常这样说明"风心无二"之理："心识如有眼的瘸子，气息如瞎眼

的骏马，凡夫如跛脚的人骑着瞎马，风息驱动心识，遂出现迷乱，若能把握气息，即能守持心识，由此生起无分别智。"这里所说的无分别智，即证悟的境界。

燕京书评：书中提到卓泽鸿先生认为"演揲儿法"即佛教金刚乘中的一种修行方法，即观想、控制印度医学所谓的脉中风息，当风息入于中脉之际，与具备资格的助伴入定生出大智慧。我们看到这当中的风息与中医有相似之处，其中是否存在文化渊源的联系，还是仅仅为了让读者理解意思而选取了人们更熟悉的翻译？

沈卫荣、安海燕：这里说的风息与中医的说法只是相似，二者并不存在文化渊源的联系。卓泽鸿先生翻译为风息者，梵文写作 prānā，藏文作 rlung，意即风或气，也可以译为"风息"或"气息"。因此，"风息"的译法并非选取中医或者出于人们熟悉的考虑。密教将全身的气分为五种，即持命气、下行气、上行气、平住气和遍行气，人体正是通过这些气来保持生命力和生理功能的。无上瑜伽密圆满次第气、脉、明点的修法中，气的控制和运行是重中之重，气行于脉中，气的运动还带动明点的升降，故有很多修气的方法。

燕京书评：《庄子》中的养生最早实际所指的是修养整个人生，含义包括较广，有个人、自然世界甚至政治也包括在里面，只是后来政治的实践不太顺利，现在大家所了解的道家的养生实际上只是养形。那么，我们看到在藏传密教中，这个过程是不是相反的，或者说是更全面地实现了养生？为什么两者会产生这种区别？

沈卫荣、安海燕：《庄子》中修养人生的观念和佛家的宗旨有根本不同，无论是你说的全面养生还是养形，都不是佛教关注的重点。佛法以超越二元对立的世俗界，从生死体系的束缚中解脱，达到涅槃界为旨归，而养生仍然属于二元对立的层面。藏传密教中的调身瑜伽，确实可以活化人的身脉，祛除一些身体的疾患，但是所有的调身瑜伽都是以证悟和解脱为出发点的。如上一题所回答的，依凭于身的修习，是藏传密教证悟的重要途径，而非只是养生。因此，若问为什么两者会产生这种区别，可以说二者的根本区别在于旨趣的不同。

西夏和元朝对不同宗教、文化的接受，不能简单机械地去理解

燕京书评：清代文献中有《宫廷瑜伽》，那么这部分对于"演揲儿"的介绍是要比民间小说更靠近本来"演揲儿法"的形态的。但是，在文化的传播过程中，是否存在一些讹误，主要讹误体现在哪里？

沈卫荣、安海燕：前面我们提到有两类"演揲儿法"或幻轮修法，一类是调节身脉的"演揲儿法"，另一类是调节气息的"演揲儿法"，而清代《宫廷瑜伽》属于前者，即调节身脉的"演揲儿法"。《宫廷瑜伽》原本是明廷中供皇帝修习使用的瑜伽修习图册，清朝帝王入居紫禁城后将前朝写绘的《宫廷瑜伽》图册进行了重新写绘和装裱，并成了乾隆帝的御用宝典。《宫廷瑜伽》的主体是藏传佛教萨迦派祖师写的修习调身"演揲儿法"文本的翻译和配图，最终以藏汉对照和图示的形式呈现；从译文来看，它忠实地反映了藏文文本的原意，基本不存在你说的产生讹误的情况。

《元史》以及民间小说中出现的"演揲儿法"，是对第二类"演揲儿法"——调节气息的"演揲儿"的误读和演绎，即将"演揲儿法"看作男女之间的淫戏。"演揲儿法"可以单独修习，也可以带入拙火道和手印道的修习中，以身体动作配合呼吸法调节脉、风、明点来发挥其功能，但"演揲儿法"本身不等同于拙火道和手印道。手印道即俗称的双修法，而这种双修不一定是实际的修习，也可以通过观想而修，依真实手印（明妃）的修习是必须经过严格的、熟练的脉、风、明点修习之后才能进行。如前所说，藏传密教的修习主要是依凭于身的修习，拙火道和手印道的修习也是如此，它们无非是令行者净治、调习形体、风息，令左脉和右脉之风息融入中脉，生起具生大喜乐、入空乐不二之理，于现生证得大手印成就。密教的双修，与其他密教的修习如睡梦瑜伽、幻身瑜伽一样，不过是一种在人的基本生理功能的基础上通过炼身达到解脱的方便道。然而，大众从世俗伦理道德的角度出发，不愿意了解和深究其中的奥义，只能将其理解为淫戏了。其实，元顺帝双修也不是为了凡人的欲乐，他后宫三千，根本不需要以具有复杂宗教程序的双修仪式来达到性的乐趣。

燕京书评：为什么密教教旨要强调秘密性？"秘密"一词与我们平时理解的秘密有什么不同之处？杨念群先生在《再造"病人"：中西医冲突下的空间政治 (1832—1985)》中强调中国医药方传播中的"密"，得出中医治病注重灵验而非经验的结论。那么，密教中的"密"字内涵为何？

沈卫荣、安海燕：密教之"密"，首先不是神秘，而是相对于"显"而言，"显"可以理解为明显、直白，"密"可以理解为精微、隐秘。佛教认为人的生死、痛苦都来源于贪、嗔、痴等毒和烦恼，根据禀赋和条件的不同，有显教道和密教道两种对治方法。按照显教的方法，修佛的人应当直接戒除贪、嗔、痴，消除烦恼，以此脱离轮回，涅槃成佛；而按照密教的方法，修行人不必刻意去戒除贪、嗔、痴等毒和烦恼，而是利用其本身将诸毒烦恼转化为清净而远离诸毒烦恼，如此则不离诸毒烦恼而对治之，诸烦恼本身即成解脱之道。例如，无上瑜伽密中的欲乐定是以贪返为道，拙火定是以嗔恚返为道，光明定是以愚痴返为道，幻身定是以无明返为道。密教的这些修习都有严格的步骤和规定，非得到允许者不可妄修，与显教的方法相比，其道理不容易理解，修法不轻易示人，此即其精密、隐秘之所在。

隐秘引申出秘密，若从秘密性的角度讲，则藏传密教有修持体验的秘密性。藏传密教重视修习，反对只谈理论而不依法实践和修持。由于修行人根器的不同，身体和心理状态的不同，对于其适不适合修行密法，适合修持哪个层次的密法，都由上师视情况而给予认可；而在修习的各个阶段，不同的人会产生种种不同的反应和体验，也都需要上师随宜指导。密教修习中的体验，只有修习人自己知道，可谓因人而异，若全部公开，则不利于修行人把握自己的修持境界，还会产生误导。是故对于修持的境界，密教不主张公开，宁玛派有"十六种密"，萨迦派有"十种密"之说，即谓此。

燕京书评：黑水城文献中有西夏文的六十甲子纳音的文献，那么西夏对于不同宗教、文化的吸收是否也是类似元代朝廷中那种较为杂糅的状态？也就是所谓的"诚意不足，只利用该宗教的工具性"？

沈卫荣、安海燕：不管是西夏还是元朝，他们对不同宗教、文化传统的接受都不能用"诚意不足，只利用该宗教的工具性"来涵盖和描述。西夏佛教表现出来的最大特色是汉藏、显密的圆融，可以说西夏佛教是一种汉藏佛教。这里说的汉藏佛教，不能简单、机械地理解为汉传佛教和藏传佛教的并行，它实际是一种经过高度整合和圆融的新的宗教形态。西夏佛教所表现出来的这种汉藏、显密圆融的特色，可以为我们思考和研究汉藏佛教形成和发展的历史提供另一种具有建设性意义的新途径。

我们可以这样来理解西夏佛教，此即是说在处于汉藏之间的西夏王国内，当西夏的佛教徒们，其中既有西夏人，也有汉人，甚至还可能有西藏人、回鹘人和蒙古人等，开始接受、实践和传播佛教时，他们同时受到了来自汉、藏两种不同的佛教传统的影响，于是如何来兼容和调和这两种不同的传统，特别是化解显密之间的巨大差异，形成适合自己传习的独特的佛教传统，便成为西夏佛教徒们曾经面临的一个严峻挑战。西夏时代的一系列兼具和圆融汉藏、显密佛教之不同义理和修习法门的文本的出现，不但让我们看到了西夏佛教徒们曾经为兼容并蓄地有机整合汉藏、显密这两种不同的佛教传统所做出的巨大努力，而且同时也让我们看到了在这种努力下形成和发展起来的西夏佛教，即这个圆融了汉藏、显密两种不同传统的西夏佛教，或许就是我们以往所讨论的、可与印藏佛教相对应的并鼎足而立的汉藏佛教的最好代表，甚至可以说西夏佛教的一个更合适的称号就应该是汉藏佛教（Sino-Tibetan Buddhism）。

（采写　刘硕）

卓辉立：晚清禁烟成功，传教士的助力不可替代

鸦片战争失利之后，清政府被迫开放通商口岸，鸦片开始大规模输入中国。同时，清政府签订一系列不平等条约，允许传教士自由地在中国传教并居住。从此，"欧洲诸国，由南洋而入中国边界腹地，与天朝立约，各国通商传教，来往自如。"这一景象正是李鸿章所描述的"数千年未有之变局"的体现。在鸦片贸易不断毒害中国民众和社会的过程中，宣传"自由、平等、博爱"的西方传教士扮演了怎样的角色？由于外貌上的趋同，当时的中国人很难分清传教士和鸦片商人，甚至将二者混为一谈。那么，传教士到底是与鸦片商人沆瀣一气的"同伙"，还是出于道义进行反鸦片活动的"斗士"？

西方传教士与鸦片贸易的相遇："孪生瘟疫"？

燕京书评：传教士与鸦片被称为"孪生瘟疫"，这个说法是怎么来的？

卓辉立：传教士和鸦片被称为"孪生瘟疫"，这个说法是来自德国巴色会（Basel Mission，又名崇真会）传教士黎力基（Rudolph Lechler,1824—1908）于1885年发表在《教务杂志》（The Chinese Recorder）上的文章，标题叫《鸦片和传教士：中国的孪生瘟疫》（Opium and Missionaries,The Twin Plagues of China），反映了晚清国人将传教士和鸦片联系起来，并视二者为"孪生瘟

卓辉立，华东师范大学中国近现代史博士生，主要研究领域为晚清来华传教士、鸦片贸易、禁烟运动以及晚清医疗史等。发表论文有:《晚清传教士与浙江禁烟运动》《晚清来闽传教士与近代福建禁烟运动》《晚清传教士群体的鸦片观演变（1807—1911）》《从身体到灵魂：晚清传教士鸦片戒治疗法的转变》。

疫"的情形。《教务杂志》是当时传教士的主流英文杂志之一，1867年出刊，直到1941年太平洋战争爆发而停刊。

但是，传教士和鸦片被联系在一起并受到晚清国人的反对，是比较早、也比较普遍的事。1869年，恭亲王奕䜣也曾对英国公使阿礼国（Rutherford Alcock，1809—1897）直言不讳，"把你们的鸦片烟和传教士带走，你们就会受欢迎了"。这也反映出当时国人对传教士和鸦片的认知。

之所以有这样的认知，我想至少有几个方面的原因：第一是传教士的大规模来华，与鸦片的大规模输入发生在同一时期；第二，对于当时的国人而言，很难从外表上分辨传教士和鸦片商人，他们往往把传教士当作鸦片商人；第三，早期新教传教士和鸦片商行、驻华领事之间有比较多的交集，不少传教士在洋行和领事馆任职，加强了这种认知。

燕京书评：传教士的大规模来华和鸦片大规模输入中国发生在同一时期，这个时期是什么时候？

卓辉立：大致是在1840年以后。从1807年马礼逊（Robert Morrison，1782—1834）来华到1839年第一次鸦片战争爆发，三十多年的时间里仅约有50位传教士来华。但随着两次鸦片战争的爆发，来华传教士数量急剧增加，到1905年在华传教士人数达到3500位。与此同时，18世纪中后期，东印度公司垄断了孟加拉鸦片贸易，对华鸦片走私迅速增加，从1767年的1000箱增加到第一次鸦片战争前夕的2万多箱，贸易额接近2000万银元。到1855年第二次鸦片战争前，东印度公司对华的鸦片贸易达到了7万多箱。

燕京书评：第一次鸦片战争失败后，清政府允许传教士在华传教。这里的"传教士"主要是新教传教士吗？

卓辉立：在鸦片战争之前，基督教有三次大规模的来华。除了唐朝景教外（当时尚未有天主教一说），元朝和明末清初来华的传教士主要是天主教传教士，如意大利、法国、西班牙等国的传教士。鸦片战争之后，新教传教士首次大规模来华，主要就是英国、美国的传教士，还有一些欧洲大陆的新教传教士。根据1905年的统计数据，当时在华新教传教士约有3500位，其中英国及其殖民地的传教士有1800位，美国传教士有1300位，欧洲大陆的传教士有 200 位。

燕京书评： 第一次鸦片战争以后，清政府签订了一系列不平等条约，允许传教士自由地在中国传教并居住，自此打破了清朝的禁教政策。除了中英签订的《南京条约》，还有哪些条约涉及传教方面的内容？

卓辉立： 在鸦片战争之前，传教士的活动区域主要在广州与澳门，当然也有个别传教士跑到沿海地区，如普鲁士传教士郭士立（Karl Friedrich August Gützlaff，1803—1851）。在《南京条约》签订后，传教区域扩大到五个通商口岸。1844 年，中美签订《望厦条约》，规定美国人可以在通商口岸居住并建设教堂，给了美国传教士很大的便利。另外，还有一个很重要的条约就是 1844 年中法之间签订的《黄埔条约》，给了法国传教士居住并建教堂的权利。次年，清廷又给了天主教传教自由，后来又归还康熙年间没收的天主教堂。在美国领事的干预下，新教传教士于 1845 年也获得了自由传教的权利。第二次鸦片战争和之后签署的《天津条约》和《北京条约》，又给了传教士在内地传教的权利。

燕京书评： 当时，这些西方国家在条约里加入允许传教的规定是出于什么目的呢？

卓辉立： 对大部分中国人来说，可能比较难理解这一点。但对于西方国家来说，宗教在他们的国家和民众当中占有非常重要的地位，特别是对当时的英国和美国来说，他们为了传教可以做出很大的牺牲，如他们愿意冒着生命危险到非洲或者原始部落传教，有不少传教士甚至被杀害，但他们觉得这是一种使命和荣耀。

美国本身就是清教徒为了兴教而建立的国家，最早来到美洲大陆的清教徒是因为不满英国国教圣公会的堕落光景，所以乘坐"五月花号"（May Flower）到了美国——他们想要建立一个类似于"上帝之城"这样的国家。到了 18 世纪，很多宗教运动席卷了欧美各国，如北美的大觉醒运动（Great Awakening）、欧洲大陆的敬虔主义（Pietism，又称虔敬主义）运动，还有英国的福音奋兴运动（Evangelical Revival）。同时，受到工业革命的影响，西方经济发展强劲，积累了大量资金，也为海外扩张与文化输出提供了条件和基础。因此，他们的宗教热忱是非常强烈的。对于他们来说，把福音传播到全世界的使命，就相当于是他们的人生意义，即使传教可能和自身的利益有冲突，但是他们仍然会去传教。可见，宗教热忱是一股很难估量的精神力量。

燕京书评：在华的英国新教和美国新教是什么关系？

卓辉立：鸦片战争前后，中国主要的鸦片进口国是英国，虽然美国也进行对华鸦片贸易，但和英国相比数量比较少，如1838年的数据为美国鸦片贸易额是英国的五分之一。英国传教士反对鸦片贸易，在某种程度上而言相当于反对他们本国的政府，而他们在中国还要获得当地驻华领事官的保护和支持，所以在鸦片贸易主要是从英国进口鸦片的情况下（1867年以前），英国传教士处在一个很尴尬的位置。

根据我看到的相关材料，一开始的时候英国传教士没有那么明目张胆地反对鸦片贸易，反而是美国传教士更积极、更主动一点。美国的对华贸易中鸦片占比是比较高的，但相对于英国来说却是比较少的，而且当时的美国刚刚从英国的殖民统治中独立出来，也扮演了一个反抗英国的角色。所以，从英国传教士和美国传教士对待鸦片贸易的态度上来说，美国传教士更加积极。

传教士被迫与鸦片商人合作，但不直接参与鸦片贸易

燕京书评：你认为传教士对鸦片贸易的看法，经历了三个阶段的变化，从早期（1807—1842）与鸦片商人关系的暧昧不清，到中期（1842—1862）对鸦片贸易的谴责和反对，再到晚期（1862—1907）身体力行地开始进行反鸦片活动。这里可以先说说早期来华传教士的困境是什么吗？

卓辉立：首先，最大的一个困境就是清政府的禁教政策，使得传教士没有在华的合法身份。其次，就是生活和文化上的阻碍、语言不通、水土不服、卫生匮乏、找不到合适的住处、来自官方和民间对传教的反感、儒家传统的保守主义和"天朝上国"自豪感、普遍的祭祀制度、祖先崇拜和广泛的民间信仰，以及乡绅和官员阶层的腐败、难以兑换货币、经费不足等，都是难题。

燕京书评：早期来华传教士是如何与鸦片商人合作的？

卓辉立：传教士因为禁教政策和经费等问题，传教工作往往难以展开。商人在从事贸易过程中，常常缺乏可以信赖的翻译，而且由于商人的流动性，以及他们通常住在远离华人的商馆，对中国人的习俗和生活情形并不了解，不利于贸易活动。传教士由于学习中文及翻译《圣经》和科普性文章，对汉语的掌握程度已较为精通；由于他们长期住在中国人中间，对中国人生活情形也比较了解，可以为商人提供一些贸易信息；又由于他们和商人是本国同胞，无疑是担任商人的翻译和助手的最佳人选。与此同时，一方面，商人可以为传教士提供职位，正好解决了传教士的身份问题，使得他们以公司职员的身份从事传教活动或翻译《圣经》；另一方面，传教士在商行任职可以获得一定收入，又正好解决了传教经费不足的问题。这种互补的需求，为早期来华传教士与在华洋商的接触奠定了客观基础。

燕京书评：传教士与鸦片商人的合作造成了什么后果？

卓辉立：最严重的后果是国人以鸦片反对传教。传教士在传教的过程中，常常受到中国人的指责："为什么你们基督徒一方面声称给我们带来福音，说是为了人类的灵魂，另一方面给我们带来了鸦片，破坏我们的身体，毒死我们的儿子，破坏我们的同胞，使我们的妻子和孩子沦为乞丐？"用嘉约翰（John Glasgow Kerr，1824—1901）的话说："在成千上万的例子中，鸦片成为中国人接受基督教一个难以逾越的障碍。"

燕京书评：鸦片为什么会成为传教事业的阻碍呢？

卓辉立：这是他们直接的一个感受。当这些传教士去传教的时候，中国人会反对他们，而且在中国人的眼里传教士和鸦片商人基本上是没办法从外表上区分的，中国人会认为传教士和鸦片商人是一伙的，这种认知也慢慢在民间形成一种共识。所以，传教士也逐渐觉得鸦片是宣教事业最大的障碍。

燕京书评：传教士一方面知道鸦片对人是有害的，鸦片贸易是不道德的，另一方面仍然和鸦片商人合作了相当长的时间。怎么去理解传教士的这一行为呢？

卓辉立：一方面传教士来华是为了传教，但另一方面他们又必须考虑现实的困境。所以，传教士一开始为了生存下来，他们不得不去和鸦片商人合作，以换取经费和合法身份等让他们去传教。

目前，有关传教士的材料主要是关于马礼逊和郭士立两位传教士的记载，而这两个人并不直接从事鸦片贸易，而是作为翻译、领事官员协助东印度公司或者鸦片商人进行贸易。另外，我没有看到相关的证据说有大量的传教士直接从事鸦片贸易。

由传教士自发形成的民间反鸦片活动，收效甚微

燕京书评：后来，传教士开始跟鸦片贸易的商人慢慢分道扬镳了。为什么会有这种转变？

卓辉立：首先，来华传教士越来越多，成了一个群体，力量也变大了。其次，他们在经费上比之前更加充足，没有必要再去依附鸦片商人。最后，通过不平等条约，他们的传教行为变得合法了，可以在华自由行动和居住了。这些因素使得他们跟鸦片商人的关系越来越差。

燕京书评：到了鸦片贸易后期（1867年以后），英国的传教士开始跟鸦片商人对立，然后公开反对鸦片贸易。这与英国当时对华鸦片贸易下降，不再有太多的商业利益有关系吗？

卓辉立：当时，进口鸦片和本土鸦片是一个竞争关系。1867年以后，本土鸦片占据了国内的主要市场，这对后面英国政府签订《中英禁烟条约》起到了一定影响；但很难说对传教士有什么影响，传教士反对鸦片主要是因为鸦片贸易大大阻碍了传教事业。鸦片的不道德与基督教本身的信仰是相违背的，而不是因为商业利益。

燕京书评：后期传教士都进行了哪些反鸦片的活动？

卓辉立：有许多途径，如成立戒烟所、反鸦片组织，向政府请愿、发表反鸦片论述、推动社会反鸦片舆论。

燕京书评：传教士是怎样展开反鸦片活动的，与当时的中国人之间有合作吗？

卓辉立：因为当时的清政府还是支持鸦片贸易的，而且鼓励本土的鸦片种植，所以很难说清政府和传教士有什么合作。这是一方面。

但从另一方面说，当时中国少数的有识之士和传教士是有一些合作的，如当时有一个叫丁义华（Edward Wake Thwing）的传教士成立了"万国改良会"，要求入会者必须戒绝鸦片。改良会里面有一些中国人，其中就有张伯苓，他也是南开大学的创始人。后来，传教士成立的一些戒烟组织也有一些中国人参加，但我想主要是从民间的角度参与的。

燕京书评：这一系列的反鸦片行动效果如何？起到让人戒烟的作用了吗？

卓辉立：传教士当时也成立了很多戒烟所，还有教会医院收留了一些鸦片病人，但单从戒烟所来说，戒烟的效果不是很好。

这是因为戒烟所无法阻止人复吸鸦片。在戒烟所里面，人们可以通过药物治疗停止吸鸦片，但等他们回到家里，周围的人都是吸烟的，所以他们很难控制不去吸鸦片。传教士有做过回访调查，发现在医院里病人的治疗效果很好，但出了院之后大部分人都无法保持不吸鸦片，所以戒烟所的效果不是很好。

另外，当时对治疗鸦片烟瘾的疗法有一些争议。一些传教士认为，一开始就要彻底禁止鸦片病人吸烟，虽然病人会很痛苦，但他们觉得这样的治疗更彻底。还有一些传教士认为，应该采取缓和的治疗方式，让病人有一个适应的过程，循序渐进地减少病人吸食鸦片的量，慢慢地戒除鸦片。这两种治疗方式都引起很大的争议，一方面太激进的方法可能病人接受不了，甚至造成死亡；另一方面缓和的治疗方式治疗时间长，成本高。

到了 19 世纪末，还有一个治疗鸦片烟瘾的方案是通过注射吗啡来缓解鸦片病人发作的症状，刚开始的时候有一些效果，但到了后面病人戒除了鸦片却对吗啡上瘾了，这样吗啡反而成了鸦片的替代品。这也直接导致 19 世纪后期中国大量进口吗啡，所以到了后面反鸦片运动进而演变成了反吗啡运动。因此，在"万国禁烟会"发布的决议中，就专门提到禁止向中国销售除了医疗用途以外的吗啡。

在由民间向官方的反鸦片活动过程中，传教士起到很大作用

燕京书评：进入20世纪之后，禁烟运动有了新的转机，不仅民间发起诸多反鸦片的活动、请愿，也得到了美国政府、清政府和英国政府的支持。民间反鸦片上升到官方反鸦片的转变，传教士发挥了什么作用？

卓辉立：传教士在民间推动戒烟、宣传禁烟，虽然效果没有很好，但也起到了科普的作用，让人们知道了鸦片的害处。我觉得他们自己也意识到仅仅通过民间的力量推动禁烟是很难的，因为源头没有断掉，鸦片还在进口，本土鸦片还在种，所以要大家不吸鸦片是很难的，除非彻底禁止鸦片贸易和本土种植，否则无法禁止人们吸食鸦片。我想这也是促使他们推动官方禁烟的主要原因。

一方面，传教士在英国社会呼吁停止对华出售鸦片。1874年，英国传教士在英国成立了"英华禁止鸦片贸易协会"（The Anglo-Oriental Society for the Suppression of the Opium Trade），号召所有传教士积极向英国报告鸦片害处，并呼吁英国禁止鸦片贸易，以及针对英国民众出版了中国鸦片受害情形的书籍和鸦片证词《一百多位医生对华人吸食鸦片的意见》（*Opinions of Over 100 Physicians on the Use of Opiumin China*），向英国民众介绍鸦片带给中国的危害，并向下议院请愿禁止鸦片贸易。1906年，英国下议院通过决议：中国的鸦片在道义上是站不住脚的，请政府采取必要步骤，迅速结束这种贸易。同年，英国自由党在大选中获胜，使反鸦片贸易的力量赢得了政治上的优势。

另一方面，在华传教士也积极拜会清政府的大臣，推动禁烟。1890年，"英华禁止鸦片贸易协会"的戴雅（Dyer, Alfred Stace，1849—1926）会见李鸿章，提交了反鸦片请愿书，建议中国政府终止《烟台条约》的附加条款并颁布禁止鸦片进口的法令。1894年，"英华禁止鸦片贸易协会"的秘书亚历山大（Joseph G. Alexander）来华，4月在武汉会见张之洞，6月在天津会见李鸿章，并得到李鸿章的保证——"如果英国停止向中国输入鸦片，中国政府一定会禁止本土鸦片"。

此外，美国政府也对鸦片贸易进行干预，这是因为当时美国国内兴起了

禁酒运动，包括戒除一些成瘾性药物的运动。菲律宾当时是美国殖民地，所以美国在菲律宾也实行禁烟政策，但后来他们发现菲律宾的鸦片是从中国来的。1905年，美国政府开始在菲律宾群岛禁止医药用途以外的鸦片。1906年，由美国政府任命的菲律宾鸦片委员会尖锐地批评了中国鸦片泛滥的现象，美国圣公会的布伦特主教（C. H. Brent）后来担任"万国禁烟会"主席。当时，美国传教士杜步西（Hampden Coit DuBose，1845—1910）在苏州成立了全国性的反鸦片组织"中国禁烟会"（the Anti-Opium League in China），同时美国政府支持杜步西向清政府表达意见。1906年，经由美国驻华公使柔克义（William W. Rockhill，1854—1914）的帮助，杜布西将得到1333名传教士签名的禁烟呈文交给两江总督周馥，最后转呈给了光绪帝。

1907年，清政府与英国政府签订《中英禁烟条约》，禁止种植和消费鸦片。与此同时，清政府强调执行关于种植罂粟、鸦片销售和消费规定的重要性。1909年，"万国禁烟会"在上海举行，英、美、法、德、日等十三个西方主要国家派员出席。这些官方行为都是中西官方开始合作禁烟的体现，而在这背后不难发现传教士的身影。

燕京书评：官方的禁烟成果如何？

卓辉立：1907年签订的《中英禁烟条约》里的规定是用十年的时间，中英双方以十年为限，英国逐步减少中国的鸦片贸易，同时清政府减少国内的鸦片产量，双方每年各减少1/10，直到1917年彻底停止鸦片贸易和种植。清政府也规定，如果一个省份停止了鸦片种植，就不允许其他省份的鸦片运到该省。禁烟条约本来商定是十年，但到了1910年，中国本土鸦片的产量就比1906年下降了72.9%，成效是非常显著的。

鸦片在短时间内快速禁绝，间接加速了清政府的垮台

燕京书评：鸦片贸易和鸦片种植其实也给清政府带来很大的一笔税收保障，这也是鸦片屡禁不止的很重要的原因。为什么到了20世纪初，清政府如此果断地禁烟？

卓辉立：到了晚清，特别是甲午战败以后，给了中国非常大的一个刺激，中国的民族主义开始觉醒，社会上下都意识到改革的迫切性。清政府已经意识到，如果不进行政治改革，就没办法再生存下去了。当时，虽然戊戌变法失败了，但晚清的很多大臣改革的意愿还是很强的。同时，鸦片在当时已经成为中国人耻辱的标志了，官方认为必须禁止。

燕京书评：等于说，中国本土仅仅用了四年的时间，鸦片产量就迅速下降了。这会对中国的政治和社会造成什么影响吗？

卓辉立：清政府的倒台与禁止鸦片有比较大的关系，因为清政府一个很大的财政来源没有了。经过两次鸦片战争，以及太平天国运动，清政府之所以能够勉强生存下来，与财务是有关的，与鸦片的税收也有关系。从客观上来说，禁止鸦片完全是正确的，道德上是完全正确的，但对于清政府的政权来说，却是促使清政府迅速垮台的原因之一。

燕京书评：清政府有考虑这样的后果吗？如果对清政府的统治不利的话，为什么还要禁止鸦片呢？

卓辉立：刘增合老师的《鸦片税收与清末新政》一书里面有谈到这一点——原来我对这一点也不是很了解——这本书里提出，当时清政府对这种危险性是估计不足的，因为当时整个社会还有民众都非常急切地呼吁要禁烟的。书中还提到，清廷在禁烟后，增加了消费税等苛捐杂税，以此弥补财政收入，但受到民众和商人的抵制。

随着民族主义的觉醒，以及 1905 年开始五大臣（镇国公载泽、户部侍郎戴鸿慈、兵部侍郎徐世昌、湖南巡抚端方、商部右丞绍英）的出洋考察，当时的清政府是抱着很大的决心希望做出改变的，所以清廷一定要禁烟。但是，清政府对当时的财政困境估计不充分，按照当时外国人的看法就是清政府经历了两个阶段：第一个阶段是感情用事，感情压倒一切；但到了第二个阶段，就是科学压倒一切。所以，清政府对禁烟是从一个极端到另一个极端。这个是"万国禁烟会"的主席布伦特提出来的，我也比较认同这个观点。

（采写　陈杨）

赵世瑜：研究"剩余的历史"，是为"剩余的"人群代言

北京大学教授赵世瑜的《猛将还乡：洞庭东山的新江南史》一书，从猛将信仰切入书写了一段江南区域社会史。所谓"刘猛将"，是今苏州太湖洞庭地区自宋元以来几乎村村户户供奉的神祇，在每年的正月或七月，各村或单独，或联合，都要举行"抬猛将"的活动。在近代及以前，有很多沿海、沿湖生活的人，他们不住在陆地上，而是住在船上。他们多无籍贯，也居无定所，随着船到处游走，往往处在"编户齐民"的体制外。他们是"天然"的商人。随着时代发展，尤其是元明以来国家在赋役方面的需要，这些人不断上岸，变成了定居人群。他们在编撰族谱以及修地方志时，由于不想把自己的祖先说成是"水上人"（因为身份低贱），故往往附会为宋以来随宋室南迁，而负载这个历史故事的神话就是"刘猛将"的历史传说。

猛将崇拜与新江南社会史：从地方神祇到正统神灵

燕京书评：对于北方的读者来说，民间祭祀比较多的是关帝，平时见到

赵世瑜，北京大学历史学系教授，兼任第六届中国地方志指导小组成员。主要研究领域为区域社会史、民俗学、历史人类学。出版著作有：《吏与中国传统社会》《大河上下：10世纪以来的北方城乡民众生活》《长城内外：社会史视野下的制度、族群与区域开发》《狂欢与日常：明清以来的庙会与民间社会》《小历史与大历史：区域社会史的理念、方法与实践》《在空间中理解时间：从区域社会史到历史人类学》《在空间中理解时间——从区域社会史到历史人类学》《说不尽的大槐树：祖先记忆、家园象征与族群历史》《眼随心动——历史研究的大处和小处》《历史人类学的旨趣——一种实践的历史学》《"乡校"记忆：历史人类学训练的起步》《猛将还乡：洞庭东山的新江南史》等。

祭祀景观以岳王庙为主；而对于南方有的读者来说，可能有些比较年轻的人对伍子胥、五通神和刘猛将崇拜也有些陌生。南方祭祀最大的特点就是淫祀（指不合礼制的祭祀或不当祭的祭祀），祭拜对象又多又杂。能否解释一下为什么会出现这种现象，并简单介绍一下南方祭祀对象的种类大致分为哪几种，以及在众多的神灵中为什么这次选择的是刘猛将？

赵世瑜：必须说明，《猛将还乡：洞庭东山的新江南史》不是一部研究民间信仰或宗教研究的著作，洞庭东山乃至江南的猛将信仰只是本书的切入点；本书是一项关于江南的区域社会史研究，这是必须首先向读者说明的。当然，对这样一个切入点略做解释，对于许多读者来说也是有必要的。

关于中国的民间信仰，国内外学术界已经有许多研究，有兴趣的读者可以去做一些延伸性阅读。学者们早已不会去对民间诸神去做简单的分类工作，因为这些分类无助于我们对民众生活的认识。特别是所谓"正祀"和"淫祀"的区分，是儒家士大夫观念的产物，列入王朝国家礼制的就被称为"正祀"，在此之外的就被称为"淫祀"。当然，落实到具体的神祇，地方上士绅也会有不同的看法，儒家学者们也会有各自的见解，如南宋时期有的理学家认为佛教也是"淫祀"。此外，在老百姓的生活实践或仪式行为中，许多被列入国家祀典的神灵实际上与"淫祀"或者民间信仰也没有什么不同，包括城隍、东岳、北帝、关帝等，人们利用这些"正祀"的名义使自己的行动具有正统性或者合法性。今天的学者当然不会用"淫祀"来指称民间信仰，就像我们不会再用"盗贼"来指称未被王朝国家编入户籍的人群一样。

对于南方的民间信仰众多的现象，自宋代以来就有不少人指出过，人们都认为南方"俗好巫鬼"。例如，从唐代的狄仁杰到清代的汤斌，很多地方官"毁淫祠"的事件也主要发生在南方，特别是江南地区。但是，这并不等于华北地区在某个更早的历史时期不存在这种现象。在我看来，由于在大部分时间里，国家的政治中心在北方，对主流意识形态的推行力度更大且影响更直接，文化的正统化在社会上体现得更突出，所以很多地方性的神祇逐渐消失了，或者变身为正统化神灵。这种情况在后世的南方也在陆续发生，就拿本书（《猛将还乡：洞庭东山的新江南史》）讨论的刘猛将来说，本来在民间信仰中只是个淹死的小孩子，但到明代就被改造成南宋的武将，到清代中叶又变成了一位灭蝗神，这样"淫祀"就变成了正祀。这些正统化神灵还通过小说、戏曲、说唱等形式，成为在民众中进行教化的主角，因此日益脍炙人口，而那些地方性神灵对于本地乡民以外的人来说自然是陌生的。

当然，并不是所有民间的神灵都有一个脍炙人口的历史身份，如我在二十年前出版的《狂欢与日常：明清以来的庙会与民间社会》一书中已经详细介绍了这种情况，即使在《猛将还乡：洞庭东山的新江南史》中提到的五通神、陈三姑、周孝子、李王、金总管等，都是本地人才略知一二的。诸如关羽、岳飞、伍子胥、范蠡等历史人物被塑造成神，大多是"文字下乡"的结果，即读书人带来的产物。对于研究者来说，并不关心他们曾经是哪个时代的真实人物，而是关心他们在哪个时代被塑造成神。概括说来，任何时代的人物都有可能被塑造成神，而造神一直是连续不断的现象。譬如，本书（《猛将还乡：洞庭东山的新江南史》）讨论的刘猛将，我们根本无法知道在历史上有没有这样一个真实存在的原型，也无法断定哪一个才是，我们只是关心他大概是何时、在哪里被当作神灵来崇拜的，由此才能去猜测何时、在哪里发生了什么事情，以至民众这样去做。

燕京书评：你在书（《猛将还乡：洞庭东山的新江南史》）中谈到，社和土地分别代表了阳间和阴间的基层神灵系统。在日常里，很多读者包括我自己在内，经常把这两者混为一谈。这两者的区别或者说关系是什么？将阳间和阴间的神灵分开祭拜和管理，有什么现实的意义？作为中国历史书写者的精英——士大夫阶层是什么态度，他们在作为宗族中的一个普通人的时候，在祭祀的选择上会有什么样的倾向，选择标准又是什么？

赵世瑜：在各地普遍存在的社和土地的关系是一个非常有趣的话题，我和朋友们也曾专门讨论过，但一直没有形成一致意见。一百年前，顾颉刚先生就开始关心先秦时期的社神和社祭了，后来也有不少人把社神理解为土地神。但是，我们在田野中可以看到，往往社和土地是并存的，有的时候两个小庙还离得很近，当然并不总是一一对应，但这说明老百姓心里很清楚它们并不是一回事，在生活中扮演着不同的角色。在江南地区，数十年前还看得到这样的情况，现在已经很难看到了，幸亏文献中还有人把它们区分开来。在广东，我们现在还能经常见到这样的情形，这对于我们来说是个幸事，不仅是对学术研究而言的，因为人民还在，所以江山也还在。

在《猛将还乡：洞庭东山的新江南史》中，我对阳间和阴间的神灵这二者的关系有一个新的解释，即在江南社和土地分别代表了阳间和阴间的基层神灵系统，说白了就是分管特定聚落的人们在阳间的事务和死后的事务的。由于人口和聚落的不断增加，特别是在水上人上岸的地区，以及山区中的聚落，作为定居聚落的社也会同步增加，但是作为死后世界地域象征的土地却不一定，所以在一个"土地界"中可以存在若干个社。我们今天在北方许多地区看不到社了，这可能是因为北方平原地区的土地开发和聚落发展已经形成一种相对稳定的状态。需要说明的是，明清时期文献中的士大夫已经有许多人分不太清这二者的区别，往往是笼统地说，但如果我们深入田野就会发现种种不同，这恰好说明田野工作对于历史研究的意义。

关于死后世界对于人们的意义，可以从两个方面来说明。第一，儒家士大夫秉承孔子说的"未知生，焉知死"，似乎对死后世界不感兴趣，但这恰好是中唐以后儒学受到佛教强烈冲击的一点。对于有思想的生命体——人类来说，死亡是不可能不被关注的。我们这些年来关注考古发现，好像都在强调文明史的意义，但也许忘记了考古工作的重大发现很多都是墓葬，而墓葬的形制和里面的器物都表明人们对死后世界的关注，只有生不如死的乱世或者朝不保夕的贫民才不得不丧失或减弱了对死亡的关切。第二，对身后世界的关注，实际上是在同时强调生前的生活态度，就是活着的时候应该如何做人、如何做事。宋代以后宗族的兴起，一方面是要在现实世界里敬宗收族，以实现其各种各样的目的，但另一方面也是要通过对已经死去的祖先表示尊重，以祖宗之法的名义来推行对活着的人们言行的规训。如果一个社会不能对死亡有足够的尊重的话，还能指望它对生存有足够的尊重吗？

所以，即便是儒家，也讲"事死如事生，事亡如事存，孝之至也"，在"孝"的概念之下把死亡礼仪合法化了；即便是士大夫，他们也与普通人一样参与祭祖的仪式，而且常常成为仪式的主导者。除此之外，虽然一些士大夫对"淫祀"深恶痛绝,但绝大多数读书人也是社会的成员,也不能都是家庭、邻里、社区中的孤家寡人,他们也要从俗。我们今天还能在各地的寺庙中看到许多碑刻,不管是碑刻中的题名也好,还是碑文的撰写者也好,多数都是读书人甚至官员和有功名的人。当然,他们的态度和立场可能千差万别,有的是积极参与,有的是默许,有的只是捐款,等等。最近,我为山西乡绅刘大鹏的《退想斋日记》影印出版写了一篇导言(《乱世下的乡村世界和无法挣脱的梦魇——影印稿本〈退想斋日记〉弁言》),其中就提到作为清末举人的刘大鹏虽然对乡亲们的游神活动经常表示不满,但他同时也表示理解,甚至也亲身参与。

燕京书评:对宗教祭祀比较感兴趣的读者应该知道,前两年李天纲老师有本书——《金泽:江南民间祭祀探源》,是一本比较典型的宗教学研究,里面认为儒教的祭祀技术和江南的淫祀有很大的关系。那么,祭祀的形式和技术上会不会存有儒教和佛教的痕迹?

赵世瑜:关于江南的民间信仰,不同学科的学者都有很多精彩的研究,佛教与民间信仰特别是与民间教门之间的关系也有很多研究论及,如江南的宝卷和宣卷活动就是很好的例子,而这在《猛将还乡:洞庭东山的新江南史》中多有提及,这里不能一一列举。关于儒家礼仪与民间信仰之间的关系,如刘永华教授对礼生的讨论就有所涉及,山东的学者对礼俗互动的讨论也与此直接相关。在这里,我想提醒的是,在老百姓的生活世界里,儒教、佛教、道教、民间信仰等不是分得那么清楚的,老百姓也弄不明白这些,而对于我们学者来说,到底是从学者的概念出发还是从民众的生活世界出发,这是一道选择题。

总之,以上并不是《猛将还乡:洞庭东山的新江南史》要想讨论的主要问题,这里已经说得离题太远了。

从水上人到岸上人的社会整合:离散社会与整合社会

燕京书评:我国很多地区,包括你这次田野工作所在地苏南,都发生过明显的人员成分的变化，你认为哪些因素会促成大规模的人口迁移？我们可以想象在这种人口迁移中，原住居民有可能和外来的人产生矛盾，那么这种矛盾会不会体现在宗教信仰上，到最后这种矛盾一般以何种方式解决呢？两边的人会做出怎么样的妥协和让步？如果控制不住并且爆发了冲突，这种冲突会变为性质不太好的民间结社吗？你曾谈到"离散社会"和"整合社会"的概念，我们国家从汉朝起就基本上完成了大一统，那么政治上的整合和实际社会中的整合等同吗？如果不等同，官府和百姓又会怎样处理这种不等同的情况？

赵世瑜： 这里有几个概念需要澄清。水上人的确算是流动人口，但移民就不一定，因为移民在迁移前可能就是定居的，迁入后也大多是选择定居；而流动人口则是不定居的或暂时还未定居的。无论在历史上还是在今天，入籍都是一个定居的标志，现在叫作落户或者上户口，入籍就几乎表明定居。至少在历史上，流动人口或者叫流民，往往是不在籍或者脱籍的人口。因此，如果把移民或者人口迁移与作为流动人口的水上人相提并论，则是不严谨的。

在《猛将还乡：洞庭东山的新江南史》中，移民并不是我的讨论对象，尽管书中提及"南宋扈跸"这样的移民定居故事；但在多数情况下，我都在暗示讲述这样的移民故事的人，未必真的是南宋时期中原移民的子孙。例如，在我对东山族谱的分析中，指出有相当部分的人实际上是元代以降登岸的水上人，但在登岸之前我们也不能说他们不算是江南地区的土著。

但是，在水乡成陆的过程中，较晚岸居的水上人与较早岸居的岸上人之间，的确会发生一些矛盾冲突，往往围绕着是否将水域继续开发成圩田而展开——这个在书中有许多描述。这又与移民与原住居民之间的矛盾冲突——学术界通常称之为"土客矛盾"有相同之处，就是围绕生存空间、权力和利益之间的矛盾，所以也还是可以放到一起加以比较的。在以往学术界的研究中，宗教信仰的确是这类矛盾冲突的一个重要表征，因为不同的宗教信仰往往表示不同人群的不同认同。例如，有学者研究到太平天国运动前从广东到广西来开发的移民，就被当地的原住居民禁止参与他们的仪式活动；《猛将还乡：洞庭东山的新江南史》也写到，东山杨湾的"抬猛将"，开始也没有渔民村的人参与，直到最近两年才加入了进来。

就江南地区的刘猛将信仰来说，刘猛将从一个水上人的神逐渐变为一个定居聚落的社神或者农业神的过程，与水上人岸居后逐渐变为定居农民的过程是一致的，说明水上人登岸之后要以岸上人的生活方式和社会组织模式为模板。渔民一开始可能有自己的庙，与原来的定居社会的庙分庭抗礼，但慢慢地这些庙就变了，就变成了定居社会的庙。猛将堂就是个典型，今天我们看到的猛将堂大多都是定居社会的庙了，也就是岸上人的庙，但还是留下了历史的痕迹，就是它曾经是水上人的庙的历史。所以，历史学方法为什么重要，就是因为如果只是共时性地看，而不是历时性地、动态地看，就会陷入非此即彼的二元划分。

在这一过程中，当然会发生矛盾冲突，如前所述这种矛盾冲突主要是生存空间、权力和利益上的冲突，神灵信仰只是一种表征，如世界史上的宗教战争也是如此。这些冲突，在大多数情况下是通过各种博弈、妥协和相互让步得到解决的。"土客之争"的确采取过暴力的方式，但多数情况下是以相对温和的方式、经过较长的时间逐渐解决的。

在《猛将还乡：洞庭东山的新江南史》中，我将江南水乡成陆的社会变迁概括为"从离散社会（diaspora society）到整合社会（integrated society）"的过程，同时我也说到在某种意义上这与传统史学研究经常提及的"从分裂到统一"的问题并无二致，只不过以往讨论从分裂到统一，主要说的是政治大一统，甚至是在政治版图控制的层面上，较少讨论其中的社会机制。也就是说，我们过去说的政治大一统，往往是从国家自上而下采取的各种举措来看的，包括战争、郡县制、削藩，以及边疆治理（从羁縻统治到改土归流）等，但如果没有社会内部的动力，这些举措有可能成功吗？不过，在说到后者的时候，往往是一句"民心所向"或"大势所趋"就带过了。

说水上人的社会是一种离散社会，是说他们的生计方式和生活方式是"船居浮荡"，不像岸上人那样定居在一块土地上逐渐形成聚落，而分散的聚落又逐渐形成以城镇为中心的城乡统一体。在某种程度上，草原上的游牧民和山区的散村也有一点类似，但离散的程度有较大的不同。随着越来越多的水域消失，大量水上人上岸成为定居的农民，以前的离散状态就逐渐消失了，他们也建立了聚落，有了自己的村庙（如猛将堂）、固定的坟地，甚至也建立了宗族，形成了一个个不同的社会组织，成为陆地社会的一个组成部分。但是，这样一个变化的过程并不是一蹴而就的，所经历的也不只是和风细雨。草原上的游牧民也有类似的情况，也会在某种条件下形成零星的聚落，甚至发展起城镇。例如，我在《猛将还乡：洞庭东山的新江南史》中也提到，从东汉到北朝乃至隋唐，一些原来的草原民族进入中原定居，他们的生计方式和生活方式不得不改变，也要从一种相对离散的状态变成整合社会的一部分，其真实的经历也是我们这些后人难以想象的。因此，我希望能够把这个过程，甚至是这一过程的个人经历具体地再现出来，而不只是笼统地、似是而非地一带而过，让这个"统一"的历史不只是帝王将相创造的历史；同时，没有社会的整合，没有某种程度上的地方认同，版图意义上的大一统只能是纸上谈兵。

江南"礼仪标识"猛将堂：敏锐的目光是历史人类学的前提

燕京书评：区域史的研究应该和该地区的环境有着较大的联系，你觉得江南的空间地理的最大特点是什么？这种特点对江南历史的发展又有怎样的影响呢？我知道你之前的区域史研究以北方居多，你自己也是北方人，这次所作的江南田野调查中，你觉得和过去的经验相比最大的不同是什么？

赵世瑜：《猛将还乡：洞庭东山的新江南史》是一部关于江南历史的书，但说老实话，我到现在对江南也还所知甚少，甚至也不敢说对东山的历史都弄清楚了，或者说说的都是对的。现在东山的镇域，包括三山和佘山两个岛，不到100平方公里，我只能说略有了解，所以说到更大空间的历史大多数都是假说或者猜想。要说到江南地区最大的特点是什么则真是很难，不过以前人们概括说，"江浙财赋地，江南人文薮"，应该是很凝练也很符合事实的。为什么说"江浙财赋地"即这一地区成为国家财政的重要来源地呢？水乡地区的农业开发起了至关重要的作用，同时这一地区的商业发展也扮演了重要角色，而在这两个领域里水上人都是主角。至于人文荟萃，当然是经济繁荣的结果。

我在书（《猛将还乡：洞庭东山的新江南史》）中强调了水乡社会的流动性和拓展性，即便水域逐渐减少，但水网始终存在，一个个大大小小的码头就成为这个庞大的、无限延伸的网络的节点，因此江南具备一个"开放社会"的条件。但是，在这个区域的开发早期，环境也并不像后人想象的那样美好，将湖沼、草洲开垦成田比在北方平原上耕种更困难，所以《史记》中说"江南卑湿，丈夫早夭"（汉代），但到唐宋时期这种看法开始减少了，而这表明我们不能对区域环境恪守一种僵化的认知。例如，中州河南历来被视为"四战之地"，即四周没有什么自然屏障，所以一旦发生战争则守无可守，对统治者的政治控制来说不是一个很好的区位；但在今天，这里不仅是京广线和陇海线的交会点，也是全国重要的物流集散中心，其区位劣势又变成了优势。古人说，"成也萧何，败也萧何"，对区域环境的认识也一样。

在这样的环境条件下，江南人对土地的态度是否与北方人不太一样呢？笼统地说，中国在传统上是个农业国，农民对于土地的感情应该都是一样的，水乡成陆的过程本身就说明人们对土地的渴求。具体点说，通过大量的土地契约看到的土地买卖，也能看到土地在人们经济生活中的重要作用。但是，在水乡泽国，人们也会发展出一些农业耕作以外的生存方式，就像《汉书》里说的"民食鱼稻，以渔猎山伐为业"，进而从事商业、水上运输业，洞庭商人的出现就是个例子。有学者认为，清代江南地区人均占有土地不到一亩，在这种情况下人们不会完全靠农耕为生，对土地的依赖性就没那么大。但江南人也要吃饱肚子，除了本地继续"围湖造田"之外，还要依赖湖南、湖北的米粮，东山商人的一大宗生意就是用江南的纺织品去换湖南、湖北的粮食，所以是土地"在别人家里"。当然，《猛将还乡：洞庭东山的新江南史》并没有下结论说，在江南，水比土地更重要；就像平原地区的农业需要灌溉，草原上放牧也必须依赖水草，水对他们来说也至关重要，只是对于水乡地区来说水更是他们时时需要面对的自然环境，这一点与山区、平原、草原是截然不同的。

燕京书评：你曾经提到，历史人类学的研究需要注意三个概念——结构过程、礼仪标识和逆推顺述。你认为这三个过程哪一个是最难完成的？与传统的文献研究相比较，讹误容易出现在哪方面？

赵世瑜：这个话题应该是回到了《猛将还乡：洞庭东山的新江南史》所持历史人类学的方法论立场。实际上，我是在《历史人类学的旨趣》一书中提到了结构过程、礼仪标识和逆推顺述这三个概念，具体的解释可以参看该书，而《猛将还乡：洞庭东山的新江南史》可以说是践行这三个概念的一次尝试，如东山的猛将堂就是一种"礼仪标识"。在《猛将还乡：洞庭东山的新江南史》一书中，我通过对当下生活中的猛将堂的观察，试图回溯江南水上人上岸的经历，进而勾勒宋元以来江南社会的结构过程。

我不能说在叙事和分析过程中哪个概念更重要，或者更容易成功表达，但礼仪标识是切入点，对研究者来说既有发现的问题，也有选择的问题。我们是否能在田野当中发现恰当的礼仪标识？我们是否能对此加以深入的表达？我们的资料是否能支撑对它的解释？这依赖于我们的目光是否敏锐，对问题是否敏感，以及是否下力气寻找证据。逆推顺述是研究过程和叙事方式，但从当下生活世界的观察出发可以逆推到怎样的历史起点？这同样依赖于知识的积累、观察的视野和资料的支撑，也考验研究者是否能够让"顺述"历史符合逻辑。结构过程是研究对象和目的，重在发现造就这个特定区域的社会结构的各个结构要素，然后寻找这些要素在历史过程中的叠加和变化，寻找这些要素的相互配合，这些都是在"顺述"过程中加以展示的。

当然，这些都是某种理想，我绝不敢说《猛将还乡：洞庭东山的新江南史》已经实现了这个理想。因此，我重申一下书中的意思，这本书只是将江南作为一块试验田，展示的是一次方法论尝试，在所涉及的江南历史过程中仍存在许多谬误和工作没有做到位之处，期待读者们的批评。

（采写　婆硕罗）